KB153377

미국마케팅협회 공인마케팅자격증
AMA PCM® Marketing Management
문제은행 100% 복원 이론해설 및 응용문제집

미국마케팅협회 공인마케팅자격증

AMA PCM®
Marketing Management

문제은행 100% 복원 이론해설 및 응용문제집

한국마케팅교육 편저

- 📋 군더더기 없이 시험에 나오는 내용만 수록
- 📊 이 책 내용 중에서 95% 이상 출제
- 📽 영문과 한글을 나란히 수록하여 학습 효과 극대화

한국마케팅교육

미국마케팅협회 공인마케팅자격증
AMA PCM® Marketing Management
문제은행 100% 복원 이론해설 및 응용문제집

초판 1쇄 발행 2024년 5월27일

편 저	한국마케팅교육
발 행 인	배노제
편 집	배노제
펴 낸 곳	한국마케팅교육
등 록 번 호	제2021-035호
주 소	서울 서초구 강남대로53길 8, 10층 24호
전 자 우 편	ilovemarketing@naver.com
홈 페 이 지	www.amapcm.kr
전 화	02-563-0717
I S B N	979-11-93091-00-5

편저자 소개: 한국마케팅교육

2013년 설립된 한국마케팅교육연구소를 모태로 하는 마케팅 전문 교육기관이다. 2015년 6월, 국내 최초로 AMA PCM® 전문 교육과정을 개발하였으며, 2020년 1월 마케팅 전문 이러닝 사이트인 마이마케팅클래스 (mymarketingclass.com)를 런칭하여 운영하고 있다. 현재 국내 유일의 미국마케팅협회(AMA) 공식 리셀러 파트너로서 최근 연간 약 100명의 AMA PCM® 합격자를 배출하고 있으며, "Kotler 마케팅관리론", "마케팅 플랜 핸드북" 등 다양한 마케팅 분야의 집필, 번역, 출간에도 힘쓰고 있다.

PCM®은 미국마케팅협회의 등록상표입니다.
PCM® is the registered trademark of the American Marketing Association.

© 2024 한국마케팅교육
https://amapcm.kr

※ 이 책의 완성도를 높이는 데 큰 도움을 주신 AMA PCM® 2024년 신년 특별반 수강생 김동겸님, 김소희님, 김휘연님, 노동명님, 박은채님, 서형권님, 이수인님, 이수진님, 이정윤님, 이종현님, 장은비님, 조혜정님, 최미화님, 호가영님께 깊이 감사드립니다. 특히 김소희님께 특별한 감사의 말씀을 전합니다.

미국마케팅협회 공인마케팅자격증 AMA PCM®에 대하여

미국마케팅협회 공인마케팅자격증 AMA PCM®(American Marketing Association's Professional Certified Marketer)은 마케팅의 공식적인 정의를 내리는 기관이자, 세계적인 마케팅 저널인 "Journal of Marketing"과 "Journal of Marketing Research"를 발행하는 기관인 미국마케팅협회가 주관하는 세계적인 마케팅 자격증 프로그램이다.

2001년 미국과 캐나다에서 처음 시작된 이 자격증은, 현재 유럽, 아시아, 아프리카까지 널리 보급되어 있으며, 국내에서는 서울대학교, UCLA, 삼성전자, 딜로이트컨설팅, 제일기획, World Bank, 인천국제공항공사 등 다양한 직업과 업종을 아우르는 700명 이상의 자격증 보유자들이 다양한 마케팅 분야에서 활약하고 있다. 특히 삼성그룹에만 200명 이상의 AMA PCM® 보유자들이 있다.

AMA PCM® 자격증 프로그램은 Marketing Management 부문, Digital Marketing 부문, Content Marketing 부문 이렇게 세 가지가 있는데 이 중 우리나라에서는 Marketing Management 부문만 응시 가능하다. AMA PCM® Marketing Management 시험은 마케팅 전략과 기획, 글로벌 마케팅, 마케팅 정보 및 리서치, 소비자 및 비즈니스 시장, 시장세분화, 타겟팅, 포지셔닝, 마케팅 믹스(제품, 가격, 유통, 프로모션), 그리고 디지털 마케팅 등 마케팅 관리를 위해 필요한 전 분야를 골고루 다룬다. 모든 문제는 객관식 문제이며 전 문항 영어로 출제된다. 3시간 동안 150개의 문제 중 80% 즉 120문제 이상의 정답을 맞추면 합격이다. 자격증의 유효 기간은 3년이며, 그 기간 내에 소정의 마케팅 학습 내역을 협회에 알리면 재시험 없이 갱신이 가능 하다. 응시료는 미화 349불이며 한 번 구입하면 최대 3회까지 응시할 수 있다. 한국마케팅교육이 운영하는 이러닝 사이트인 "마이마케팅클래스"에서 이 책을 교재로 한 AMA PCM® 전문 교육 과정을 운영하고 있으며, 응시권도 원화로 저렴하게 구입할 수 있다.

이 자격증 프로그램에 대한 자세한 정보는, AMA PCM® 한국 공식 웹사이트 https://amapcm.kr에서 확인할 수 있다.

이 책의 특징 및 효과적인 활용법

미국마케팅협회 공인마케팅자격증 즉 AMA PCM® Marketing Management 시험은 문제은행 방식의 시험이다. 즉 매번 새로운 문제가 개발되어 추가되는 형식이 아니라 지정된 문제은행 내에서만 출제되는 시험인 것이다. 이 책은 그 문제은행 내에 수록된 "모든" 문제를 분석한 다음, 개념을 묻는 문제는 본문 내용으로 정리하고, 사례별로 나오는 응용문제는 그대로 복원하여 한 권으로 묶은 교재이다. 따라서 이 책 내에서 거의 모든(95% 이상) 문제가 출제되며, 이 책 한 권만 제대로 이해하고 숙지한다면 누구나 이 자격증을 쉽게 취득할 수 있다. 또한 영어에 불편을 느끼는 독자들을 위해, 본문과 응용문제 모두 우리말 번역을 함께 실었기 때문에, 혼자서도 쉽고 빠르게 공부를 끝낼 수 있다.

이 책에 나오는 대부분의 문장은 시험 문제로 나왔던 내용이고, 앞으로 나올 시험 문제는 이 책에 실린 내용을 거의 벗어날 수 없다. 따라서 시험 합격이 이 책을 읽는 독자의 유일한 목적이라면, 이 책 외에 다른 어떤 교재도 추가적으로 볼 필요가 없다.

다만, AMA PCM® 자격증 취득 외에, 이 시험 내용의 기반을 이루는 마케팅 이론 전반에 대한 보다 풍부한 이해를 얻고 싶다면 다음 책을 함께 읽을 것을 강력하게 추천한다. 아래에 소개한 책은 AMA PCM® Marketing Management 시험이 개발될 때 근간이 되었던 책이다.

- Greg W. Marshall and Mark W. Johnston. 『마케팅관리』 3판. 정연승 등 역. 시그마프레스, 2019

이 책만으로 혼자 힘으로 충분히 자격증 대비를 마칠 수 있지만, 전담 강사의 1:1 학습 지원이 포함된 보다 빠르고 효과적인 학습을 원한다면, 이 책의 발행처인 한국마케팅교육에서 직접 운영하는 이러닝 사이트 "마이마케팅클래스"에서 이 교재를 기반으로 만들어진 온라인 강의를 수강하는 것도 고려해 볼 수 있다. 자격증 시험 비용이 포함된 옵션을 선택하면 상대적으로 저렴한 비용으로 학습하고 시험까지 볼 수 있다.

부디 이 책을 통해 독자 여러분들이 AMA PCM® Marketing Management를 빠르고 효과적으로 학습하고 마침내 모두가 합격하기를 진심으로 기원한다.

목 차

일러두기

- 실제 AMA PCM® Marketing Management 문제는, 문장의 맞고 틀림을 판단하는 O/X 문제가 약 30%, 질문의 답을 고르거나 빈 칸에 들어갈 단어나 문장을 고르는 5지선다형 문제가 약 70% 출제됨
- 실제 시험 문제는 영어로만 나옴. 한글 해설은 단지 학습을 위한 참고로만 활용할 것
- 이 책의 본문에 나오는 문장 중, 문장 끝에 **(O)**라고 표시된 것은 그 문장이 O/X 문제에 출제된 것이며 정답은 O 즉 TRUE 임을 나타냄
- 이 책의 본문에 나오는 문장 중 **굵게** 표시된 단어나 문구는 다음을 의미함
    - 5지선다형 문제의 다섯 개의 선택지 중 정답에 해당하는 부분
    - O/X 문제 중 X인 문장 중에서 틀린 부분을 올바르게 수정한 부분
- 시험에 문장 그대로 출제되지는 않았으나 내용 이해 또는 응용 문제 풀이를 위해 필요한 경우 영문 문장 없이 우리말로만 표기하였음

Domain 1.

MARKETING STRATEGY

마케팅전략

> > > **TOPIC 1-1.** < < <

Marketing Management Fundamentals

MARKETING MISCONCEPTIONS

Marketing is all about advertising
마케팅은 모두 광고에 대한 것이다.

Marketing is all about selling
마케팅은 모두 판매에 대한 것이다.

Marketing is all fluff and no substance
마케팅은 모두 허상이고 실체가 없다.

Marketing is inherently unethical and harmful to society
마케팅은 본질적으로 비윤리적이고 사회에 해악을 끼친다.

Only marketers market
마케터만이 마케팅을 한다.

Marketing is just another cost center in a firm.
마케팅은 기업 내 단지 하나의 비용 센터일 뿐이다..

A commonly held misconception about marketing is that it is all about advertising and selling. **(O)**
흔히 제기되는 마케팅에 대한 오해 중 하나는 마케팅이 모두 광고와 판매에 대한 것이라는 것이다.

Marketing is no more inherently unethical than other business areas. **(O)**
마케팅은 다른 비즈니스 영역에 비해 본질적으로 비윤리적이지 않다.

다른 비즈니스 기능과 비교해 볼 때, 마케팅에는 성과에 미치는 영향을 측정하는 데 유용한 측정치(metrics)가 거의 없기 때문에 마케팅이라는 분야가 존중을 받지 못하는 면이 있다. (주. 과거 오프라인 마케팅에 의존하던 시대의 이야기이며 디지털 마케팅 시대인 지금 시점에서는 반드시 맞는 말은 아니지만, 이러한 취지로 출제되고 있음)

1) Behind the Misconception

A. Marketing Is Highly Visible by Nature

Of all the business fields, **marketing** is generally the most visible to people outside the organization.
모든 비즈니스 분야 중에서, 마케팅은 기업 밖에 있는 사람들에게 일반적으로 가장 가시적이다.

Marketing is highly public and readily visible outside the confines of the internal business operation.
마케팅은 내부 비즈니스 운영의 범위를 벗어나 매우 공개적이고 가시적이다.

DEFINING MARKETING

Peter Drucker stated that since it is the customer who defines value, the business enterprise has only two business functions: marketing and innovation. **(O)**
피터 드러커는 다음과 같이 말했다: 가치를 정의하는 사람은 고객이기 때문에, 비즈니스 기업은 단 두 개의 기능만 있다. 바로 마케팅과 혁신이 그것이다.

Peter Drucker, the father of modern management, stated that the only purpose of an organization is **to create a customer**.
현대 경영의 아버지인 피터 드러커는 조직(기업)의 유일한 목적은 고객을 창출하는 것이라고 말했다.

Peter Drucker, the father of modern management, believed that marketing **is the whole business as seen from the customer's point of view.**
현대 경영학의 아버지 피터 드러커는, 고객의 관점으로부터 바라볼 때, 마케팅이 전체적인 비즈니스라고 믿었다. (주. 마케팅은 기업의 특정 기능이라기 보다는 기업의 비즈니스 전체를 포괄한다는 관점)

Marketing is the activity, set of institutions, and processes for creating, communicating, delivering, and exchanging offerings that have value for customers, clients, partners, and society at large. **(O)**
미국마케팅협회는 마케팅을 "고객, 클라이언트, 파트너, 그리고 사회 전반에 가치가 있는 제품을 만들고, 알리고, 전달하고, 교환하기 위한 활동, 제도의 집합, 그리고 프로세스"라고 정의한다.

The AMA's definition of marketing reflects the view toward marketing activities as focused on **creating and delivering offerings that have value**.
미국마케팅협회의 마케팅 정의는 가치가 있는 제품을 만들고 전달하는 것에 초점을 맞춘 마케팅 활동에 대한 관점을 반영한다.

Purpose marketing, or pro-social marketing, as practiced by the well-known Tom's shoe company, **engages consumers in a meaningful way**.

잘 알려진 탐스(TOMS) 신발회사에 의해 실행된, 목적 마케팅 또는 친사회적 마케팅은 의미 있는 방법으로 소비자들과 관여한다. (주. 위 영문 문장 중 Tom's는 TOMS의 오기로 보임)

Companies that promote sustainability practices like Starbucks, which has a stringent recycling program, or General Electric, which makes environmentally sensitive products, are practicing **green** marketing.

엄격한 재활용 프로그램을 시행하고 있는 스타벅스나 환경에 민감한 제품을 만드는 제너럴 일렉트릭과 같이 지속가능성이라는 활동을 홍보하는 회사들은 그린 마케팅을 실천하고 있는 것이다.

1) Value and Exchange

Value and exchange are two core marketing concepts.

가치와 교환은 두 개의 핵심적 마케팅 개념이다.

From a customer's perspective, **value** is defined as a ratio of the bundle of benefits a customer receives from an offering, compared to the costs incurred by the customer in acquiring that bundle of benefits.

고객의 관점에서 볼 때, 가치는 고객이 제공물로부터 얻을 수 있는 혜택 묶음과 그것을 얻기 위해 발생하는 비용과 비교된 비율이라고 정의된다.

Exchange is a central tenet of marketing in which a person gives up something of value to them for something else they desire to have.

교환은 사람이 갖고 싶은 어떤 것을 얻기 위해 그에게 가치 있는 다른 것을 포기하는 것을 의미하는 마케팅의 중심 원칙이다.

MARKETING'S ROOTS AND EVOLUTION

Pre-Industrial Revolution
산업혁명 이전

Focus on Production and Products
생산 및 제품에 초점

Focus on Selling
판매에 초점

Advent of the Marketing Concept
마케팅 개념의 도래

Post-Marketing Concept Approaches_
마케팅 개념 이후의 접근법.

1) Pre-Industrial Revolution

(대량생산 이전, 주문 기반형 생산)

2) Focus on Production and Products

Firms that are stuck in a production orientation mentality likely will have great difficulty competing successfully for customers. **(O)**
생산지향성 사고방식에 갇혀 있는 기업은 고객을 위해 성공적으로 경쟁하는 데 큰 어려움을 겪을 것이다.

Henry Ford is well known to business students for creating the assembly line that enabled mass production of the Model T. This is an example of the **production** orientation.
헨리 포드는 〈모델 T〉의 대량 생산을 가능하게 한 조립 라인을 만든 것으로 비즈니스 학생들에게 잘 알려져 있다. 이것은 생산지향성의 사례이다.

When Henry Ford said, 'People can have the Model T in any color—so long that it's black,' he was reflecting a production orientation. **(O)**
포드의 설립자 헨리 포드가 "사람들은 〈모델T〉 자동차를 살 때 어떤 색상이든 고를 수 있다. 단지 그게 검은색이라면 말이다"라고 말했을 때, 이 말은 생산지향성을 반영하고 있는 것이다.

3) Focus on Selling

One of the reasons why production capacity utilization began to decline around the end of World War I is that **financial markets placed more pressure on firms to continually increase sales volume and profits**.
제1차 세계대전이 끝날 무렵 생산 능력 활용도가 떨어지기 시작한 이유는 중 하나는 금융 시장에서 기업들에게 매출 규모와 수익을 지속적으로 증가시키도록 압력을 가한 것 때문이다.

4) Advent of the Marketing Concept

After World War II, business began to change in many long-lasting ways. 2차대전 후, 비즈니즈는 아래와 같은 장기적인 방향으로 변화하기 시작했다.

- Pent-up demand for consumer goods and services after the war 소비자 제품과 서비스에 대한 억눌렸던 수요의 폭발
- Desperate need to regain a normalcy of day-to-day life after years of war 하루하루의 일상을 되찾고자 하는 절박한 니즈
- Opening up of production capacity dominated for years by war production 수 년 간의 전시 생산에 의해 지배된 생산 능력의 향상
- Advent of readily available mainframe computing capability 가용한 메인프레임 컴퓨팅 능력의 도래.

(기출. Focus on sales orientation은 2차대전 후의 장기적인 방향의 변화에 해당하지 않음)

Companies that conduct a great deal of research to learn how they can successfully put the marketing concept into practice most likely have a **marketing** orientation.
마케팅 개념을 성공적으로 실행에 옮길 수 있는 방법을 배우기 위해 많은 리서치를 수행하는 기업들은 아마도 마케팅 지향성을 갖고 있을 것이다.

The marketing concept was introduced **in the 1950s**.
마케팅 개념은 1950년대에 처음으로 소개되었다.

The marketing concept was first articulated in the Annual Report of **General Electric**.
마케팅 개념이 최초로 기술된 곳은 General Electric의 연간 보고서이다.

A. The Marketing Mix

The 4Ps of marketing refer to **product, price, place, and promotion.**
마케팅의 4P는 제품, 가격, 장소, 그리고 프로모션을 가리킨다.

An offering today is considered to be the **product** in the marketing mix.
오늘날의 제공물은 마케팅 믹스에서 제품으로 간주된다.

The concept of supply chain management is considered to be part of the **place** of the marketing mix.
공급망 관리의 개념은 마케팅 믹스 중 장소의 일부로 간주된다.

In the context of the marketing mix, **price** today is largely regarded in relationship to the concept of value.
마케팅 믹스의 맥락에서 오늘날 가격은 가치 개념과 관련하여 밀접하게 고려된다.

In the context of the 4Ps of the marketing mix, high-tech media options like cell phones and the Internet have had a huge impact on **promotion.**
4P 중에서, 휴대폰과 인터넷과 같은 하이테크 미디어 옵션들은 프로모션에 가장 큰 임팩트를 갖는다.
(주. 휴대폰과 인터넷은 4P 구성 요소 모든 것에 영향을 미쳤겠지만, 유통과 프로모션에 영향을 크게 미쳤을 것으로 보이고, 특히 마케팅 커뮤니케이션 미디어로서 프로모션에 가장 큰 영향을 미쳤다고 볼 수 있다)

Making a change in any one of the marketing mix elements will **have a domino effect on the other elements.**
마케팅 믹스 요소 중 하나를 변경하면 다른 요소들에 도미노 효과를 발생시키게 된다.
(주. 예를 들면, 제품의 기능이 개선되면 가격이 오를 것이다. 또, 온라인 채널에서 팔던 제품을 오프라인 채널에서 팔기 시작한다면 가격이 오를 것이다)

5) Post-Marketing Concept Approaches

Differentiation Orientation | 차별화 지향성

Market Orientation | 시장 지향성

Relationship Orientation | 관계 지향성

One-to-One Marketing | 일대일 마케팅

A. Differentiation Orientation

What clearly distinguishes your product from those of the competition is **differentiation**.
당신의 제품과 경쟁자의 제품을 분명하게 구별시켜 주는 것을 차별화라고 한다.

B. Market Orientation

시장 지향성: 시장을 중시하는 개념, 즉 시장의 니즈를 충족시키고자 하는 개념

C. Relationship Orientation

Relationship-oriented firms tend to **keep and cultivate their profitable current customers who are highly satisfied with the firm's offering.**
관계 지향적인 기업은 회사의 제공물에 매우 만족하는 수익성 높은 현재 고객을 유지하고 육성하는 경향이 있다.

Customer relationship management (CRM) is designed primarily to **facilitate higher levels of customer satisfaction.**

고객관계관리는 주로 보다 높은 수준의 고객 만족을 촉진하기 위해 설계되었다.

(주. 원래 고객관계관리는 고수익 고객을 유지하기 위한 것인데, 그러기 위해서 고객 만족을 촉진하는 것은 필수적이다)

D. One-to-One Marketing

The concept of engaging in a learning relationship with customers and directing the firm's resources to making each product or service as customized as possible is known as **one-to-one marketing.**

고객과 학습 관계를 맺고, 각각의 제품 또는 서비스를 최대한 맞춤화 하도록 회사의 자원을 이끌어내는 개념을 일대일 마케팅이라고 한다.

(주. 학습 관계를 맺는다는 말은 고객에 대해 깊이 이해한다는 것을 말한다. 고객을 잘 알지 못하면 맞춤화도 불가능할 것이다)

One-to-one marketing refers to the idea that firms should direct energy and resources into establishing a learning relationship with each customer and connect the learned knowledge with the firm's production and service capabilities.

일대일 마케팅이란 기업이 에너지와 자원을 각 고객과의 학습 관계를 만드는 방향으로 이끌어 나가서 학습된 지식을 기업의 생산 및 서비스 능력과 연결시켜야 한다는 생각을 말한다.

Don Peppers and Martha Rogers popularized the term one-to-one marketing. Some firms come close to one-to-one marketing by combining flexible manufacturing with flexible marketing to enhance customer choices. **(O)**

돈 페퍼스와 마사 로저스는 일대일 마케팅이라는 용어를 유행시켰다. 몇몇 기업들은 고객 선택을 개선하기 위해 유연한 생산과 유연한 마케팅을 결합함으로써 일대일 마케팅에 가까이 다가섰다.

(주. 여기서 말하는 "유연한 생산과 유연한 마케팅을 결합하는" 행위를 대량 맞춤화 즉 mass customization 이라고 한다. 이는 소비자의 선택을 최대한 맞추어 주는 방향으로 유연하게 대량 생산을 하는 것이다)

CHANGE DRIVERS IMPACTING THE FUTURE OF MARKETING

마케팅의 미래에 영향을 미치는 변화 드라이버 (자세한 내용은 다음 장부터 설명됨)

- Shift to Product Glut and Customer Shortage 제품의 과잉과 고객의 부족으로 변화
- Shift in Information Power from Marketer to Customer 마케터에서 고객 쪽으로 이동하는 정보 파워에 있어서의 변화
- Shift in Generational Values and Preferences 세대별 가치관과 선호에 있어서의 변화
- Shift to Distinguishing Marketing (Big M) from marketing (little m) 빅M과 리틀m을 구별하는 방향으로의 변화
- Shift to Justifying the Relevance and Payback of the Marketing Investment 마케팅 투자의 적합성과 회수를 정당화하는 방향으로의 변화

1) Shift to Product Glut and Customer Shortage

Fred Wiersema가 이야기 한 여섯 가지 마케팅 현실:

- Competitors proliferate 경쟁자들이 증가한다
- All secrets are open secrets 모든 비밀은 공개된 비밀이다
- **Innovation is universal** 혁신이 일반화된다
- Information overwhelms and depreciates 정보가 넘쳐나서 가치가 하락한다
- Easy growth makes hard times 쉬운 성장이 힘든 시기를 낳는다
- Customers have less time than ever 고객들은 시간이 부족하다

2) Shift in Information Power from Marketer to Customer

Fred Wiersema, in his book The New Market Leaders, builds a powerful case that the balance of power is shifting between marketers and their customers in both B2C markets and B2B markets. **(O)**

프레드 위어시마의 책 "새로운 마켓 리더"에서 말하길 힘의 균형은 B2C 시장과 B2B 시장 모두에서 마케터와 그들의 고객 사이에서 변화하고 있다는 강력한 사례를 제시했다. (힘의 균형이 마케터에서 고객 쪽으로 이동하고 있다는 뜻)

In the current business environment, firms have learned to be open about products and services with consumers who have endless sources of information, including blogs, chat rooms, and independent websites. **(O)**

현재의 비즈니스 환경 내에서, 기업들은 블로그, 채팅방, 그리고 독립적인 웹사이트 등 같은 무한한 정보 원천을 갖고 있는 고객들에게 제품과 서비스에 대해 개방적이 되어야 한다는 것을 배웠다.

(주. 고객에게 강력한 정보 접근 능력이 있으니 제품과 서비스의 정보를 적극적으로 공개하는 것이 좋다)

2) Shift in Information Power from Marketer to Customer

Direct-to-consumer marketing by pharmaceutical companies and the vast amount of health information available to patients on websites has consumers ready to self-diagnose and self-prescribe. **(O)**

제약회사들에 의한 직접-고객 마케팅과 환자들에게 전달되는 방대한 분량의 건강 정보 덕분에 소비자들이 스스로 진단하고(self-diagnose) 스스로 처방하는(self-prescribe) 것이 가능해졌다.

(주. 여기서 말하는 진단과 처방이란 소비자가 의사의 권한을 대신한다는 말이 아니고, 인터넷 등에 있는 수많은 정보 덕분에 자신의 증상이 어떤 병에 대한 것인지 보다 잘 알게 되었고, 그 병에 대해 어떤 약을 먹으면 좋을 지에 대해 스스로 어느 정도 알 수 있게 되었다는 것을 의미한다)

3) Shift in Generational Values and Preferences

Millennial generation(밀레니얼 세대)의 특징

- **25 percent** of the population and **$200 billion** in annual buying power. (미국) 인구 중 25%를 차지하며, 연간 2천억달러의 구매력을 갖고 있다.
- Favor authenticity over content 콘텐츠보다 진정성을 선호한다. (기출. 그 반대로 말하면 틀림)
- Brand loyal (especially if those brands are active on social media) 브랜드에 대한 로열티가 높다(특히 소셜 미디어에서 활동적인 브랜드에 대해)
- Highly connected through technology 첨단 기술에 의해 강력하게 연결되어 있다.
- Wish to be part of a company's product development process 회사의 제품 개발 프로세스의 일부로 참여하고 싶어 한다.
- Seek ethical companies to work for 윤리적인 기업에서 일하고 싶어한다.

4) Shift to Distinguishing Marketing (Big M) from marketing (little m)

A. Marketing (Big M)

Marketing (Big M) is also known as **strategic** marketing.
빅M은 전략적 마케팅이라고도 알려져 있다.

At the strategic level, **Marketing(Big M)** serves as the driver of business strategy.
전략적 수준에서 빅M은 비즈니스 전략의 드라이버 역할을 한다.

The core marketing concept characteristics of an organization-wide customer orientation and long-run profits are **strategic** in nature.
조직 전체의 고객 지향과 장기적인 수익이라는 핵심 마케팅 개념 특성은 본질적으로 전략적이다.

Marketing (Big M) refers to the strategic, long-term, firm-level commitment to investing in marketing. **(O)**
빅M은 마케팅 투자에 대해 전략적, 장기적, 기업(전사)적 수준의 결심을 나타낸다.

Consider these action elements required for successful Marketing (Big M) 성공적인 Big M을 위해서
필요한 몇 가지 행동들:

- Ensuring that everyone in an organization, regardless of their position or title, understands the concept of customer orientation 직위나 타이틀에 관계 없이 조직의 모든 사람이 고객 지향성 개념을 이해하도록 보장하라

- Align all internal organizational processes and systems around the customer. 모든 내부 조직적 프로세스와 시스템을 고객을 중심으로 잘 정렬하라.

- Find somebody at the top of the firm to consistently champion this Marketing (Big M) business philosophy. 회사의 최고 경영진 중 Big M 비즈니스 철학을 꾸준히 지원할 사람을 찾으라.

- Forget the concept that the marketing department is where Marketing (Big M) takes place. Big M이 일어나는 곳이 마케팅 부서라는 개념을 잊으라. (기출. 기억하라가 아니라 잊으라가 맞음)

- Create market-driving, not just market-driven, strategies. 시장에 의해 주도 되는 전략 뿐만 아니라, 시장을 주도하는 전략도 만들라..

Customer orientation, a component of market orientation, places the customer at the core of all aspects of the enterprise. **(O)**
시장지향성의 하나의 구성 요소인 고객지향성은 기업의 모든 측면의 중심에 고객을 배치시킨다.

In order for Marketing (Big M) to succeed, it must be championed by **top management**.
Big M이 성공하기 위해서는 최고경영진의 지원을 받아야 한다.

In order for Marketing (Big M) to succeed, firms should create **market-driving** strategies.
Big M이 성공하기 위해서는 기업들이 시장을 주도하는 전략을 만들어야 한다.

Marketing (Big M) is not just identifying existing segments but also creating new ones. **(O)**
Big M은 기존 세그먼트를 식별하는 것뿐만 아니라 새로운 세그먼트를 생성하는 것이다.

Market creation refers to approaches that drive the market toward fulfilling a whole new set of needs that customers did not realize was possible or feasible before.
시장 창출은 고객이 이전에는 가능하거나 실현 가능하지 않다고 생각했던 완전히 새로운 니즈를 충족시키기 위해 시장을 주도하는 접근 방식을 말한다.

B. marketing (little m)

In contrast to Marketing (Big M), marketing (little m) serves the firm and its stakeholders at a functional or operational level. **(O)**
빅M과는 대조적으로 리틀m은 기능적 또는 운영적 수준에서 기업과 이해관계자를 대한다.

In the context of change drivers impacting the future of marketing, marketing (little m) **serves the firm and its stakeholders at a functional level**.
마케팅의 미래에 영향을 미치는 변화 요인의 맥락에서, 리틀m은 기능적 수준에서 회사와 이해관계자를 대한다.

In the context of change drivers impacting the future of marketing, marketing (little m) is also known as **tactical** marketing.
마케팅의 미래에 영향을 미치는 변화 요인의 맥락에서 리틀m은 전술적 마케팅이라고도 한다.

Everything from brand image, to the message sales people and advertisements deliver, to customer service, to packaging and product features, to the chosen distribution channel exemplify **marketing (little m)**.
브랜드 이미지부터 영업 사원 및 광고가 전달하는 메시지, 고객 서비스, 포장, 제품 특징, 그리고 선택한 유통 채널에 이르기까지 모든 것이 리틀m의 사례이다.
(주. 리틀m은 전술적 마케팅을 말하며 제품, 가격, 유통, 프로모션 등 보다 기능적이고 운영적인 마케팅 활동을 말한다)

5) Shift to Justifying the Relevance and Payback of the Marketing Investment

Practicing marketers tend to pitch marketing internally as an investment, not an expense, in the future success of the organization. **(O)**

미래의 회사 성공에 있어서, 실무적인 마케터들은 비용이 아닌 투자로서 내부적으로 마케팅을 펼쳐나가는 경향이 있다.

(주. 마케팅에 쓰이는 금액은 비용이라기 보다는 투자로 바라보아야 하고 그 투자가 어떻게 회수될 수 있을까에 대해 관심을 가져야 한다. 이를 위해 필요한 것이 올바른 마케팅 마케팅 메트릭스(마케팅 측정치)이다)

[용어] **Marketing Metrics**
Tools and processes designed to identify, track, evaluate, and provide key benchmarks for improvement of marketing activities.

마케팅 메트릭스: 마케팅 활동의 개선을 위해, 핵심적인 기준점(측정치)을 알아내고, 추적하고, 평가하고, 제공하기 위해 설계된 도구 및 프로세스.

When the text states that marketers need to create tools for ongoing, meaningful measurement of marketing productivity, it is referring to the need for **accountability**.

마케팅 담당자들이 지속적이고 의미 있는 마케팅 생산성 측정을 위한 도구를 개발할 필요가 있다고 언급하는 텍스트는 회계적 설명책임(accountability) 의 필요성을 의미한다.

(주. 마케팅에서 accountability는 마케팅 투자를 위해 쓰인 금액이 회계적으로 어떠한 과정을 거쳐서 매출과 수익에 기여하였는가를 규명해야 한다는 책임을 말한다)

〉〉〉 TOPIC 1-2. 〈〈〈

Planning and Strategy

VALUE IS AT THE CORE OF MARKETING

From a customer's perspective, value is the ratio of the bundle of benefits a customer receives from an offering compared to the costs incurred by the customer in acquiring that bundle of benefits. **(O)**

고객의 관점에서 가치란 고객이 혜택의 묶음을 획득하는 과정에서 발생하는 비용과 비교하여 고객이 제공물로부터 받는 혜택의 묶음의 비율이다.

The want-satisfying power of a good is called **utility**.

욕구를 충족시켜주는 제품의 파워를 효용이라고 한다.

The four major kinds of utility are form, time, place, and ownership.

효용의 네 가지 주요 종류는 형태, 시간, 장소, 그리고 소유권이다.

Utility created when a firm converts raw materials into finished products that are desired by the market is called **form** utility.

기업이 원자재를 시장에서 원하는 완제품으로 전환할 때 생성되는 효용을 형태 효용이라고 한다.

Form utility is **production's task in creating an offering that is desired by the market.**

형태 효용은 시장이 원하는 제공물을 만드는 생산의 임무이다.

1) The Value Chain

The concept of the value chain was created by **Michael Porter.**
가치사슬의 개념은 마이클 포터에 의해 만들어졌다.

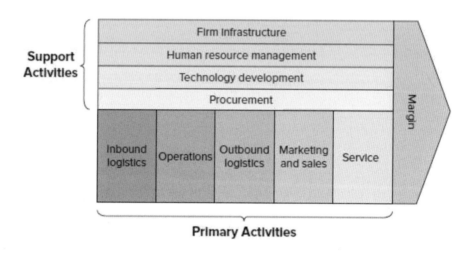

The five primary activities in the value chain 가치사슬의 다섯 가지 주요 활동

- Inbound logistics 원료 공급
- Operations 생산
- Outbound logistics 유통
- Marketing and sales 마케팅과 세일즈
- Service 서비스.

The four support activities in the value chain 가치사슬의 네 가지 지원 활동

- Firm infrastructure 법무, 회계, 재무 등
- Human resource management 인적자원관리(인사관리)
- Technology development R&D 등
- Procurement 조달, 공급자 관리 등

Outbound logistics refers to the distribution of products. **(O)**

아웃바운드 물류는 제품의 유통을 말한다.

The last element in the value chain is margin, which refers to profit made by the firm. **(O)**

가치 사슬의 마지막 요소는 이윤인데, 이는 회사가 벌어들인 이익을 말한다.

2) Planning for the Value Offering

(기출 내용 없음)

ELEMENTS OF
MARKETING PLANNING

1) Connecting the Marketing Plan to the Firm's Business Plan

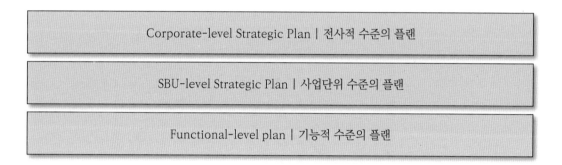

Corporate-level Strategic Plan | 전사적 수준의 플랜

SBU-level Strategic Plan | 사업단위 수준의 플랜

Functional-level plan | 기능적 수준의 플랜

A. Portfolio Analysis

BCG's Growth and Share Matrix 보스턴 컨설팅 그룹의 성장-점유 매트릭스

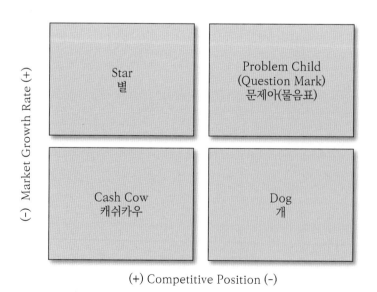

According to the BCG matrix, a business that is classified as a **question mark** has high growth and low market share.

BCG 매트릭스에 따르면 물음표로 분류되는 사업은 성장률이 높고 시장점유율이 낮다.

In the BCG matrix, firms categorized as problem children are characterized by low **share and high growth.**

BCG 매트릭스에서 문제아로 분류된 기업은 낮은 점유율과 높은 성장률로 특징지어진다. (이 매트릭스에서 문제아와 물음표는 동의어다)

According to the BCG matrix, a business that is classified as a star has high growth and high market share. **(O)**

BCG 매트릭스에 따르면, 별로 분류되는 사업은 높은 성장과 높은 시장 점유율을 가지고 있다.

In the BCG matrix, **cash cows** are characterized by high share and low growth and are the key sources of internal cash generation for a firm.

BCG 매트릭스에서 캐쉬카우는 높은 점유율과 낮은 성장률을 특징으로 하며 기업의 내부 현금 창출의 핵심 원천이다.

GE Business Screen

Invest / Grow 투자 / 성장	Invest / Grow 투자 / 성장	Selective Investment 선택적 투자
Invest / Grow 투자 / 성장	Selective Investment 선택적 투자	Harvest / Divest 수확 / 철수
Selective Investment 선택적 투자	Harvest / Divest 수확 / 철수	Harvest / Divest 수확 / 철수

(−) Business Position (+)

(+) Market Attractiveness (−)

The GE Business Screen portfolio model evaluates businesses on the dimensions of market attractiveness and business position. **(O)**

GE Business Screen 포트폴리오 모델은 시장의 매력도와 비즈니스 포지션이라는 차원으로 비즈니스를 평가한다.

- Business position: organization, growth, patents, marketing, flexibility
- Market attractiveness: government regulations, sensitivity to economic trends, and size of the market.

B. Functional Level Plans

2) Organizational Mission, Vision, Goals, and Objectives

Most mission statements also include a discussion of the firm's strategic vision.
대부분의 미션 선언문은 그 회사의 전략적 비전에 대한 논의가 포함된다. (기출. 포함되지 않는다고 말하면 틀림)

A **mission statement** articulates an organization's reason for existence and defines the unique purpose that sets it apart from competitors and identifies the scope of the company's operations, products, and markets.
미션 선언문은 조직의 존재 이유를 명확히 하고 경쟁사와 차별화되는 고유한 목적을 정의하며 회사의 운영, 제품 및 시장 범위를 나타낸다.

Goals are broad statements of generally desired accomplishments in support of the firm's mission statement. **(O)**
목표는 회사의 미션 선언문을 지원하는 방식으로 일반적으로 요구되는 성취에 대해 폭넓게 나타낸 것이다.

Goals and objectives should be set **after completion of market research, situation analysis, and competitor analysis.**
목표와 세부 목표는 시장 조사, 상황 분석, 그리고 경쟁자 분석을 완료한 다음에 설정해야 한다.

※ 이 중 세부 목표(objective)는 구체적인 숫자로 표현된다.

3) Organizational Strategies

Strategy has two key phases: formulation and execution. **(O)**
전략에는 개발 및 실행이라는 두 개의 주요 단계가 있다.

Growth, stability, and retrenchment refer to a firm's position relating to its **generic** strategy.
성장, 안정, 그리고 축소는 일반 전략과 관련된 기업의 포지션을 나타낸다.

Companies in some business cultures based outside the United States seem to have less pressure to achieve high levels of growth.
미국 이외의 지역에 기반을 둔 일부 비즈니스 문화권의 기업들은 높은 수준의 성장을 달성해야 하는 압력이 (미국에 비해) 적다.

The activities a firm does better than its competitors are known as **distinctive competencies**.
기업이 경쟁자들보다 더 잘 하는 활동을 차별적 역량이라고 한다.

Four strategic types of firms proposed by Miles and Snow.
마일즈와 스노우가 제안한 네 가지의 전략적 유형 (기출. compromiser라는 것은 없음)

Prospector │ 탐색자
Analyzer │ 분석자
Defender │ 방어자
Reactor │ 반응자

4) Situation Analysis

A. Macro Level External Environmental Factors

거시적 수준의 외부 환경 요인 (응용문제에 주로 출제됨)

- Political, legal, and ethical 정치적, 법률적, 그리고 윤리적 요인
- Sociocultural/demographic 사회문화적 및 인구통계적 요인
- Technological 테크놀로지 요인
- Economic 경제적 요인
- Natural 자연적 요인

B. Competitive Environmental Factors

5 competitive forces addressed by Michael Porter 마이클 포터가 언급한 다섯 가지의 경쟁적 영향력

- Threat of new entrants 신규 진입자의 위협
- Rivalry among existing firms 기존 기업들 간의 경쟁 강도
- Threat of substitute products 대체 제품의 위협
- Bargaining power of buyers 구매자의 협상 파워
- Bargaining power of suppliers 공급자의 협상 파워

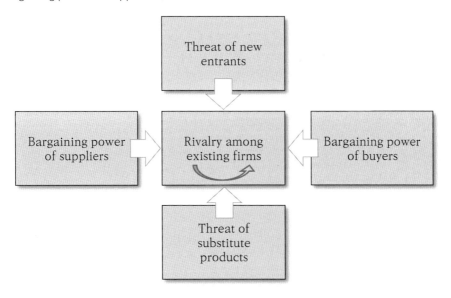

C. Internal environmental factors

Major categories for analysis in the internal environment 내부 환경 분석의 주요 카테고리

- Firm structure and systems 기업의 구조와 시스템
- Firm culture 기업의 문화
- Firm leadership 기업의 리더십(경영진)
- Firm resources 기업의 리소스

Internal environmental factors are all under the firm's control. **(O)**
내부 환경 요인은 모두 회사의 통제 하에 있다.

D. Summarize the Situation Analysis into a SWOT

In marketing planning, situation analysis involves identification of competitive strengths, weaknesses, and trends. **(O)**
마케팅 플랜에서 상황 분석은 경쟁적 강점, 약점, 그리고 트렌드를 파악하는 것을 포함한다. (여기서 트렌드는 외부 환경을 의미한다고 볼 수 있음)

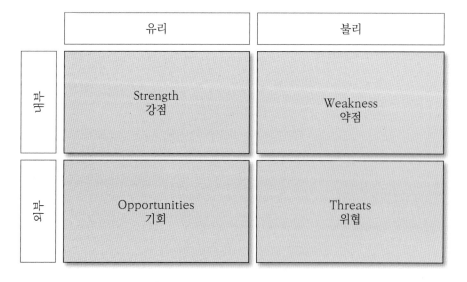

5) Additional Aspects of Marketing Planning

A. Perform Any Needed Market Research

B. Establish Marketing Goals and Objectives

C. Develop Marketing Strategies

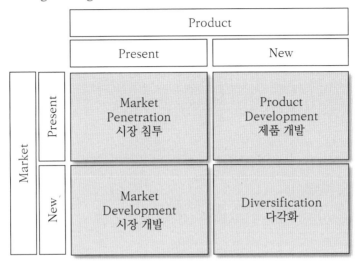

Diversification strategies allow the firm to introduce new products to new customers, often including international markets.

다각화 전략을 통해 회사는 종종 인터내셔널 시장을 포함한 새로운 고객에게 신제품을 출시할 수 있다.

Product development strategies allow a firm to invest additional resources to have existing customers consume new products.

제품 개발 전략을 통해 기업은 기존 고객이 새로운 제품을 소비할 수 있도록 추가적인 리소스를 투자할 수 있다.

D. Create an Implementation Plan

The process of measuring marketing results and adjusting the marketing plan as needed is called marketing **control**. 마케팅 결과를 측정하고 필요에 따라 마케팅플랜을 조정하는 과정을 마케팅통제라고 한다.

E. Develop Contingency Plans

In a marketing plan, every strategy must include an implementation element. These are sometimes called **action plans**.
마케팅 플랜에서, 모든 전략에는 실행 요소가 포함되어야 한다. 이런 것들을 액션 플랜이라고 부른다.

What is to be included under action plan 액션 플랜에 포함되는 항목
- Timing 실행의 타이밍
- Forecasts and budgets 수요 예측과 예산 수립
- Persons(individuals) responsible for various aspects of implementation 실행 책임자
- Resources necessary to make the strategy happen 전략을 실행하기 위한 리소스
(기출. "예측 대비 최악의 최악의 성과를 냈을 때를 대비한 별도의 플랜"은 액션 플랜에 포함되지 않음)

One part of a marketing plan should identify what to do if things go wrong. This section is called **contingency** planning.
마케팅 플랜의 한 부분은 일이 잘못될 경우 어떻게 해야 하는지를 나타내야 한다. 이 부분을 컨틴전시 플랜이라고 한다.

Contingency plans are often described in terms of a separate plan for a worst-case, best-case, and expected-case performance against the forecast.
컨틴전시 플랜이란, 예측에 대한 최악의 경우, 최상의 경우, 그리고 예상되는 경우의 성과에 대해 만드는 별도의 플랜을 말한다.

Contingency plans help avoid scrambling to decide how to adjust marketing strategies when performance against a forecast is higher or lower than expected.
컨틴전시 플랜은 예측 대비 성과가 예상보다 높거나 낮을 때 마케팅 전략을 조정하는 방법을 결정하기 위해 허둥대는 것을 피하는 데 도움이 된다.

TIPS FOR SUCCESSFUL MARKETING PLANNING

성공적인 마케팅 플래닝을 위한 팁 (응용문제에 많이 출제됨)

- Stay flexible. 유연성을 유지하라.

- Utilize input, but don't become paralyzed by information and analysis. 입력된 정보를 활용하되, 정보와 분석에 매몰되지 말라.

- Don't underestimate the implementation part of the plan. 플랜의 실행 부분을 과소평가하지 말라.

- Stay strategic, but also stay on top of the tactical. 전략을 유지하되, 전술적으로도 확실하게 운영하라.

- Give yourself and your people room to fail and try again. 당신과 당신의 사람들이 실패하고 재도전할 수 있는 여지를 주라.

Domain 2.

GLOBAL, ETHICAL, AND SUSTAINABLE MARKETING

글로벌 마케팅, 윤리적 마케팅, 그리고
지속가능한 마케팅

> > > TOPIC 2-1. < < <

Issues in Managing Global Marketing

MARKETING IS NOT LIMITED BY BORDERS

Businesses are not confined to a local market due to improved distribution, sophisticated communication tools, product standardization, and the Internet. **(O)**

(오늘날) 비즈니스들은 향상된 유통, 정교한 커뮤니케이션 도구, 제품 표준화, 그리고 인터넷 등 덕분에 로컬 시장에만 제한되어 운영되지 않는다.

An understanding of marketing beyond home markets develops over time as a company gets more international business experience. This process is referred to as the **global experience learning curve.**

마케팅에 대한 이해는 국내 시장을 넘어 기업이 국제적인 비즈니스 경험을 쌓으면서 시간이 지남에 따라 발전한다. 이 프로세스를 글로벌 경험 학습 곡선이라고 한다.

Risks **increase** substantially when a company moves manufacturing into a foreign markets.

기업이 제조업을 해외 시장으로 이전할 때 위험은 상당히 증가한다.

A company can do business with an international customer and still not engage in direct foreign marketing. **(O)**

기업은 인터내셔널 고객과 비즈니스를 하면서도, 해외 직접 마케팅은 하지 않을 수도 있다.

THE GLOBAL EXPERIENCE
LEARNING CURVE

1) Companies with No Foreign Marketing

기업들이 제한적인 직접 접촉(limited direct contact)이나 간접적인 중간상들(indirect intermediaries)을 통해 다른 나라에서 판매할 때, 해외 마케팅을 하고 있다고 말하기는 어렵다.

2) Companies with Foreign Marketing

3) International Marketing

Firms that manufacture in a foreign market and maintain an extensive sales organization and distribution network but have a **domestic first** mind-set are probably engaged in international marketing.

해외 시장에서 제조하고 광범위한 판매 조직 및 유통 네트워크를 유지하면서도 "내수 우선" 마인드셋을 가진 기업은 아마도 인터내셔널 마케팅에 관련되어 있을 것이다.

International marketing aligns the company's assets and resources with global market, but, in the vast majority of companies, management still takes a **domestic first** approach to the business.

인터내셔널 마케팅은 회사의 자산과 자원을 글로벌 시장에 맞게 조정하지만, 대부분의 회사에서 경영진은 여전히 "내수 우선" 방식으로 비즈니스를 수행한다.

4) Global Marketing

A global marketing company realizes that all world markets (including the company's own domestic market) are, in reality a single market with many different segments. **(O)**
글로벌 마케팅 회사는 모든 세계 시장(회사가 보유한 국내 시장을 포함하여)이 실제로는 다양한 다른 세분시장들이 포함되어 있는 단일한 시장 임을 깨닫고 있다.

The first step in moving into global markets is to evaluate the market opportunities. **(O)**
글로벌 시장으로 진출하기 위한 첫 번째 단계는 시장 기회를 평가하는 것이다.

The most significant difference between international and global marketing organizations is management philosophy and corporate planning. **(O)**
인터내셔널 마케팅 조직과 글로벌 마케팅 조직의 가장 큰 차이점은 경영 철학과 기업 플래닝이다.

5) Essential Information

A. Economic

Data on consumer spending per capita or industrial purchasing trends would be identified in the **economic** section of a global market research report.
1인당 소비자 지출 또는 산업 구매 트렌드에 대한 데이터는 글로벌 시장 조사 보고서의 경제 섹션에서 확인할 수 있다.

Gross domestic product is one of the most widely used measures of economic growth.
국내총생산은 가장 널리 사용되는 경제 성장의 척도 중 하나이다.

B. Culture, Societal Trends

문화적, 사회적 트렌드 (나라별로 다른 저녁 식사 시간, 나라별로 갖는 색상에 대한 미신적 생각 등)

C. Business Environment

(**Business Environment**와 관련하여) 신규 시장 진입 시 파악해야 할 결정적인 요인들
- **Ethical standards** 윤리적 표준
- Management styles 경영적 스타일
- **Degree of formality** 격식의 정도
- **Gender or other biases** 성별에 대한 편견 등 기타 편견들

D. Political and Legal

E. Specific Market Conditions

6) Emerging Markets

75 percent of the world's economic growth in the next 20 years is predicted to come from emerging markets, such as China and India.

향후 20년간 세계 경제 성장의 75%는 중국과 인도와 같은 신흥 시장에서 나올 것으로 예상된다.

The fastest-growing economy in the world in 2017 was **Libya**.

2017년 세계에서 가장 빠르게 성장한 경제는 리비아이다.

7) Multinational Regional Market Zones

Countries create regional market zones for mutual economic benefit through reduced trade barriers and lower tariffs. **(O)**

국가들은 무역 장벽을 낮추고 관세를 낮추어 상호 경제적 이익을 얻기 위해 지역 시장 구역을 만든다.

The forces that drives countries to form regional market zones 지역 시장 구역을 형성하도록 이끄는 영향력

- Economic 경제적 영향력
- Geographic proximity 지리적 근접성
- Political 정치적 영향력
- Cultural similarities 문화적 유사성

(기출. religious values 즉 종교적 가치는 여기에 포함되지 않음)

A. Europe

The European Union is the most successful regional market zone. **(O)**
유럽 연합은 가장 성공적인 지역 시장 구역이다.

The economic output of the European Union (EU) is **smaller** than that of the United States.
유럽 연합(EU)의 경제적 생산량은 미국보다 작다.

B. Americas

MERCOSUR is a regional market zone in **South America.**
MERCOSUR은 남아메리카에 있는 지역 시장 구역이다.

NAFTA is a market zone that eliminates tariffs between the United States and **Canada and Mexico.**
NAFTA는 미국과 캐나다와 멕시코 사이의 관세를 철폐하는 시장 구역이다.

The acronym NAFTA stands for **North America Free Trade Agreement**.
NAFTA는 북미자유무역협정의 약자이다.

C. Asia

DEVELOP
GLOBAL MARKET STRATEGIES

1) Market Entry Strategies

A. Exporting

Exporting is the most common method for entering foreign markets.
수출은 해외 시장에 진출하는 가장 일반적인 방법이다.

Distributors represent an exporting firm in a foreign market. They become the face of a company through servicing customers, selling products, and receiving payment. They often take title to the goods and resell them.
유통업자는 해외 시장 내에서 수출 기업을 대표한다. 그들은 고객들에게 서비스를 제공하고, 제품을 판매하고, 지불을 받는 것을 통해 회사의 얼굴이 된다. 그들은 종종 상품의 소유권을 가지고 그것들을 재판매한다.

A technology or high-end industrial product company is most likely to use a **direct sales force** in foreign markets because customers expect the expertise of highly-trained, accessible personnel.
테크놀로지 또는 고급 산업재 회사는 고객이 고도로 훈련되고 쉽게 접근 가능한 인력의 전문성을 기대하기 때문에 해외 시장에서 직영 영업조직을 사용할 것이다.

B. Contractual Agreements

Franchising enables companies to gain access to a foreign market through local ownership. **(O)**
프랜차이징은 소유권은 로컬이 가진 채로 기업들이 해외 시장에 접근할 수 있게 해 준다.

Advantages of franchising as a market entry strategy 시장 진입 전략 중 하나로서의 프렌차이징의 장점
- Local market knowledge 로컬 시장에 대한 지식
- Local management expertise 로컬 경영에 대한 전문 지식
- Quality control is at the point of customer contact 고객과의 접점에 존재하는 품질 통제(품질 관리)
- Economies of scale exist 규모의 경제 존재

(기출. "제품의 일관성 및 법적 요구사항의 완화"는 여기 포함되지 않음)

Franchisors have a great deal of control in how they manage their businesses.
비즈니스를 관리하는 방법에 대해 강력한 통제력을 가지고 있는 실체는 프랜차이저이다. (기출. Franchisees가 아니라 Franchisors임에 주의)

Licensing is a useful form of market entry when companies lack the resources to establish independent operations in foreign markets. **(O)**
라이센싱은 기업이 해외 시장에서 독립적인 운영을 실행할 수 있는 자원(투자할 자금)이 부족할 때 유용한 시장 진입 형태이다.

Advantages to licensing as a market entry strategy 시장 진입 전략으로서의 라이센싱의 장점
- Limited financial risk in the short run 단기적으로 제한적인 재무적 위험
- Easy availability of raw materials 원자재를 쉽게 얻을 수 있음
- Services such as local distribution 로컬 유통과 같은 다양한 서비스
- Decrease in operational costs 운영 비용의 절감

(기출. "특허의 완벽한 통제"라고 하면 틀림)

C. Strategic Alliances

The **airline** industry best illustrates the power of strategic alliances.
항공 산업은 전략적 제휴의 파워를 가장 잘 보여준다.

D. Direct Foreign Investment

The market entry strategy with the greatest long-term implications is direct foreign investment.
(O)
장기적으로 가장 큰 영향을 미치는 시장 진입 전략은 해외 직접 투자이다.

A company considering direct foreign investment must consider a number of factors including:
해외 직접 투자를 고려하는 기업은 다음과 같은 몇가지 요인들을 고려해야 한다.

- Timing 타이밍
- Legal issues 법적 이슈
- Transaction costs 거래 비용 (통화와 관련된 비용, 환차손 등)
- Technology transfer 테크놀로지의 이전
- Product differentiation 제품 차별화
- Marketing communication barriers 마케팅 커뮤니케이션의 장벽 (각 국가별 마케팅 커뮤니케이션 관행에 따라야 함. 예를 들어 특정 국가 사람들이 어린이를 대상으로 하는 마케팅에 대한 부정적인 생각을 갖고 있다면 이를 마케팅 커뮤니케이션 장벽이라고 할 수 있다)

2) Organizational Structure

The primary organizational patterns employed by organizations around the world are **decentralized, centralized, and regionalized.**

전 세계에 걸쳐 기업에서 채택하는 주요 조직 패턴들에는 분권화, 중앙집중화, 그리고 지역화가 있다.

Decentralized | 분권화

Centralized | 중앙집중화

Regionalized | 지역화

Three organizational structures 조직 구조의 세 가지 형태

Global product lines | 글로벌 제품 라인별 조직 구조

Geographic regions | 지리적 지역별 조직 구조

Matrix structure | 매트릭스 조직 구조

When local government relationships are critical to the success of international operations, the best organizational structure for a firm would be **geographic regions.**

지방 정부와의 관계가 인터내셔널 운영의 성공에 결정적인 중요성이 있는 경우, 이 기업에 가장 적합한 조직 구조는 지리적 지역이다.

In the context of organizational structures, most companies today use some form of **matrix** structure that encourages regional autonomy while building product competence in key areas around the world.

조직 구조의 맥락에서 오늘날 대부분의 기업은 전 세계 주요 영역에서 제품 역량을 구축하는 동시에 지역적인 자율성을 장려하는 일종의 매트릭스 구조를 사용한다.

3) Product

Direct product extension	직접 제품 확장
Product adaptation	제품 적응
Product invention	제품 발명

Advantages of direct product extension include no additional R&D or manufacturing costs. **(O)**
직접 제품 확장의 장점은 추가적인 R&D 또는 추가적인 제조 비용이 없다는 것이다.

Coca-Cola changes the taste of its soft drinks to meet local market preferences. This is an example of **product adaptation.**
코카콜라는 청량음료의 맛을 로컬 시장의 선호에 맞게 바꾼다. 이것은 제품 적응의 사례이다.

Product adaptation is the altering of an existing product to fit local needs and legal requirements and can range from regional levels all the way down to city-level differences. **(O)**
제품 적응은 기존 제품을 로컬의 니즈와 법적 요구사항에 맞게 바꾸는 것이며, (넓게 정의한) 지역 레벨에서부터 (좁게 정의한) 도시 레벨의 차이에 이르기까지 다양하게 존재한다.

제품 발명은 특정 나라만을 위해 제품을 개발하는 것을 말함(기출. 일본 코카콜라 회사의 Bistrone 수프는 제품 발명에 속함)

Sometimes old products discontinued in one market can be reintroduced in a new market, a process known as backward invention. **(O)**
종종 어떤 시장에서 단종된 구형 제품이 새로운 시장에 재출시될 수 있다. 이를 후방 발명(backward invention)이라고 한다.

4) Consumer

Four specific product issues face international consumer marketers—**quality, fitting the product to the culture, brand strategy, and country of origin.**

인터내셔널 소비자 마케터들에게는 다음과 같이 네 가지 구체적인 제품 이슈가 있다. 1) 품질, 2) 제품과 문화를 맞추기, 3) 브랜드 전략, 4) 원산지 (기출. "제조"는 네 가지 제품 이슈에 해당하지 않음)

Quality | 품질
Fitting the Product to the Culture | 제품과 문화의 맞춤
Brand Strategy | 브랜드 전략
Country of Origin | 원산지

A. Quality

소비자가 인식하는 품질

B. Fitting the Product to the Culture

제품과 문화의 맞춤 (언어의 문제도 여기에 해당함. 기출. 멕시코에 출시된 Nova)

C. Brand Strategy: Local brand vs. global brand

- 로컬 브랜드 전략: 네슬레(나라별로 다양한 브랜드 적용)
- 글로벌 브랜드 전략: 코카콜라, 캐터필라, 애플, 켈로그, BMW 등

D. Country of Origin

The country-of-origin effect is **NOT** always positive in a customer's perception.
원산지 효과가 고객의 인식에서 항상 긍정적으로 작용하는 것은 아니다.

5) Market Channels

A. Channel Structures

채널 구조 (기출 문제 없음)

B. Channel Factors

In selecting a channel partner, companies should consider six strategic objectives known as the Six Cs of channel strategy: **Cost, capital, control, coverage, character, and continuity**
채널 파트너를 고를 때, 기업들은 채널 전략의 6C라고 불리는 여섯 가지 전략적 목표를 고려해야 한다: 1) 비용, 2) 자본, 3) 통제, 4) 커버리지, 5) 특성, 그리고 6) 지속성.

In the context of market channels, the use of local distribution networks to reach target customers is identified in the **coverage** channel factor.
시장 채널의 맥락에서, 목표 고객에 도달하기 위한 로컬 유통 네트워크의 사용은 "커버리지"라는 채널 요인에 해당한다.

The channel strategies of **cost** helps in increasing the efficiency of local distribution systems by eliminating unnecessary middlemen.
불필요한 중간상을 제거하여 로컬 유통 시스템의 효율성을 높이는 데 도움이 되는 채널 전략은 비용(cost)이다.

Aligning the firm's philosophy with that of a potential channel partner would be identified in the channel strategy of **character**. 회사의 철학을 잠재적 채널 파트너의 철학과 일치시키는 것은 특성이라는 채널 전략에서 확인할 수 있다.

지속성(continuity)은 장기적 운영의 중요성을 의미하지만, 장기적으로 운영해 오고 있는 업체는 이미 경쟁자들과 관계를 맺고 있을 수 있다.

대부분의 업체들이 해외 시장의 채널을 통제하고 싶어한다. 하지만 문제는 비용이다. 비용과 통제는 매우 밀접한 관계를 갖고 있다.

6) Marketing Communications

A. Advertising

Global market advertising follows one of four basic approaches that vary by degree of adaptation. 글로벌 시장의 광고는 각 지역에의 적응도에 따라 다음과 같은 네 가지 접근법을 따른다.
- Global marketing themes 글로벌 마케팅 테마
- Global marketing with local content 로컬 콘텐츠를 사용한 글로벌 마케팅
- **Basket of global advertising themes** 글로벌 광고 테마의 바구니 (여러 개의 마케팅 메시지를 미리 만들어 놓은 후, 로컬 시장의 잘 맞는 메시지를 골라서 사용하는 접근법)
- Local market ad generation 로컬 시장 광고 제작

B. Personal Selling
(기출. 자동차 딜러들의 판매 행위를 인적 판매라고 할 수 있음)

C. Sales Promotion
(기출. 콜라 회사들의 남미 지역 이동식 카니발 후원)

D. Public Relations

7) Pricing

There are three main pricing strategies. 다음과 같은 세 가지 주요 프라이싱 전략이 있다.
- **One World Price** 전세계 단일 가격
- Local Market Conditions Price 로컬 시장의 조건에 따른 가격
- Cost-Based Price 원가에 기반한 가격

A. One World Price
B. Local Market Conditions Price
C. Cost-Based Price

D. Price Escalation

Prices of products are often higher in a foreign country than the home country due to transportation charges, taxes, tariffs, and exchange rate fluctuations. This change in price from home country to foreign country is referred to as **price escalation.**

운송료, 세금, 관세, 환율 변동 등으로 인해 외국에서 제품 가격이 본국보다 높은 경우가 많다. 이러한 본국에서 외국으로의 가격 변동을 가격 상승이라고 한다.

E. Global Pricing Issues

Charging a price that is lower than actual costs or less than the company charges in its home market is called **dumping**.

실제 원가보다 낮거나 국내 시장에서 회사가 부과하는 가격보다 낮은 가격을 덤핑이라고 한다.

When distributors do not have authorization from manufacturers but divert products from low-price markets and sell them in high-price markets, they are practicing **gray market distribution**.

유통업자들이 제조업체의 허가를 받지 않고 싸게 팔리는 시장에서 제품을 사다가 비싸게 팔리는 시장에서 판매하는 경우, 그들은 그레이 마켓 유통을 실행하고 있다고 할 수 있다.

> > > TOPIC 2-2. < < <

Ethics in Marketing Management

ETHICS

Marketing ethics encompasses a societal and professional standard of right and fair practices that are expected of marketing managers in their oversight of strategy formulation, implementation, and control.

마케팅 윤리는 마케팅 매니저가 전략 수립, 실행, 그리고 통제를 감독함에 있어 기대되는 올바르고 공정한 관행에 대한 사회적 및 직업적(전문적) 표준을 말한다.

1) Ethics and the Value Proposition

Value is the net benefits (or costs) associated with a product or service, and it is affected by the buyer's trust that the company will keep its promises.

가치는 제품이나 서비스와 관련된 순혜택(또는 비용)이며, 기업이 약속을 지킬 것이라는 구매자의 신뢰로부터 영향을 받는다.

2) Ethics and the Elements of the Marketing Mix

A. Product

Ethical issues related to product strategy begin with determining what markets should be targeted.

(O) 제품 전략과 관련된 윤리적 이슈는 어떤 시장을 타겟으로 해야 하는지 결정하는 것에서 시작된다.

B. Price

C. Distribution

D. Promotion

Among marketing mix elements, **promotion** presents the most ethical challenges.

마케팅 믹스 요소 중에서 윤리적인 도전이 가장 크게 제기되는 분야는 프로모션이다.

3) Code of Marketing (Business) Ethics

The American Marketing Association's code of ethics speaks to six primary ethical values: honesty, responsibility, fairness, respect, transparency, and **citizenship**.

미국마케팅협회의 윤리 강령은 정직, 책임, 공정성, 존중, 투명성, 그리고 시민정신이라는 여섯 가지 주요 윤리적 가치를 언급한다.

> > > TOPIC 2-3. < < <

Sustainability in Marketing Strategy

SUSTAINABILITY

The concept of sustainability includes all business practices that seek to balance business success and societal success over the long term. **(O)**
지속 가능성의 개념은 장기적으로 비즈니스 성공과 사회적 성공의 균형을 맞추는 모든 비즈니스 관행을 말한다.

In the 1930s, companies and consumers began to realize that utilizing resources efficiently and effectively was good for society and beneficial to business. This grew into the **green** movement.
1930년대에 기업과 소비자들은 자원을 효율적이고 효과적으로 활용하는 것이 사회에 좋고 기업에 이롭다는 것을 깨닫기 시작했다. 이것이 녹색 운동으로 성장했다.

1) Triple Bottom Line

The text discusses the triple bottom line metric, and outlines an approach to consider the impact of TBL in marketing management. This includes people, planet, and **profit**.
이 교재에서는 트리플 버텀라인(TBL) 측정치에 대해 설명하고 마케팅 관리에서 TBL의 영향을 고려하는 접근 방식을 개략적으로 설명한다. 여기에는 사람, 지구, 그리고 수익이 포함된다.

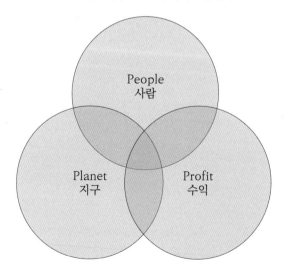

Domain 3.

MANAGING INFORMATION FOR MARKETING INSIGHTS

마케팅 통찰을 위한 정보의 관리

> > > TOPIC 3-1. < < <

Market Research
Fundamentals

MARKET INFORMATION SYSTEM

1) The Nature of a Market Information System

A continuing process of identifying, collecting, analyzing, accumulating, and dispensing critical data to marketing decision makers is known as **a market information system**.
결정적으로 중요한 데이터를 알아내고, 수집하고, 분석하고, 축적하여, 그것을 마케팅 의사결정자들에게 제공하는 지속적인 프로세스를 시장정보시스템이라고 한다.

A market information system (MIS) is **not a software package** but a continuing process of identifying, collecting, analyzing, accumulating, and dispensing critical information to marketing decision makers.
시장정보시스템은 소프트웨어 패키지가 아니며, 결정적인(중요한) 정보를 알아내고, 수집하고, 분석하고, 축적하여, 마케팅 의사결정자들에게 제공하는 지속적인 프로세스이다.

Market information systems serve as an information bank where important data are stored until it is needed. **(O)**
시장정보시스템(MIS)은 중요한 데이터가 필요한 시점이 될 때까지 저장되는, 정보 은행(information bank) 역할을 한다.

A significant problem for most managers today is **not having too little information but having too much.**
오늘날 대부분의 매니저들의 주된 문제는 정보가 너무 적다는 것이 아니라 너무 많다는 것이다.

Unfortunately, managers are often **not aware** of all the information in their own company.
불행히도 매니저들은 자신 회사 내의 모든 정보를 알고 있지 못하다.

Most companies **don't maximize** their existing information

대부분의 회사들은 기존에 존재하는 정보를 최대로 활용하지 않는다.

Not all managers need the same information.

모든 매니저들이 동일한 정보를 필요로 하는 것은 아니다.

In evaluating internal and external information sources, companies need to consider not only what information is important but also the source of the data. **(O)**

기업은 내부 및 외부 정보 출처를 평가할 때 어떠한 정보가 중요한가 뿐만 아니라 데이터 출처가 어디인가도 고려해야 한다.

A company needs to consider three factors in creating an MIS.

MIS를 만들 때 고려해야 할 세 가지 요인들

- what information should the system collect? 이 시스템이 수집해야 할 정보는?
- What are the **information needs** of each decision maker? 각 의사결정자들의 정보 니즈는?
- how does the system maintain the privacy and confidentiality of sensitive information? 민감한 정보에 대한 프라이버시와 보안성을 어떻게 유지할 수 있을까?

The sales manager at a company wants to keep informed, so he collects, analyzes, and stores data from the macro environment on a continuous basis. This illustrates the concept of **marketing intelligence.**

회사의 영업 매니저는 충분한 정보를 유지하고자 하기 때문에 거시적 환경에서 지속적으로 데이터를 수집하고, 분석하고, 저장한다. 이는 마케팅 인텔리전스의 개념을 설명하는 것이다.

2) Internal Sources

Internal source of collecting information for making marketing decisions 마케팅 의사결정을 위한 정보 수집의 내부 원천

- From the Customer's Order to Order Fulfillment 고객 주문부터 주문 처리
- Sales Information System (예: salespeople's sales call reports) 세일즈 정보 시스템

A. From the Customer's Order to Order Fulfillment

고객 주문부터 주문 처리까지

B. Heard on the Street-Sales Information System

Salespeople's reports summarizing each sales call are a source of internal data.
각 세일즈 콜을 요약한 영업 사원의 리포트는 내부 데이터의 출처이다.

3) External Sources

A. Demographics

Companies can use demographic data to create profiles of current customers and identify new market opportunities. **(O)**
기업은 인구통계 데이터를 사용하여 현재 고객의 프로파일을 만들고 새로운 시장 기회를 알아낼 수 있다.

인구통계학적 정보는 다음과 같이 나눌 수 있다.
- Population of interest 관심 모집단(마케터가 관심을 갖는 그룹 정하기)
- Ethnic group 인종 집단
- **Geographic change** 지리적 변화 (기출. 도시 인구의 증가로 인한 컴팩트카 수요 증대)

Not tracking and responding to demographic changes is a management failure because the data are easy to obtain and major changes occur slowly. **(O)**
데이터를 쉽게 얻을 수 있고 주요 변경사항이 느리게 발생한다는 이유 때문에 인구통계학적 변경사항을 추적하고 이에 대응하지 않는 행위는 관리 실패라고 할 수 있다.

B. Economic Conditions

- Microeconomic 미시경제적
- **Macroeconomic** 거시경제적 (기출. 물가, GDP, 인플레이션 등이 여기에 해당)

C. Technology Transformations

D. Natural World

E. Political/Legal Environment

F. Competition

MARKET RESEARCH SYSTEM

Market research is defined as the methodical identification, collection, analysis, and distribution of data to discover and solve marketing problems or enhance good decision making.

시장 리서치는 마케팅 문제를 발견하고 해결하거나 의사결정을 개선하기 위해 데이터를 체계적으로 알아내고, 수집하고, 분석하고, 배포하는 것으로 정의된다.

Market research can be a useful tool helping senior managers identify and deal with the real issue.
(O)
시장 리서치는 고위 매니저들이 실제적인 문제를 파악하고 다뤄 나가는 데 유용한 도구가 될 수 있다.

Technology companies such as Apple use market research to understand product users' needs and also to understand the competition. **(O)**
Apple과 같은 테크놀로지 회사는 제품 사용자의 요구를 이해하고 경쟁업체를 이해하기 위해 시장 리서치를 사용한다.

1) The Importance of Marketing Research to Managers

Good market research:
좋은 시장 리서치는 다음과 같은 특징을 가진다:

- Follows a well-defined set of activities and does not happen by accident. 잘 정의된 활동의 집합을 따르며, 우연히 발생하지 않는다.
- Enhances the validity of the information. 정보의 타당성을 높여준다. (올바른 정보를 수집할 수 있게 해 준다)
- **Is impartial and objective.** 치우치지 않고 객관적이다.

2) The Market Research Process

Define the Research Problem 리서치 문제의 정의
Establish Research Design 리서치 설계
Search Secondary Sources 2차 원천의 탐색
Collect the Data 데이터 수집
Analyze the Data 데이터 분석
Report the Finding 발견물의 보고

A. Define the Research Problem

In the market research process, once the management research deliverable has been identified, the next step is to **define the research problem.**

시장조사 과정에서 경영진 리서치 전달물이 확인되면 다음 단계는 리서치 문제를 정의하는 것이다.

(주. 마케팅 리서치를 통해 경영진들이 하고자 하는 것을 정의한 것을 경영진 리서치 전달물이라고 한다. 즉, 특정 신제품을 출시하는 일, 특정 광고 캠페인에 투자를 진행하는 일 등이 경영진 리서치 전달물에 해당한다)

B. Establish Research Design

리서치의 설계(디자인)

* 리서치의 유형(탐색적, 인과적, 서술적)
* 데이터의 본질(1차 vs 2차, 정성 vs. 정량)
* 데이터 수집의 본질(서베이 / FG / 심층 인터뷰 / 행동 데이터 / 관찰 데이터)
* 정보 콘텐츠(주관식 또는 객관식 질문 / 서베이 질문을 만드는 구체적인 과정)
* 샘플링 플랜(확률 샘플링, 비확률 샘플링)

B. Establish Research Design

a. Type of research

| Exploratory Research | 탐색적 리서치 |

| Descriptive Research | 서술적 리서치 |

| Causal Research | 인과적 리서치 |

Reasons for conducting exploratory research include:

탐색적 리서치를 수행하는 이유:

- Clarifying the research problem. 리서치 문제를 명확히 밝힘
- Developing hypotheses for testing in descriptive or causal research. 서술적 또는 인과적 리서치를 테스트 하기 위한 가설을 개발함
- Gaining additional insight to help in survey development or to identify other research variables for study. 서베이 설문지를 개발하기 위한 추가적인 통찰을 얻거나, 연구를 위해 어떤 리서치가 필요한지 알아냄
- **Answering the research question** 리서치 질문에 대해 답변함

Causal research tries to discover the cause and effect between variables. **(O)**

인과적 리서치는 변수들 간의 원인과 영향을 발견하기 위한 것이다.

Descriptive research **uses many different methods including secondary data, surveys, and observation.**

서술적 리서치는 2차 데이터, 서베이, 그리고 관찰을 포함한 다양한 방법을 사용한다.

b. Nature of data

i) Primary vs. Secondary

Secondary data are collected for some other purpose than the problem currently being considered. **(O)**
2차 데이터는 현재 고려 중인 문제가 아닌 다른 목적으로 수집된다.

Research almost always involves secondary data collection. **(O)**
리서치는 거의 항상 2차 데이터 수집을 포함한다.

Primary data are collected specifically for the research question at hand. **(O)**
1차 데이터는 당면한 리서치 질문을 위해 특별히 수집된다.

2차 데이터의 장점
● 정보를 빠르게 얻을 수 있다.
● 1차 데이터에 비해 저렴하다.

2치 데이터의 단점
● 리서치 문제에 정확하게 일치하지 않을 수 있다.
● 최신이 아니다.
● 데이터 수집 방법에 따라, 타당성(validity)이 떨어질 수 있다. (올바른 데이터가 아닐 수 있다)

ii) Quantitative vs. Qualitative

Among the two types of research, **qualitative** research is less structured and can employ methods such as surveys and interviews to collect the data.
리서치의 두가지 유형 중, 정성적 리서치는 덜 구조화되어 있고 데이터를 수집하기 위해 서베이와 인터뷰와 같은 방법들을 사용할 수 있다.

c. Nature of data collection

탐색적 리서치(exploratory research)
- 포커스 그룹(좌담회: 정성적 리서치의 대표적 도구)
- 심층 인터뷰

서술적 리서치(descriptive research)
- 서베이
- 행동 데이터
- 관찰 데이터

d. Information content

정보 콘텐츠
- Open-ended questions 주관식 문항
- Closed-ended questions 객관식 문항

서베이 질문을 만드는 구체적인 과정도 정보 콘텐츠와 관련된 업무이다.

Open-ended questions allow respondents to express themselves freely, which tends to result in more detailed responses that are useful for exploratory research. **(O)**
주관식 질문은 응답자들이 자유롭게 자신을 표현할 수 있게 해주기 때문에 탐색적 리서치에 유용한 더 자세한 답변을 얻는 경향이 있다.

e. Sampling plan

In the context of sampling plan, a comprehensive record of each individual in the population of interest is known as a **census**.

샘플링 플랜 중, 관심 집단의 각 개인에 대한 전체적인 기록을 센서스라고 한다.

Probability sampling uses a specific set of procedures to identify individuals from the population to be included in the research.

확률 샘플링은 특정한 절차 집합을 사용하여 리서치에 포함될 모집단에서 개개인을 뽑아내는 것이다.

리서처의 주관에 따라 하는 샘플링을 비확률 샘플링이라고 한다.

C. Search Secondary Sources

Search Secondary Sources 2차 데이터의 원천

- Government Sources
- Market Research Organizations
- The Internet: (기출. **general knowledge sites**)

D. Collect the Data

데이터 수집의 업무
- 서베이에 접근하고 서베이를 배포하는 일
- 응답자의 응답을 기록하는 일
- 분석에 적합하도록 데이터를 준비하는 일

E. Analyze the Data

In the market research process, once the data are collected, coded, and verified, the next step is to **analyze the data**.

시장 조사 과정에서 데이터가 수집되고, 코드화 되고, 검증되면, 다음 단계는 정보를 분석하는 것이다.

F. Report the Findings

For managers, the key section of the market research report that presents a synopsis of the analysis and essential findings is the **executive summary.**

매니저들에게 있어서, 분석 및 필수적 발견물에 대한 개요를 나타내는 시장 리서치 보고서의 핵심적인 섹션은 경영자 요약이다.

3) Market Research Technology

A. Online Research Tools

Online Research Tools
- Online Databases
  - 독립적 온라인 데이터베이스(**independent online databases**): 시장 조사 보고서, 산업 및 회사 분석, 심지어 시장 점유율 정보까지 확인 가능 (기출. 자신이 속한 산업과 경쟁자의 미래에 대한 우려 때문에 리서치 리포트를 참고하고자 할 때 이것을 선택함)
- **Online Focus Groups**
- Online Sampling (온라인 샘플링을 통한 서베이)

Conducting an online (virtual) focus group is an appropriate alternative to a traditional focus group format, and it offers cost-efficiency and convenience. **(O)**

온라인(가상) 포커스 그룹을 수행하는 것은 전통적인 포커스 그룹 형식의 적절한 대안이며 비용 효율성과 편의성을 제공한다.

B. Statistical Software

IBM SPSS, SAS 등 (기출 문제 없음)

4) Market Research Challenges in Global Markets

The primary difference between domestic and international research is that, international market data are **more difficult to understand than domestic data.**

국내의 리서치와 인터내셔널 리서치의 주요 차이점은 인터내셔널 시장 데이터가 국내 데이터보다 더 이해하기 어렵다는 것이다.

A. Secondary Data

Three major challenges researchers face as they collect secondary data around the world.
전세계에서 2차 데이터를 수집할 때 리서처가 당면하는 주요 도전

- Accessibility 접근 가능성
- **Dependability** 신뢰성 (진실된 데이터인가) (기출. 중국 올림픽 선수단의 여권과 정부 서류 간 다른 나이)
- Comparability 비교가능성

The quantity and quality of data found in the United States are not available in most of the world.
(O)
미국에서 발견될 수 있는 데이터의 양과 품질은 세계 대부분에서 이용할 수 없다.

B. Primary Data

Some of the specific problems of international primary data collection include the following issues.
인터내셔널 시장에서 1차 데이터 수집시의 문제점

- **Unwillingness to Respond** 응답 꺼림
- **Unreliable Sampling Procedures** 신뢰할 수 없는 샘플링 절차
- Inaccurate Language Translation and **Insufficient Comprehension** 부정확한 번역 및 불충분한 이해

〉 〉 〉　TOPIC 3-2.　〈 〈 〈

CRM

OBJECTIVES AND CAPABILITIES OF CRM

CRM은 수익성 있는 고객과 장기적인 관계를 유지하기 위한 시스템이다.

수익성을 파악하기 위해서는 매출(주문의 빈도 및 규모)와 비용을 파악해야 한다.

Positioning customer relationship management (CRM) as a comprehensive business model provides the impetus for top management to properly support it over the long run. **(O)**
고객관계관리(CRM)를 포괄적인 비즈니스 모델로서 포지셔닝하면, 최고 경영진이 장기적으로 CRM을 적절히 지원할 수 있는 원동력이 된다.
(주. CRM을 단순히 하나의 기능으로 인식하지 않고, 전체 조직을 아우르는 포괄적인 전략으로 인식하면, 경영진이 CRM을 장기적인 관점에서 지원하는데 도움이 된다)

It is possible today to calculate the total financial returns for each customer.
오늘 날, 각 고객의 총 재무적 수익률을 계산할 수 있다.
(주. 각각의 개별 고객이 회사에 기여하는 총 수익률을 계산할 수 있다)

Customer relationship management (CRM) is considered critical largely because of **competitive pressures in the marketplace.**
고객관계관리(CRM)는 주로 시장에서의 경쟁적 압력 때문에 중요한 것으로 간주된다.

Three major objectives of CRM / CRM의 3대 목표
- **Customer acquisition** 고객 유치
- **Customer retention** 고객 유지
- **Customer profitability** 고객 수익성

Customer loyalty is defined as **the degree to which an individual will resist switching from one offering to another.**

고객 로열티는 개인이 한 제품에서 다른 제품으로 갈아타는 것을 거부하려는 정도로 정의된다.

Customer satisfaction and customer loyalty, two metrics used by brand managers, are metrics used in customer relationship management. **(O)**

브랜드 관리자가 사용하는 두 가지 지표인 고객 만족도와 고객 로열티는 CRM에서 사용되는 지표이다.

Customer satisfaction is defined as **the level at which the offering meets or exceeds a customer's expectations.**

고객 만족이란 제품이 고객의 기대를 충족하거나 초과하는 수준이라고 정의된다.

THE CRM PROCESS CYCLE

CRM Process Cycle | CRM 프로세스 사이클

Step 1. Knowledge Discovery	지식 발견
Step 2. Marketing Planning	마케팅 플래닝
Step 3. Customer Interaction	고객 상호작용
Step 4. Analysis and Refinement	분석 및 정제

Step 1. Knowledge Discovery

In the CRM process cycle, **knowledge discovery** is the process of analyzing the customer information acquired through various customer touchpoints.

CRM 프로세스 사이클에서 지식 발견은 다양한 고객 접점을 통해 획득한 고객 정보를 분석하는 프로세스이다.

Data mining helps in segmenting customers in order to target key markets. **(O)**

데이터 마이닝은 핵심 시장을 공략하기 위해 고객을 세분화하는 데 도움이 된다.

(주. 데이터 마이닝을 통해 고객을 잘 세분화 하면 그 중 핵심적으로 공략할 시장을 찾아낼 수 있다)

터치포인트의 종류

- Interactive touchpoint 상호작용적 터치포인트
- Noninteractive touchpoint 비상호작용적 터치포인트 (기출. 트위터는 비상호작용적 터치포인트이다)

When a salesperson calls on a prospect and meets face to face, it is an example of an interactive touchpoint. **(O)**

영업 사원이 잠재 고객에게 전화를 걸어 직접 대면하는 것은 상호작용적 터치포인트의 한 사례이다.

Step 2. Marketing Planning

1단계에서 수집한 데이터를 기반으로 계획을 수립하는 일

Step 3. Customer Interaction

고객 전략 및 프로그램의 실제적 실행(actual implementation) (기출)

Step 4. Analysis and Refinement

실행에서 얻은 데이터를 분석하여 새로운 통찰을 얻음 (기출 없음)

MORE ON
CUSTOMER TOUCHPOINTS

1) CRM, Touchpoints, and Customer Trust

고객들은 기업이 수집하고 저장한 그들의 정보가 의도하지 않은 목적으로 사용되지 않을 것이라는 분명한 확신이 있어야 한다. 이렇지 못한 경우를 CRM의 어두운 면(dark side of CRM)이라고 한다.

2) CRM Facilitates a Customer-Centric Culture

Formalization means that structure, processes and tools, and managerial knowledge and commitment are formally established in support of the culture.

공식화는 구조, 프로세스 및 도구, 그리고 관리 지식 및 결심이 그 문화를 지원하기 위해 공식적으로 만들어짐을 의미한다.

Increasing formalization of customer analysis processes is a component of a customer-centric culture. **(O)**

고객 분석 프로세스의 공식화는 고객 중심적 문화의 구성 요소이다.

Redefining the selling role within the firm to focus on customer business consultation and solutions is one way that CRM **facilitates a customer-centric culture.**

고객 비즈니스 컨설테이션 및 솔루션에 초점을 맞추기 위해 회사 내에서 판매 역할을 재정의하는 것은, CRM이 고객 중심적인 문화를 촉진하는 한 가지 방법이다.

A **customer mind-set** is a person's belief that understanding and satisfying customers, whether internal or external to the organization, is central to the proper execution of his or her job.

고객 마인드셋은, 고객이 조직의 내부에 있건 외부에 있건 관계없이, 고객을 이해하고 만족시키는 것이 자신의 업무를 적절하게 수행하는 데 핵심적이라는 개인의 신념이다.

> > > TOPIC 3-3. < < <

Data and Marketing Analytics

BIG DATA AND
MARKETING DECISION MAKING

Big Data refers to the ever-increasing quantity and complexity of data that is continuously being produced by various technological sources.
빅데이터는 다양한 기술 소스에 의해 지속적으로 생성되고 있는 데이터의 양과 복잡성을 의미한다.

The four Vs of Big Data are volume, velocity, variety, and veracity. **(O)**
빅 데이터의 네 가지 V는 규모, 속도, 다양성, 그리고 정확성이다.

Volume relates to the amount of data produced, which is generally measured in bytes, given the digital media in which data is most commonly stored.
규모는 데이터가 가장 일반적으로 저장되는 디지털 미디어를 고려할 때 일반적으로 바이트로 측정되는 생성된 데이터의 양(amount)과 관련이 있다.

Velocity relates to the frequency at which data is generated over time and the speed at which it can and should be analyzed and used.
속도는 시간의 흐름에 따라 데이터가 생성되는 빈도와, 데이터를 분석하고 사용할 수 있는 스피드와 관련이 있다.

Variety relates to the different types of data, including text, video, images, and audio, to name a few types.
다양성은 텍스트, 비디오, 이미지, 그리고 오디오를 포함한 서로 다른 유형의 데이터와 관련되어 있다.

Veracity relates to the reliability and validity of the data.
정확성은 데이터의 신뢰성 및 타당성과 관련이 있다.

Big Data can be leveraged to optimize the marketing mix.

빅 데이터는 마케팅 믹스를 최적화하기 위해 레버리지 역할을 할 수 있다.

(주. 마케팅 믹스를 최적화 하는 데에 빅 데이터가 큰 도움을 줄 수 있다. 빅데이터를 분석하여 나온 통찰을 활용하여 마케팅 믹스의 구성과 강도를 조정할 수 있다)

1) Categories of Big Data

When you complete a form online with your name, address, and credit card information in order to make a purchase, you are giving the company **structured** data that can populate a relational database or spreadsheet.

온라인에서 이름, 주소, 신용카드 정보와 함께 양식을 작성한다면, 당신은 관계형 데이터베이스 또는 스프레드시트를 작성할 수 있는 정형 데이터를 회사에 제공하는 것이다.

Structured data refers to data that is generated in such a way that a logical organization is imposed on it during its generation, thus enabling it to be more readily analyzable for knowledge creation.

정형 데이터는 생성 중에 논리적 정리가 적용되어, 지식 생성을 위해 더 쉽게 분석할 수 있는 방식으로 생성된 데이터를 말한다.

(주. 정형 데이터는 성별, 날짜, 숫자, 이름, 나이 처럼 형태가 정해진 데이터이다. 따라서 빈도나 수치 파악 등 분석이 더 용이하다)

Data in a spreadsheet is considered **structured** data.

스프레드시트의 데이터는 정형 데이터로 간주된다.

Semi-structured data contains some elements of structure that make it easier for machines to understand its organization, but still contains parts that do not possess an appropriate level of structure to make them readily analyzable by automated means for knowledge creation.

반정형 데이터에는 기계가 조직(기업)을 더 쉽게 이해할 수 있도록 하는 정형성이라는 요소가 일부 포함되어 있지만, 지식 생성을 위해 자동으로 분석할 수준 만큼의 정형성은 가지고 있지 않은 부분이 여전히 포함되어 있다.

2) Big Data Sources and Implications

Six key sources of Big Data 빅데이터의 6가지 원천 (하단에 자세히 설명)

- Data from Business Systems 비즈니스 시스템으로부터의 데이터
- Data from Social Media Platforms 소셜 미디어 플랫폼으로부터의 데이터
- Data from Internet-Connected Devices 인터넷 연결 장치로부터의 데이터
- **Data from Mobile Apps** 모바일 앱으로부터의 데이터
- **Data from Commercial Entities** 상업적 실체로부터의 데이터
- Data from Government Agencies 정부 기관으로부터의 데이터

A. Data from Business Systems

Web-related activity is a major source of data generation that will continue to grow in importance as more people rely on the Internet.

웹 관련 활동은 인터넷에 의존하는 사람들이 증가함에 따라 계속해서 중요성이 증가할 데이터 생성의 주요 원천이다.

The use of **clickstream data** at an early stage in a customer's exploration of an e-commerce website can provide insight into the state of his or her intentions.

고객이 전자상거래 웹사이트를 탐색하는 초기 단계에서 클릭스트림 데이터를 사용하면 고객의 의도의 상태에 대한 통찰을 제공할 수 있다.

(주. 클릭스트림 데이터란 고객의 일련의 클릭 내역을 추적한 데이터를 말한다)

B. Data from Social Media Platforms

소셜 미디어 플랫폼으로부터의 데이터 (페이스북, 인스타, 유튜브 등)

C. Data from Internet-Connected Devices

인터넷에 연결된 장치로부터의 데이터 (날씨, 교통 승하차, 차량 통행 등)

Cross-promotional opportunities are a benefit of collecting data from mobile apps. **(O)**
교차 프로모션 기회는 모바일 앱에서 데이터를 수집하는 이점이다. (모바일 앱에서 얻은 데이터를 활용하여 교차 프로모션에 활용할 수 있다)

D. Data from Mobile Apps

모바일 앱으로부터의 데이터 (기출. Target 매장의 Cartwheel 앱)

E. Data from Commercial Entities

상업적 실체로부터의 데이터 (기출. 판매를 위해 수집된 빅데이터)

F. Data from Government Agencies

정부기관으로부터의 데이터 (기출 문제 없음)

MARKETING ANALYTICS

Marketing analytics include a set of methods facilitated by technology that utilize individual-level and market-level data to identify and communicate meaningful patterns within the data for the purpose of improving marketing-related decisions.

마케팅 분석은 마케팅 관련 의사 결정을 개선하기 위해 데이터 내에서 의미 있는 패턴을 식별하고 전달하기 위해 개인 수준 및 시장 수준 데이터를 활용하는 일련의 방법을 말하며, 이는 테크놀로지에 의해 촉진된다.

[용어] **Marketing Analysist** 마케팅 분석가

An individual familiar with different forms of market and customer data and who is trained to **conduct different market analyses, as well as the computational costs associated with those analyses.** 다양한 형태의 시장 및 고객 데이터에 익숙하고, 다양한 시장 분석을 수행하고 그 분석과 관련된 계산 비용을 관리하도록 교육받은 사람.

1) Marketing Analytic Approaches

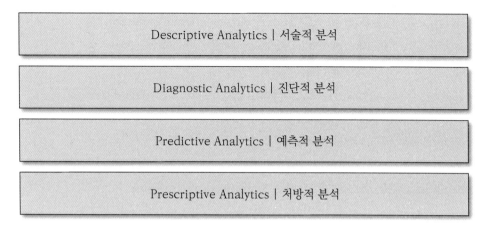

Descriptive Analytics | 서술적 분석

Diagnostic Analytics | 진단적 분석

Predictive Analytics | 예측적 분석

Prescriptive Analytics | 처방적 분석

(기출. 위에서 아래로 내려오는 순서대로 복잡성이 커진다)

A. Descriptive Analytics

서술적 분석 (현상 파악)

B. Diagnostic Analytics

진단적 분석 (원인 파악)

C. Predictive Analytics

An approach using **predictive** analytics utilizes data to make predictions about future marketing outcomes of interest.
예측적 분석을 사용하는 접근 방식은 데이터를 활용하여 향후 마케팅 결과를 예측한다.

D. Prescriptive Analytics

An approach using **prescriptive** analytics involves determining the optimal level of marketing-relevant factors for a specific context by considering how adjusting their levels in varying ways will impact different marketing outcomes.

처방적 분석을 사용하는 접근법은 다양한 방법으로 수준을 조정하는 것이 다양한 마케팅 결과에 어떤 영향을 미칠지를 고려함으로써, 특정 맥락에 대한 마케팅 관련 요소의 최적 수준을 결정하는 것을 포함한다. (즉 최적의 마케팅 수준을 결정하는 것을 말한다)

2) Capabilities of Marketing Analytics Supported by Big Data

Types of Marketing Analytics 마케팅 분석의 유형
- Web Analytics 웹 분석
- **Social Media Analytics** 소셜 미디어 분석
- CRM Analytics 고객관계관리 분석
- Retail Analytics (매장 내) 소매 분석.

A. Marketing Mix Enhancement

It has been demonstrated for some products that exposure to television advertisements influences the number of brand-specific keyword searches conducted online by customers. In this instance, the conclusion drawn is based on attribution. **(O)**

일부 제품의 경우 TV 광고 노출이 고객이 온라인에서 실시하는 브랜드별 키워드 검색 수에 영향을 미치는 것으로 나타났다. 이 경우 도출된 결론은 어트리뷰션에 근거한다.

(주. 어트리뷰션은 마케팅 성과의 원인을 규명하여 적절한 점수를 부여하는 행위를 말한다. 예를 들어 자사 제품 매출 증가에 영향을 미친 원인이 TV광고 증대 때문일 수도 있고, 디스플레이 광고 때문일 수도 있고, 신제품 발표회 때문일 수도 있는데, 이들 활동에 적절한 기여도 점수를 매기는 것을 말한다)

B. Increased Personalization

Content filtering is an analytic method that identifies which products or services to recommend based on a determination of how similar a product or service seems to be to those that the customer has demonstrated a preference for in the past, or is currently considering.

콘텐트 필터링은 고객이 과거에 선호를 나타냈거나 현재 고려 중인 제품이나 서비스와의 유사성에 기초하여 추천할 제품이나 서비스를 규명하는 분석 방법이다. (주. 예를 들어 과거에 어떤 고객이 골프장을 검색했던 내역에 기반하여 그 고객에게 골프채나 골프웨어 광고를 노출함)

Collaborative filtering is an analytic method that predicts a customer's preferences for products or services based on the observed preferences of customers who are perceived to be similar.

협업 필터링은 유사하다고 인식되는 고객의 관찰된 선호도에 기초하여 고객의 제품이나 서비스에 대한 선호도를 예측하는 분석 방법이다.

(주. 예를 들어 특정한 선호를 보이지 않은 사람 A가 있다면, A와 유사한 B의 선호를 파악하여 그 제품을 A에게 광고할 수 있다)

Personalization can be achieved at three possible levels of granularity: individual, segment, and **mass**.

개인화는 개인별, 세분시장별, 그리고 대량적이라는 세 가지 세분성 수준에서 달성할 수 있다.

THE MARKETING DASHBOARD

The marketing **dashboard** is a comprehensive system providing managers with up-to-the-minute information, including data such as actual sales versus forecast and progress on marketing plan objectives.

마케팅 대쉬보드는, "예측치 대비 실제 매출 데이터", 그리고 "마케팅 플랜 목표에 대한 진척도" 등의 데이터를 포함하여, 매니저에게 최신 정보를 제공하는 포괄적인 시스템이다.

마케팅 대시보드는 계속 업그레이드 되어야 한다. 1~2년 전과 동일한 대시보드를 사용하지 않을 것이다.

To successfully compete in today's market, firms must focus on marketing planning so that managers and executives have the core information about progress toward relevant goals and metrics at their fingertips **at all times**.

오늘날의 시장에서 성공적으로 경쟁하기 위해, 매니저와 경영진은 항상 관련된 목표와 성과 측정치로의 진전에 대한 핵심적인 정보를 항상 손에 넣을 수 있도록 마케팅 플래닝에 집중해야 한다.

Two primary goals of any dashboard are diagnostic insight and **predictive foresight**.

대시보드의 두 가지 주요 목표는 진단적 통찰과 예지적 통찰이다.

A marketing dashboard uses graphical representations of crucial metrics in ways that begin to show, often for the first time, the direct, understandable links between marketing initiatives and **financial results.**

마케팅 대시보드는 마케팅 이니셔티브(계획)와 재무적 결과 사이의 직접적이고 이해할 수 있는 연결고리를 처음으로 보여주기 시작하는 방식으로 중요한 측정치를 그래픽으로 표현한다.

(기출. 대시보드는 성과 측정치(메트릭스)를 일목요연하게 나타내 줄 수는 있지만, 수입 보고서(earnings report)를 보여주는 것은 아니다)

A marketing dashboard approach to enhance marketing planning delivers several key benefits summarized below. 마케팅 플래닝을 개선하기 위한 마케팅 대시보드 접근 방식은 아래에 요약된 몇 가지 주요 이점을 제공한다.

- Aligns marketing objectives, financial objectives, and firm strategy based on the selected dashboard metrics. 선택한 대시보드 메트릭스를 기반으로 마케팅 목표, 재무 목표, 그리고 기업 전략을 조정한다.

- Enhances alignment within the marketing function and also clarifies marketing's relationships with other organizational functions. Cross-functional alignment contributes greatly to a shared spirit for organizational success. 마케팅 기능 내 정렬을 강화하고 마케팅과 다른 조직 기능과의 관계를 명확히 하여 조직의 성공을 위한 공유된 정신에 크게 기여한다.

- Portrays data in a user-friendly manner. Creates a direct, understandable link between marketing initiatives and **financial results**. 데이터를 사용자 친화적으로(사용자가 이해하기 쉬운 방식으로) 표현한다. 마케팅 이니셔티브와 재무적인 결과 간에 직접적이고 이해할 수 있는 연결고리를 만든다.

- Fosters a **learning** organization that values fact-based, logical decision making about allocation of marketing resources to achieve desired organizational results. 마케팅 대시보드의 이점 중 하나는 사실 기반의 논리적 의사 결정을 중시하는 학습하는 조직을 육성한다는 것이다.

- Creates organizational transparency about marketing's goals, operations, and performance, increasing marketing's credibility and trust by organizational leadership and other areas of the firm. 대시보드는 마케팅의 목표, 실행(운영), 그리고 성과에 대하여 기업에 투명성을 제공한다. 이것은 기업 경영진과 기업의 다른 분야로부터 마케팅의 신뢰도와 믿음을 증진시킨다.

1) Goals and Elements of a Marketing Dashboard

A great marketing dashboard is comprised of the following key elements: 훌륭한 마케팅 대쉬보드는 다음과 같은 핵심적 요소들로 구성된다 (참고로만 알아 둘 것. 암기할 필요 없음)

- 일련의 마케팅 세부 목표(objectives)로 해석된 회사의 목표(goals)
- 마케팅 프로그램의 재무적 임팩트의 측정
- 브랜드 및 고객 관계와 같은 마케팅 자산이 어떻게 진행되고 있는지 추적.
- 마케팅 팀의 스킬 및 역량을 실행.
- 고객 가치를 제공하는 데 필요한 기타 비즈니스 프로세스 실행
- 고객 통찰에 대한 접근성(access)과 사용성(usability)을 높이기 위한 도구의 지속적인 개선.
- 예상, 예측, 그리고 교정에 대한 진단.
- 궁극적으로 ROMI(return on marketing investment) 강화

2) Potential Pitfalls in Marketing Dashboards

- In some cases, a marketing dashboard can overly rely on **inside-out measurement**, putting the focus on what you already know. 경우에 따라 마케팅 대시보드는 내부에서 외부로 향하는 측정치에 지나치게 의존하여 이미 알고 있는 내용에 초점을 맞출 수 있다.

- A potential pitfall in marketing dashboards is that a company becomes too focused on tactical measures that may overshadow measures of **strategic insight**. 마케팅 대시보드에서 잠재적인 함정은 전략적 통찰의 측정치를 가려지게 할 수 있는 전술적 조치에 너무 집중하게 된다는 것이다. (주. 장기적이고 상위적인 측정치도 매우 중요하기 때문에, 너무 단기적이고 운영적인 측정치에 집중하면 안된다)

- There are times when marketers forget that marketing is not just a department, and they fail to market the dashboard to **key stakeholders**. 마케팅 담당자들은 마케팅이 단순한 부서가 아니라는 것을 잊고 대시보드를 핵심적인 이해관계자에 마케팅하지 못하는 경우가 있다. (주. 대시보드에 나온 수치를 기반으로 핵심적인 이해관계자들을 설득하는 데 활용하면 효과적인데 그렇지 않은 경우가 많다)

- Taking a dashboard approach to marketing metrics goes a long way toward enabling successful marketing planning. However, several potential pitfalls exist in its execution, such as **forgetting to market the dashboard internally**. 마케팅 측정치(메트릭스)에 대한 대시보드 접근 방식을 취하는 것은 성공적인 마케팅 계획을 가능하게 하는 데 큰 도움이 된다. 그러나 "대시보드를 내부적으로 마케팅하는 것을 잊는 것" 같은 몇 가지 잠재적 함정이 실행에 존재한다.

- **One potential pitfall of using a dashboard approach to marketing metrics is not insuring that senior management believe in and understand the dashboard.** 마케팅 메트릭스에 대시보드 접근 방식을 사용할 때 발생할 수 있는 잠재적인 문제 중 하나는, 고위 경영진이 대시보드를 신뢰하고 이해한다는 것을 보장하지 않는다는 것이다. (주. 많은 고위 경영진들이 대시보드를 잘 신뢰하고 이해하지 못한다. 따라서 대시보드를 내부적으로 마케팅 하는 데 어려움을 겪기도 한다)

RETURN ON
MARKETING INVESTMENT

Return on marketing investment (ROMI) looks at marketing as an investment, not an expense.

마케팅 투자 수익률(ROMI)은 마케팅을 비용이 아닌 투자로 본다.

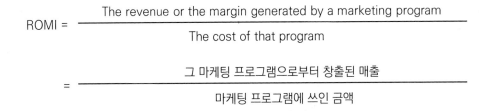

$$\text{ROMI} = \frac{\text{The revenue or the margin generated by a marketing program}}{\text{The cost of that program}}$$

$$= \frac{\text{그 마케팅 프로그램으로부터 창출된 매출}}{\text{마케팅 프로그램에 쓰인 금액}}$$

The expectation is that ROMI and other metrics of marketing performance will continue to **proliferate**, as firms home in on attempting to better quantify marketing's contribution to various dimensions of organizational success.

기업들이 다양한 차원의 조직적(기업의) 성공에 대한 마케팅의 기여도를 더 잘 정량화하려고 시도함에 따라 ROMI 및 기타 마케팅 성과 측정 지표의 사용이 확산되기 시작할 것으로 예상된다.

Investment decisions in marketing must consider four basic elements:

마케팅 투자 의사결정을 위해 고려해야 할 네 가지 사항들

- Level of investment 투자의 수준(양)
- Returns 수익률
- Risks 리스크
- **Hurdle rates** 허들 비율

(기출. Human resource은 네 가지 사항에 포함되지 않는다)

ROBI stands for return on **brand** investment.

ROBI는 브랜드 투자 수익률을 나타낸다.

1) Cautions about Overreliance on ROMI

One of the problems with ROMI is that it often focuses on **short-term incremental profits and expenditures** rather than looking at the effects or changes in brand equity.

ROMI의 문제점 중 하나는 브랜드 에퀴티의 효과나 변화를 살펴보기보다는 단기적인 이익 증가분 및 지출에 초점을 맞추는 경우가 많다는 것이다.

Domain 4.

BUYERS AND MARKETS

구매자와 시장

> > > **TOPIC 4-1.** < < <

Consumer Behavior

THE POWER OF THE CONSUMER

Delivering value to the customer is the core of marketing. **(O)**
고객에게 가치를 제공하는 것이 마케팅의 핵심이다.

Value proposition, distribution, and marketing communications are all marketing activities that affect the consumer decision process.
가치제안, 유통, 그리고 마케팅 커뮤니케이션은 모두 소비자의 의사결정 과정에 영향을 미치는 마케팅 활동이다.

Internal Forces | 내부적 영향력

Personal Characteristics | 개인적 특징

Psychological Attributes | 심리적 속성

External Forces | 외부적 영향력

Cultural Factors | 문화적 요인

Situational Factors | 상황적 요인

Social Factors | 사회적 요인

INTERNAL FORCES AFFECT CONSUMER CHOICES

Internal factors affecting consumer choices include personal characteristics and psychological attributes. **(O)**

소비자 선택에 영향을 미치는 내적 요인에는 개인적 특성과 심리적 속성이 포함된다.

Internal forces such as **age and attitude** affect consumer choices.

나이와 태도와 같은 내적 영향력이 소비자 선택에 영향을 미친다.

1) Personal Characteristics

A. Life Cycle Stage (Age)

Graduating from college, getting married, and having a child all transform an individual's buying habits and are referred to as the **family life cycle**.
대학을 졸업하고, 결혼하고, 아이를 갖는 것은 모두 개인의 구매 습관을 변화시키며 이를 패밀리 라이프 사이클이라고 한다.

B. Occupation

(직업 세분화는) 소득과 매우 관계 깊지만, 완벽한 상관관계가 있는 것은 아니다.

C. Lifestyle

Lifestyle refers to an individual's perspective on life as demonstrated by that person's activities, interests, and opinions (AIO). **(O)**
라이프스타일은 개인의 삶에 대한 관점을 그 사람의 활동, 관심, 의견(AIO)으로 보여주는 것을 말한다

Gender roles change over time and across cultures.
성 역할은 시간에 따라 문화에 따라 변화한다.

2) Psychological Attributes

A. Motivation

- Maslow's Hierarchy of Needs Theory (매슬로우의 욕구의 위계 이론: 하단의 니즈가 충족된 후에 상단의 니즈가 발생한다)
- Herzberg's Two-factor Theory (위생 요인 및 동기 요인)

Herzberg's two-factor theory believes that satisfying hygiene factors does not create a loyal
위생 요인을 만족시키는 것이 충성스러운 직원이나 고객을 만들지 않는다고 믿는 동기 부여 이론은
"허츠버그의 2요인 이론"이다. (위생 요인 말고도 동기 요인까지 충족시켜야 한다)

B. Attitude

An attitude is a learned predisposition to respond to an object or class of objects in a consistently favorable or unfavorable way. Attitudes are seldom if ever neutral. **(O)**
태도는 일관되게 호의적이거나 비호의적인 방식으로 대상물이나 대상물 집합에 반응하는 학습된 경향성을 말한다. 태도가 중립적인 경우는 거의 없다.

Attitudes are learned or at least influenced by **new information**.
태도는 학습되거나 적어도 새로운 정보에 의해 영향을 받다.

The two categories of values are cultural and personal. **(O)**
가치의 두 가지 범주는 문화적이고 개인적이다.
- 문화적 가치
- 개인적 가치

Managers gain important information such as the beliefs/values of customers by having them check off rating scales that evaluate a product's performance on a list of attributes by using the **multiattribute** model.

매니저는 다속성 모델을 사용하여 제품의 성능을 평가하는 등급 척도를 고객에게 체크하게 함으로써 고객의 신념/가치와 같은 중요한 정보를 얻는다.

Information from trusted sources shapes a person's belief system.

신뢰하는 원천으로부터의 정보는 사람의 신념 시스템을 형성한다.

Attitude-based choices tend to be more holistic, using summary impressions rather than specific attributes to evaluate the options, and affect even important purchases such as a car or house.

태도에 기반한 선택은 옵션을 평가하기 위해 특정 속성보다는 요약된 인상을 사용하여, 보다 전체론적인 경향이 있으며, 자동차나 주택 같은 중요한 구매에도 영향을 미친다.

C. Perception

Perception is a system to select, organize, and interpret information to create a useful, informed picture of the world.

지각은 유용하고 정보적인 세상의 그림을 만들기 위해 정보를 선택하고, 정리하고, 해석하는 시스템이다.

Perception is a psychological attribute that affects consumer choices.

지각은 선택에 영향을 미치는 심리적 속성에 속한다.

Perception drives a person's attitudes, beliefs, motivation, and, eventually, his or her **behavior**.

지각은 사람의 태도, 신념, 동기를 유발하고, 결국에는 행동을 유발한다.

Three psychological tools that shape perception 지각을 형성하는 세 가지 심리적 도구

- **Selective awareness** 선택적 인지
- **Selective distortion** 선택적 왜곡
- **Selective retention** 선택적 유지

Selective **awareness** refers to a tool that helps individuals focus on what is relevant and eliminate what is not.

선택적 인지는 개인이 관련된 것에 집중하고 관련되지 않은 것을 제거할 수 있도록 도와주는 도구를 말한다.

Information can be misunderstood or made to fit existing beliefs, a process known as selective **distortion**.

정보는 기존의 믿음에 맞게 오해되거나 만들어질 수 있으며, 이를 선택적 왜곡이라고 한다.

Selective **retention** tends to reinforce existing attitudes and creates a real challenge for marketers trying to overcome negative beliefs and attitudes since people are less likely to be aware of or retain information to the contrary.

선택적 유지는 기존의 태도를 강화하는 경향이 있으며, 부정적인 믿음과 태도를 극복하려는 마케터들에게 실질적인 도전을 야기한다. 사람들이 상반되는 정보를 인지하거나 유지할 가능성이 낮기 때문이다.

D. Learning

Learning occurs when information is processed and added to long-term memory.
정보가 처리되어 장기 메모리에 추가될 때 학습이 발생한다.

Learning is any change in the content or organization of long-term memory or behavior.
학습은 장기 기억 또는 행동의 내용 또는 구성의 변화를 말한다.

Marketers can affect learning by providing information using a message, format, and delivery that will encourage customers to retain the information. **(O)**
마케터는 고객이 정보를 유지(기억)하도록 독려하는 메시지, 형식(format), 그리고 전달물(delivery)을 사용하여 정보를 제공함으로써 학습에 영향을 미칠 수 있다.
(주. 마케터들은 고객들에게 학습이 잘 일어나도록 하는 메시지, 학습이 잘 일어나도록 하는 형식, 학습이 잘 일어나도록 하는 전달물을 사용하여 정보를 제공하려고 할 것이다)

The two fundamental approaches to learning are **conditioning and cognitive learning**.
학습에 대한 두 가지 기본적인 접근법은 조건화 및 인지적 학습이다.
- Conditioning = conditioned learning 조건화 = 조건적 학습
    - Classical conditioning 고전적 조건화
    - Operant conditioning 조작적 조건화
- Cognitive learning 인지적 학습

A company wants to create an association between two stimuli: marketing information and attitude. The company is relying on **classical conditioning**. 한 회사에서 마케팅 정보와 태도라는 두 가지 자극 사이에 연관성을 만들려고 한다. 그 회사는 고전적 조건화에 의존하고 있다.

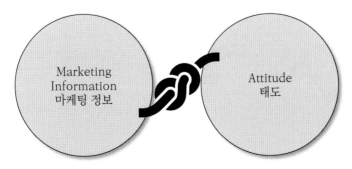

E. Personality

Personality is a set of unique personal qualities that produce distinctive responses across similar situations.

개성은 유사한 상황에서 독특한 반응을 보이는 독특한 개인적 특성의 집합이다.

Personality trait theories are based on the assumption that each person has a set of consistent, enduring personal characteristics. **(O)**

개성 특질 이론은 각 사람이 일관적이고 지속적인 개인적 특성을 가지고 있다는 가정에 기초한다.

EXTERNAL FORCES AFFECT CONSUMER CHOICES

1) Cultural Factors

A. Culture

Values, morals, and beliefs are all part of one's culture. **(O)**
가치관, 도덕관, 그리고 신념은 모두 하나의(한 사회의) 문화의 일부이다.

Marketing managers need to pay attention to culture because **failing to understand culture has a significant negative effect on product acceptance.**
문화를 이해하지 못하는 것은 제품 수용에 상당한 부정적인 영향을 미치기 때문에, 마케팅 매니저들은 문화에 관심을 기울일 필요가 있다.

Cultural values are **principles shared by a society that assert positive ideals.**
문화적 가치는 긍정적인 이상을 추구하는 사회가 공유하는 원칙이다.

Language is **an essential cultural building block.**
언어는 필수적인 문화적 구성요소이다.

In addition to culture, three factors are particularly relevant in consumer behavior. They are **language, values, and nonverbal communications**.

문화 외에도, 세 가지 요소가 소비자 행동에 특히 관련이 있다.

그것은 1) 언어, 2) 가치관, 3) 비언어적 의사소통이다.

Nonverbal communication is the means of communicating through facial expressions, eye behavior, gestures, posture, and any other body language.

비언어적 의사소통은 표정, 눈 행동, 몸짓, 자세, 그리고 다른 신체 언어를 통해 커뮤니케이션하는 수단이다.

B. Sub-culture

하위 문화

- 민족, 종교, 인종, 지역별로 다르게 생성된 유사한 문화적 산물을 공유하는 어떤 문화 내에 있는 특정 집단 (주. 히스패닉, 성적소수자 등을 말한다, 하위 문화는 특정 그룹이 공유하는 문화를 의미하기도 하고, 그 문화를 공유하는 그룹을 의미하기도 한다)

2) Situational Factors

A. Physical Surroundings

An individual watching a reality show will react differently whether watching the show alone or at a party with friends. **(O)**
리얼리티 쇼를 보는 개인은 그 쇼를 혼자 볼 때와, 친구들과 함께 하는 파티에서 볼 때, 다른 반응을 보일 것이다.

B. Personal Circumstances

개인적으로 처한 상황: 아이를 안고 있음, 계산대 줄이 긺

C. Time

시간적으로 얼마나 여유로운가 / 급한가? (기출문제 없음)

3) Social Factors

A. Family

Family is a societal factor that impacts consumer choices. **(O)**
가족은 소비자 선택에 영향을 미치는 사회적 요인이다.

The household life cycle is changing due to changes in **family structure**.
가족 구조의 변화로 인해 가정 라이프 사이클이 변화하고 있다.

B. Social Class

Social class is a ranking of individuals into harmonized groups based on demographic characteristics such as age, education, income, and occupation.
사회적 계층은 연령, 교육, 소득, 직업 등 인구통계학적 특성에 따라 개인을 조화로운 그룹으로 분류한(다양한 개인이 특정한 특징에 따라 조화롭게 구성된) 순위이다.

C. Opinion leaders

Opinion leaders fulfill an important role by classifying, explaining, and then bestowing information, most often to family and friends but occasionally to a broader audience.
오피니언 리더는 가장 빈번히는 가족과 친구에게, 때때로 더 넓은 청중에게 정보를 분류하고 설명하고 제공함으로써 중요한 역할을 수행한다.

D. Reference Group

어떤 개인의 신념, 태도, 행동에 영향을 주는 다른 개인들의 집합 (개인이 참고로 하는 타인(들)).

- **Primary group**(1차 집단): 빈번한 접촉
- **Secondary group**(2차 집단): 덜 빈번한 접촉

THE LEVEL OF INVOLVEMENT INFLUENCES THE PROCESS

1) Decision Making with High Involvement

고관여 학습(high-involvement learning)이란 개인이 새로운 정보를 취득하라고 촉진되는 학습 프로세스를 말한다.

2) Decision Making with Limited Involvement

저관여 학습(low-involvement learning)이란 개인이 새로운 정보에 대해 가치를 느끼도록 촉진되지 않는 학습 프로세스를 말한다. 신제품에 대해 학습하는 데에 전혀 관심이 없는 것이 특징이다.

THE CONSUMER
DECISION-MAKING PROCESS

Problem recognition | 문제 인식

Search for information | 정보 탐색

Evaluation of alternatives | 대안 평가

Product choice decision | 제품 선택

Post-purchase evaluation | 구매 후 평가

1) Problem Recognition

- **Real state**: 실제 상태
- **Preferred state**: 선호 되는 상태.

2) Search for Information

- Minimal information search: 매우 적은 정보로 구매 의사 결정
- Limited information search: 불완전한 정보나 부족한 지식 하에서 의사 결정
- **Extensive information search**: 많은 조사나 리서치를 통한 구매 의사 결정

A. Information Sources

There are two basic sources of information: 두 가지 기본적인 정보 원천
- Internal information source 내부 정보 원천
- External information source 외부 정보 원천

External information sources include independent groups, personal associations, marketer-created information, and experiences.
외부 정보 출처에는 독립적인 그룹, 개인적 인맥, 마케터가 만든 정보, 그리고 경험이 포함된다.

B. Defining the Set of Alternatives

- Complete set: 전체 집합
- Awareness set: 아는 집합
- Consideration set: 구매를 고려하는 집합.

3) Evaluation of Alternatives

A. Emotional Choice

B. Attitude-Based Choice

C. Attribute-Based Choice

Attitude-based choices tend to be more holistic than emotional choices, using summary impressions rather than specific attributes to evaluate the options and affect even important purchases such as a car or house.

태도 기반 선택은 감정적 선택보다 전체론적인 경향이 있다. 특정 속성보다는 요약된 인상을 사용하여 선택을 평가하며, 자동차나 주택과 같은 중요한 구매에도 영향을 미친다.

4) Product Choice Decision

Four purchase event characteristics affect the actual choice decision:

- **Physical surroundings** 물리적 환경
- **Social circumstances** 사회적 환경 (주변에 누가 있는가?)
- Time 시간
- State of mind 기분 상태.

5) Post-Purchase Assessment

A. Dissonance

구매 후에 일어나는 의심 또는 걱정의 기분 (구매 후에 느끼는 후회)

B. Use/Nonuse

C. Disposal

D. Satisfaction/Dissatisfaction

> > > TOPIC 4-2. < < <

Organizational Buyer Behavior

DIFFERENCES BETWEEN BUSINESS AND CONSUMER MARKETS

1) Relationship with Customers

The nature of B2B markets requires **a more personal relationship between the buyer and seller than in B2C markets**
B2B 시장의 특성상 B2C 시장보다 구매자와 판매자 사이에 더 개인적인 관계가 필요하다.

One-on-one personal communication is the most important tool in developing and maintaining customer relationships.
일대일 개인적인 커뮤니케이션은 고객 관계 개발과 유지에 있어 가장 중요한 도구이다

2) Number and size of customers

B2B 시장이 참여자 수는 적지만, 한 번 구매의 규모는 크다. (기출문제 없음)

3) Geographic concentration

Business markets tend to concentrate in certain locations in the United States as a result of suppliers wanting to be located near their buyers. **(O)**
공급업체가 구매자 근처에 위치하기를 원하기 때문에 비즈니스 시장은 미국의 특정 지역에 집중되는 경향이 있다.

4) Complexity of buying process

A **supply** chain is the synchronized movement of goods through the channel.
공급망이란 채널을 통한 제품의 동기화된 움직임을 말한다.

5) Complexity of supply chain

B2B의 경우 B2C에 비해 중간상이 더 적다. (기출 문제 없음)

6) Demand for products.

A. Derived Demand

The relationship between consumer demand for products and demand for B2B products is known as **derived** demand.
제품에 대한 소비자 수요와 B2B 제품에 대한 수요 사이의 관계를 파생 수요라고 한다.
(주. 비즈니스 제품에 대한 수요는 최종 소비자의 수요로부터 비롯된다는 말이다)

B. Fluctuating Demand

Small changes in consumer demand can lead to considerable shifts in business product demand and are referred to as the **acceleration effect**.
소비자 수요의 작은 변화는 비즈니스 제품 수요의 상당한 변화를 초래할 수 있으며, 이를 가속 효과(acceleration effect)라고 한다.
(주. 원료는 미래의 수요 증가에 미리 대비하기 위해 대량 주문하려는 경향이 있다)

C. Inelastic Demand

It is said that B2B demand is more **inelastic** in general than B2C demand for products or services.
일반적으로 제품이나 서비스에 대한 B2C 수요보다 B2B 수요가 "덜 탄력적"이다.
(주. B2B 수요는 미리 생산 계획이 정해 있는 경우가 많아서 가격에 덜 민감하다)

BUYING SITUATIONS

Straight Rebuy
직접 재구매

Modified Rebuy
수정 재구매

New Purchase
신규 구매

1) Straight Rebuy

A straight rebuy is a routine purchase that is often given to a preferred supplier.
직접 재구매는 선호하는 공급업체에게 종종 주어지는 루틴한 구매이다.

Reordering products that are used on a consistent basis is called a **straight rebuy**.
일관된 기준 하에 사용되는 제품을 다시 주문하는 것을 직접 재구매라고 한다.

2) Modified Rebuy

A modified rebuy may occur when a buyer is familiar with the existing product and supplier but may be looking for additional information. Perhaps new competitors or products have entered the market or the current supplier is not meeting expectations. **(O)**
구매자가 기존 제품 및 공급업체에 익숙하지만 추가 정보를 찾고 있을 때 수정 재구매가 발생할 수 있다. 새로운 경쟁업체나 제품이 시장에 진입했거나 현재 공급업체가 기대를 충족하지 못하고 있을 수 있다.

3) New Purchase

BUYING CENTERS

구매 결정 과정에 이해관계가 있는 다수의 개인들: 구매 센터

구매 센터는 구매 의사결정 프로세스를 관리하며 궁극적으로 의사결정을 내린다.

Members of the Buying Center 구매센터의 멤버들 (자세한 설명은 다음 페이지부터 설명)

- User 사용자
- Initiators 최초제안자
- Influencers 영향력 행사자
- Gatekeepers 문지기(게이트키퍼)
- Deciders 의사결정자

A. User

사용자 (구매한 제품을 실제로 사용할 사람)

B. Initiators

최초 제안자 (구매의 필요성을 제기하는 사람)

C. Influencers

특정 영역에 관련된 전문 지식을 가진 조직 내외의 개인들
구매 센터가 최종 결정을 내리는 데 사용하는 정보를 제공함

D. Gatekeepers

Gatekeepers are important in the B2B buying process because **they limit the number of vendors in a given buying process.**
B2B 구매 과정에서 특정 구매 프로세스에서 공급업체의 수를 제한하기 때문에 게이트키퍼가 중요한다.
(주. 공급업체의 수를 제한한다는 것은 게이트키퍼가 특정 업체를 잠재 공급업자들 후보군에 포함하거나 배제할 수 있는 능력이 있음을 의미한다)

E. Deciders

Deciders are an important group for the salesperson to identify because **they make the ultimate purchase decision.**
의사결정자는 그들이 궁극적인 구매 결정을 내리기 때문에 영업 사원이 그가 누구인지 알고 있어야 하는 중요한 그룹이다.

2) Pursuing the Buying Center

구매센터 내의 마케팅 도전들 (구매센터를 공략할 때 영업사원이 밝혀내야 할 사항들)

- **Who is part of the buying center?** 구매센터 구성원은 누구인가 (기출. 영업사원이 가장 먼저 해야 할 일은 구매센터 내에 누가 있는가를 밝혀내는 것이다)

- Who are the most significant influencers? 누가 가장 영향력 강한 사람인가?

- What are the decision criteria for evaluating the various product options? 다양한 제품 옵션들을 평가할 때의 평가 항목들은 무엇인가?

THE PLAYERS IN B2B MARKETS

1) The NAICS

The NAICS defines **20** major business sectors that cover all of North America.
NAICS는 북미 전역을 포괄하는 20개의 주요 비즈니스 섹터를 정의한다.

The NAICS codes make it possible to purchase detailed information on each of the codes in the system. **(O)**
NAICS 코드를 사용하여 시스템의 각 코드에 대한 자세한 정보를 구입할 수 있다.

2) Manufacturer

MRO supplies are generally purchased through a **straight rebuy**.
MRO 공급품은 일반적으로 직접 재구매를 통해 구매된다.
(주. MRO 공급품이란 일상적으로 꾸준히 구매되는 제품을 말한다. 복사용지, 토너, 화장실 휴지 등이 그에 해당한다)

OEM customers purchase in large quantities to support their own product demand. **(O)**
OEM 고객은 자체적인 제품 수요를 지원하기 위해 대량으로 구매한다.
(주. OEM이란 타사를 위해 부품을 만드는 기업을 말하며, OEM 고객이란 그런 제품을 구입하는 고객을 말한다. OEM 고객은 주로 대량 구매를 하며, 직접 재구매를 한다)

3) Reseller

재판매업자

4) Government

The U.S. government is the single largest buyer of goods and services in the world. **(O)**
미국 정부는 세계에서 가장 큰 제품 및 서비스 구매자이다.

5) Institutions

The primary difference between selling to the profit-oriented market and the nonprofit market is that nonprofits **have a limited number of resources compared to their for-profit counterparts.**
영리추구시장에 판매하는 것과 비영리시장에 판매하는 것의 주된 차이점은 비영리시장을 추구하는 기업이 영리를 추구하는 상대에 비해 적은 수의 자원들을 보유하고 있다는 것이다.

THE BUSINESS MARKET PURCHASE DECISION PROCESS

Problem Recognition 문제 인식

Define the Need and Product Specifications 니즈 정의 및 제품 스펙 결정

Search for Suppliers 공급자 탐색

Seek Sales Proposals in Response to RFP RFP에 대한 응답으로 들어온 제안서 검토

Make the Purchase Decision 구매 의사결정

Post-Purchase Evaluation of Product and Supplier 구매 후 제품 및 공급자 평가

1) Problem Recognition

The business market purchase decision process is triggered when someone inside or outside the company identifies a need. **(O)**
비즈니스 시장 구매 결정 프로세스는 회사 내부 또는 외부의 누군가가 니즈를 파악할 때 시작된다.

2) Define the Need and Product Specifications

In the purchase process, once a problem has been identified, the next step is to **clearly define the need and develop product specifications**
구매 프로세스에서 문제가 발견되면(니즈가 파악되면) 다음 단계는 니즈를 명확히 정의하고 제품 스펙을 개발하는 것이다.

In the purchase process, the purpose of outlining product specifications is **to guide potential suppliers**.
구매 프로세스에서 제품 스펙의 개요를 설명하는 목적은 잠재적 공급업체를 가이드하기 위해서이다.

3) Search for Suppliers

In the purchase process, once the company's needs have been identified and product specifications have been outlined, the next step would involve **identifying and determining potential suppliers**.
구매 프로세스에서 회사의 니즈가 파악되고 제품 스펙이 설명되면, 다음 단계에는 잠재적 공급업체를 알아내고 결정하는 것이 포함된다.

4) Seek Sales Proposals in Response to RFP

A request for proposal (RFP) is the process **of putting product specifications into a document for distribution.**
제안 요청서(RFP)는 배포를 목적으로 제품 스펙을 문서에 포함시키는 프로세스이다.

When a company solicits RFPs from suppliers with an open vendor search, the goal is to **get several proposals to help with negotiations.**
기업이 공개 공급업체 검색을 통해 공급업체로부터 RFP를 요청할 때의 목표는 협상에 도움이 될 수 있도록 다수의 제안서를 받는 것이다.

The sales proposal gives the company an opportunity to showcase its unique products, service, and pricing. **(O)**
판매 제안서를 통해 회사(잠재 공급자)는 고유한 제품, 서비스 , 가격을 나타낼 수 있다.

5) Make the Purchase Decision

A. Product Selection

Critical Choice in the Purchase Decision 구매 의사결정 시의 중요한 선택 사항
- **Financial Criteria**(재무적 가준): 구매 비용, 유지보수 비용, BEP 달성시까지의 기간 등
- Value Criteria(가치 기준): 가격(비용) vs. 품질
- Service Criteria(서비스 기준): A/S비용, 고장으로 인한 손실의 크기 등.

Financial criteria are a set of analyses and metrics grouped together to assess the cost of ownership.
재무적 기준은 소유에 드는 비용을 평가하기 위한 그룹화된 일련의 분석 및 측정치의 집합이다.

B. Supplier Choice

The most fundamental criterion in vendor selection is **reliability**.
공급업체 선정에서 가장 기본적인 기준은 신뢰성이다.

C. Personal and Organizational Factors

Any influence on the product and supplier choice is an organizational factor. The primary organizational factor is **risk tolerance**.
제품 및 공급업체 선택에 미치는 영향은 조직 요인이다. 주요 조직 요인은 "리스크 톨러런스"이다.
(주. 리스크 톨러런스는 그 회사가 리스크에 대해 얼마나 잘 견디느냐를 나타낸 것이다. 어떤 기업이 리스크 톨러런스가 높다면 리스크를 기꺼이 감당하려고 하기 때문에 보다 혁신적인 구매를 하는 경향이 있다)

6) Post-Purchase Evaluation of Product and Supplier

구매 후 제품 및 공급자 평가

THE ROLE OF TECHNOLOGY IN BUSINESS MARKETS

Electronic data interchange (EDI) allows **customer computers to communicate directly with supplier computers**.

EDI 덕분에 고객 컴퓨터가 공급업체 컴퓨터와 직접 커뮤니케이션 할 수 있다.

1) E-Procurement

Organizations have resorted to various e-procurement methods, such as setting up direct links to approved suppliers to make the business purchase easier and move it closer to front-line decision makers. **(O)**

조직은 승인된 공급업체와의 직접 연결을 설정하여 비즈니스 구매를 보다 쉽게 하고 일선 의사 결정권자에게 보다 가깝게 다가갈 수 있게 되는 등 다양한 전자 조달 방법에 의존해 왔다.

The process of business purchasing online is known as the **e-procurement**.

비즈니스가(기업이) 온라인으로 구매하는 프로세스를 전자 조달이라고 한다.

> > > **TOPIC 4-3.** < < <

Segmentation, Targeting, and Positioning

FULFILLING CONSUMER NEEDS AND WANTS

Market segmentation | 시장 세분화

Target marketing (= targeting) | 타겟 마케팅

Positioning | 포지셔닝

WHAT IS SEGMENTATION?

1) Effective Segmentation

Questions for effective segmentation 효과적인 세분화를 위한 질문들

- Is the segment of sufficient size to warrant investing in a unique value-creating strategy for that segment as a target market? 타겟 시장으로서 이 세분시장에 대한 고유한 가치 창출 전략에 대한 투자를 보증하기에 충분한 규모의 세분시장인가?

- Is the segment readily identifiable and can it be measured? 이 세분 시장을 쉽게 식별할 수 있으며 측정할 수 있는가?

- **Is the segment clearly differentiated on one or more important dimensions when communicating the value of the product?** 이 세분 시장은 제품의 가치를 전달할 때 하나 이상의 중요한 차원에서 명확하게 차별화되는가? (기출. 이 질문은 서로 다른 세분시장에 서로 다른 마케팅 전략을 실행하고자 할 때 필요한 질문이다)

- **Can the segment be reached (in terms of both communication and physical product) in order to deliver the value of the product, and subsequently can it be effectively and efficiently managed?** 제품의 가치를 제공하기 위해 이 세그먼트에 도달할 수 있으며(커뮤니케이션 및 물리적 제품 측면에서), 그 후에 제품을 효과적이고 효율적으로 관리할 수 있는가? (기출. 어떤 나라에 진출하고자 할 때 그 나라의 언어적 장벽과 인프라의 문제 때문에 고전한다면 이러한 질문과 관련된 것이다)

SEGMENTING
CONSUMER MARKETS

Four consumer market segmentation approaches 네 가지 소비자 시장세분화 접근법

- Geographic segmentation 지리적 세분화
- Demographic segmentation 인구통계적 세분화
- Psychographic segmentation 심리도식적 세분화
- Behavioral segmentation 행동적 세분화

1) Geographic Segmentation

Approaches to geographic segmentation 지리적 세분화

- By region 지역에 따라
- By density of population 인구에 따라
- By size and growth of population 인구의 규모와 성장률에 따라
- By climate 기후에 따라

The region, the density of the population, and the size of the population are various approaches to use in **geographic segmentation**.

지역, 인구의 밀도, 그리고 인구의 규모는 지리적 세분화에서 사용할 수 있는 다양한 접근 방식이다.

2) Demographic Segmentation

Demographic segmentation is best described as using characteristics of **human populations** to segment the market.
인구통계학적 세분화는 인구적 특성을 사용하여 시장을 세분화하는 것이다.

Demographic segmentation is one of the most popular segmentation approaches because **it is relatively easy to measure the variables used in this approach to segmentation.**
인구통계학적 세분화는 이 세분화 접근법에 사용되는 변수를 비교적 쉽게 측정할 수 있기 때문에 가장 일반적인 세분화 접근법 중 하나이다.

One of the most straightforward and popular methods of segmentation is demographic. **(O)**
가장 간단하고 많이 사용되는 시장세분화 방법 중 하나는 인구통계적 방법이다.

A. Age

Age is a commonly used method of segmentation. Age alone, however, may be dangerous because **grouping older customers into one group is an approach that fails to consider the vast differences in other important variables.**
나이는 일반적으로 사용되는 시장세분화 방법이다. 하지만 나이든 고객을 한 그룹으로 그룹화하는 것은 다른 중요한 변수의 큰 차이를 고려하지 못하는 접근 방식이기 때문에 나이만으로 시장을 나누는 것은 위험할 수 있다.
(주. 예를 들어, 70대 이상이라고 해도, 소득, 사회적 지위, 추구하는 혜택 등 이 내부에서 더 세분화해야 할 다른 변수들이 더 있을 수 있다)

B. Generational Group

Generational Group 세대 집단
- GI Generation (1901–1924)
- **Silent Generation (1925–1945)**
- Baby boomers (1946–1964)
- **Generation X (1965–1977)**
- **Generation Y or millennials (1978–1994)**
- Generation Z (after 1994)

Generation Y, people born between 1978 and 1994, tend to be pragmatic, optimistic, good team players, savvy consumers, and edgy in nature. **(O)**

1978년과 1994년 사이에 태어난 Y세대는 실용적이고, 낙관적이며, 좋은 팀 플레이어이며, 현명한 소비자이며, 천성적으로 혁신적인 경향이 있다.

Sociologists look for defining events such as major economic upheaval, wars, and **sociocultural revolution** as triggers for generational change.

사회학자들은 주요 경제적 격변, 전쟁, 사회문화적 혁명과 같은 사건들을 세대 변화의 트리거로 정의한다.

The baby boomers think that they don't age. **(O)**

베이비붐 세대는 (최소한 그들 마음 속으로는) 나이를 먹지 않는다고 생각한다.

Generation X is often referred to as the **baby bust generation**.

X세대는 종종 베이비 버스트 세대라고 불린다.

(주. bust라는 단어는 붕괴 또는 급격한 감소를 의미한다)

C. Gender

성별 세분화

D. Family and Household

Family and household segmentation has become more complex due to a variety of differing family arrangements. **(O)**

다양한 가족 구성으로 인해 가족 및 가구 세분화가 더욱 복잡해졌다.

※ 예: 독신, 미혼 남녀 동거 커플, 게이와 레즈비언 커플, 집에 돌아온 30대 자녀를 둔 부모, 한 가정에 살고 있는 매우 큰 대가족

E. Race and Ethnicity

The **African-American** race and ethnicity market segment is about 12 percent of the U.S. population and is not growing rapidly.

아프리카계 미국인이라는 인종 세분시장은 미국 인구의 약 12%이며 빠르게 성장하지는 않는다.

At about 17 percent of the U.S. population, **Hispanics/Latinos** remain the largest minority group.

미국 인구의 약 17%에 달하는 히스패닉계/라틴계는 가장 큰 소수 집단이다.

F. Income

Income segmentation is **usually analyzed in incremental ranges.**

소득 세분화는 일반적으로 증가하는 범위 내에서 분석된다. (주. 일반적으로 소득이 낮은 범위에서는 더 좁은 간격으로 나누어지고, 소득이 높은 범위에서는 더 큰 간격으로 나누어진다. 이렇게 함으로써, 특정 소득 수준에서의 상대적인 변화를 뚜렷하게 파악할 수 있다. 더 낮은 소득 수준에서는 소득의 작은 변화가 뚜렷한 영향을 미칠 수 있기 때문에 해당 범위를 더 세분화하여 분석하려는 경향이 있다)

G. Occupation

Occupational segmentation recognizes that there may be a number of consistent needs and wants demonstrated by consumers based on what type of job they have.

직업 세분화는 소비자가 어떤 유형의 직업을 가지고 있는지에 따라 다양한 일관된 니즈와 원츠가 있을 수 있다는 것을 인식한다.

H. Education

Everything else being equal, **educational** segmentation might lead a firm to offer its products based on some anticipated future payoff from the consumer.

그 밖의 모든 것이 동일하다면 교육 세분화는 기업이 소비자로부터 예상되는 미래의 보상금액(pay off)에 기초하여 제품을 제공하게 될 수도 있다.

(주. 특정 잠재 타겟 고객이 미래에 벌어들일 소득을 예상하여 미리 세분화하고 그에 따라 제품을 제공할 수도 있다)

I. Social Class

Social class has declined as a method of segmentation as a result of **readily available credit flattening the classes**

사회 계층은 쉽게 가용한 신용으로 등급 간의 차이가 적어진 결과로 인해 세분화 방법으로서의 사용이 감소했다.

(주. 신용 구매가 널리 가능해 지면서, 사회 계층이 낮아도 고가 제품을 쉽게 구입할 수 있게 되었기 때문에, 세분화 변수로서 "사회 계층"의 중요성이 줄어들었다)

J. Geodemographics

A marketing manager using the database called PRIZM is interested in **geodemographic** segmentation.

PRIZM이라는 데이터베이스를 사용하는 마케팅 매니저는 지리인구학적(geodemographic) 세분화에 관심이 있다.

3) Psychographic Segmentation

Psychographic segmentation is sometimes referred to as segmentation by lifestyle or values.
심리도식적 세분화를 라이프스타일 또는 가치(추구하는 가치)에 의한 세분화라고 부르기도 한다.

A marketing manager using VALS is interested in **psychographic** segmentation.
VALS를 사용하는 마케팅 매니저는 심리도식적 세분화에 관심이 있다.

An approach to segmenting consumer markets is **psychographic** segmentation, which relies on consumer variables such as personality and AIOs (activities, interests, and opinions) to segment a market.
소비자 시장을 세분화하는 접근 방식 중 하나는 심리도식적 세분화로, 시장을 세분화하기 위해 개성과 AIO(활동, 관심 및 의견)와 같은 소비자 변수에 의존한다.

4) Behavioral Segmentation.

Behavioral segmentation divides customers into groups according to similarities in benefits sought or product usage patterns.

행동적 세분화는 "추구하는 혜택"이나 "제품 사용 패턴"의 유사성에 따라 고객을 그룹화한다.

A. Benefit Sought

Benefits sought segmentation focuses on why people buy what they buy.

추구하는 혜택 세분화는 사람들이 왜 그것을 구매하는가에 초점을 맞춘다.

추구하는 혜택의 사례(승용차): 안전성, 가성비, 내구성, 신뢰성, 디자인

For many marketing managers, segmentation by benefit sought is the best place to start the process of market segmentation. **(O)**

많은 마케팅 관리자들에게, 추구하는 혜택에 따른 세분화는 시장 세분화 과정을 시작하기에 가장 좋은 지점이다.

(주. 마케팅에서 가장 중요한 것은 고객 가치의 전달인데, "추구하는 혜택"은 고객 가치의 핵심이 되기 때문이다)

B. Usage Patterns

어떤 상황에서 그 제품을 구입하는가?

● 사용률(사용빈도)
● 사용자 상태
    ● 충성도의 수준
    ● 구매 단계: 이전 사용자, 현재 사용자, 잠재적 사용자, 최초 사용자, 정기 사용자 등

TARGET MARKETING

Step 1: Analyze market segment
세분 시장 분석

Step 2: Develop profiles of each potential target market
각 잠재적 세분시장의 프로파일 개발

Step 3: Select a target marketing approach
타겟 마케팅 접근법(타겟팅 실행)

1) Analyze Market Segments

세분 시장의 매력도 분석 시 고려할 요소들
- Segment size growth potential 세분 시장의 크기 및 성장 잠재력
- Competitive forces related to the segment 그 세분시장과 관련된 경쟁적 영향력
- Overall strategic fit of the segment to the company's goals 회사의 목표에 맞는 전반적인 전략적 적합성

A. Segment Size and Growth Potential

세분시장 규모 및 성장 잠재력

B. Competitive Forces Related to the Segment

그 세분시장과 관련된 경쟁적 요인들

C. Strategic Fit of the Segment

Strategic fit means there is a good match of a target market to the firm's culture and resource capabilities. **(O)**
전략적 적합성은 타겟 시장이 기업의 문화 및 자원 능력과 잘 매치된다는 것을 의미한다.

2) Develop Profiles of Each Potential Target Market

- Primary target markets: ROI 목표와 다른 매력도 요인을 충족시켜 주는 최고의 기회를 갖는 세분 시장. (확실히 매력적)
- Secondary target markets: 합리적인 잠재성은 갖고 있지만, 당장 개발하기에는 적절하지는 않은 세분 시장. (매력적이지만 개발하긴 이르다)
- Tertiary target markets: 떠오르는 투자의 매력도를 개발할 수 있겠지만, 지금은 매력적으로 보이지 않는 세분 시장. (지금은 매력적이지도 않음)
- Target markets to abandon for future development: 미래의 개발 조차도 포기한 시장. (앞으로도 매력적이지 않을 것)

Primary target markets differ from secondary and tertiary target markets by the **expected level of ROI derived from the market**.

1차 타겟 시장은 2차 타겟 시장 및 3차 타겟 시장과 시장에서 도출된 예상 ROI 수준 면에서 차이가 있다. (1차 타겟 시장의 ROI가 제일 높다)

3) Select a Target Marketing Approach

- Undifferentiated Target Marketing
- Differentiated Target Marketing (= differentiation)
- Concentrated Target Marketing (= focus = niche)
- Customized (One-to-One) Marketing.

A. Undifferentiated Target Marketing

Companies sometimes pick a one-market strategy. This marketing approach is called **undifferentiated target marketing**

기업들은 때때로 하나의 시장 전략을 선택한다. 이러한 마케팅 접근 방식을 비차별적 타겟 마케팅이라고 한다.

B. Differentiated Target Marketing

Differentiated target marketing means that a company is **developing different value offerings for different targeted markets**

차별화된 타깃 마케팅은 기업이 다양한 타겟 시장을 위해 다양한 가치 제공물을 개발함을 의미한다.

C. Concentrated Target Marketing

Concentrated target marketing is often used by **start-up firms to enter a market as a focus player**.

집중적인 타겟 마케팅은 포커스 플레이어로 시장에 진출하는 스타트업 기업들에 의해 종종 사용된다.

A niche strategy is the same as Porter's focus strategy and is a concentrated target marketing approach. **(O)**

틈새 전략은 Porter의 초점 전략과 동일하며 집중적인 타겟 마케팅 접근 방식이다.

POSITIONING

Positioning strategy is a process that often starts with **focus groups**, which help(s) develop a set of attributes for further analysis.
포지셔닝 전략은 종종 포커스 그룹으로 시작하는 프로세스로, 추가적인 분석을 위한 속성의 집합을 개발하는 데 도움이 된다.

자동차 구매 소비자를 대상으로 포커스 그룹을 실시하면, 자동차 구매 시 소비자들이 중요하게 생각하는 속성을 구체적으로 알아낼 수 있다. (예: 안전 사양, 편의 사양, 디자인 사양 등)

1) Perceptual Maps

A perceptual map is used to compare consumer perceptions of each competitor's delivery against specific paired attributes. **(O)**
지각도는 각 경쟁사의 제공물에 대한 소비자 인식을 특정 쌍을 이룬 속성과 비교하는 데 사용된다.

Repositioning **involves understanding the marketing mix approach necessary to change present consumer perceptions of the product.**
리포지셔닝은 제품에 대한 현재의 소비자 인식을 변화시키는 데 필요한 마케팅 믹스 접근 방식을 이해하는 것이 포함된다.
(주. 마케팅 믹스 변수를 사용해서 특정 제품의 현재의 소비자 인식을 변화시키는 것이다)

2) Sources of Differentiation

| Innovative leadership | 혁신적 리더십 |

| Product leadership | 제품 리더십 |

| Image leadership | 이미지 리더십 |

| Price leadership | 가격 리더십 |

| Convenience leadership | 편리성 리더십 |

| Service leadership | 서비스 리더십 |

| Personnel leadership | 인적 리더십 |

When a company tries to constantly develop the "next new thing," it is trying to establish **innovative** leadership as a source of differentiation.

기업이 꾸준히 "다음의 새로운 것"을 개발하기 위해 노력할 때, 차별화의 원천으로서 혁신적 리더십을 달성하려고 노력하는 것이다.

When a company tries to make the product or service significantly easier to obtain than the competition, it is trying to achieve **convenience** leadership as a source of differentiation.

기업이 경쟁사보다 제품이나 서비스를 훨씬 쉽게 얻을 수 있도록 할 때, 차별화의 원천으로서 편리성 리더십을 달성하려고 노력하는 것이다.

When a company only hires employees who are competent, reliable, courteous, credible, responsive, and able to communicate clearly, it achieves **personnel** leadership as a source of differentiation.

기업이 경쟁력 있고, 믿을 수 있고, 정중하고, 신뢰할 수 있고, 반응성 높고, 명확하게 소통할 수 있는 종업원만을 채용할 때, 차별화의 원천으로서 인적 리더십을 달성하려고 노력하는 것이다.

3) Positioning Errors

- Underpositioning 언더포지셔닝
- Overpositioning 오버포지셔닝
- Confused positioning 혼란스런 포지셔닝
- Doubtful positioning 의심스런 포지셔닝

In the context of positioning errors, when consumers have only a vague idea about the company and its products, and do not perceive any real differentiation, it is called **underpositioning**.

포지셔닝 오류의 맥락에서 소비자가 회사와 제품에 대해 막연한 개념만 가지고 실질적인 차별화를 인식하지 못하는 경우를 언더포지셔닝이라고 한다.

(주. 차별적인 포지셔닝을 시도하는 어떤 브랜드가 다른 브랜드들과 너무 비슷할 때)

In the context of positioning errors, when the claims made for the product or brand are not regarded as credible by consumers, it is called **doubtful positioning**.

포지셔닝 오류의 맥락에서 제품이나 브랜드에 대해 제기된 주장이 소비자에 의해 신뢰할 수 있는 것으로 간주되지 않는 경우 이를 의심스러운 포지셔닝이라고 한다.

Domain 5.

THE OFFERING: PRODUCT AND SERVICE

제공물: 제품과 서비스

〉〉〉 TOPIC 5-1. 〈〈〈

Product Strategy

PRODUCT

The primary function of marketing and the entire organization, in a broader context, is to **deliver value to the custome**r.

마케팅과 조직 전체의 주요 기능은 보다 넓은 맥락에서 고객에게 가치를 제공하는 것이다.

The essential component in delivering value is the **product experience**, which is why it is considered the heart of marketing.

가치를 제공하는 데 있어 필수적인 요소는 제품 경험이며, 이는 마케팅의 심장이라고 여겨진다.

(기출. 제품 가격이 아니라 제품 경험이다)

When the product is wrong, **no** amount of marketing communications and no degree of logistical expertise or pricing sophistication will make it successful.

제품이 잘못되었다면, 아무리 마케팅 커뮤니케이션을 많이 해도, 물류에 대한 전문 지식이 아무리 높아도, 프라이싱을 아무리 정교하게 해도 그것을 성공시킬 수 없다.

1) Product Characteristics

Different target markets will view the same product in completely different ways. **(O)**

서로 다른 타겟 시장은 동일한 제품을 완전히 다른 방식으로 볼 것이다.

(주. Completely 즉 "완전히"라는 말이 좀 과한 면이 있지만, 실제 문제에서 이렇게 나오니 주의할 것)

A. Define the Product

Product can be defined as anything that delivers value to satisfy a need or want and includes physical merchandise, services, events, people, places, organizations, information, even ideas.

제품은 니즈나 원츠를 충족시키는 가치를 제공하고 물리적 상품, 서비스, 이벤트, 사람, 장소, 조직, 정보, 심지어 아이디어까지 포함하는 모든 것으로 정의할 수 있다.

B. Essential Benefit

The essential benefit is the fundamental need met by a product. **(O)**
필수적인 혜택은 제품이 충족하는 근본적인 니드이다.

C. Core Product

In the context of product characteristics, companies translate the essential benefit into physical, tangible elements known as the **core** product.
제품 특징이라는 맥락에서 기업은 필수적인 혜택을 핵심 제품이라고 하는 물리적이고 유형적인 요소로 변환한다.

D. Enhanced Product

The **enhanced** product extends the core product to include additional features, designs, and innovations that exceed customer expectations.
개선된 제품은 핵심 제품을 확장하여 고객의 기대를 뛰어넘는 추가적인 기능, 디자인, 그리고 혁신을 제공한다.

2) Product Classifications

A. Tangibility

In the context of product classifications, tangibility refers to the **physical aspects of a product**.
제품 분류의 맥락에서, 유형성은 제품의 물리적 측면을 의미한다.

B. Durability

(기출문제 없음)
- Nondurable products 비내구재(식품, 음료 등)
- Durable products 내구재(가전, 자동차 등)

C. Consumer Goods

Frequently purchased, relatively low-cost products for which customers have little interest in seeking new information and rely heavily on prior purchase behavior are called **convenience** goods.
고객이 새로운 정보를 찾는 데 관심이 거의 없고 이전 구매 행동에 크게 의존하는 상대적으로 저렴한 자주 구매하는 제품을 편의 제품이라고 한다.

Products that require consumers to do more research and compare across product dimensions such as color, size features, and price are called **shopping goods**.
소비자가 색상, 크기 특징, 가격과 같이 제품 차원에 걸쳐 더 많은 연구와 비교를 수행해야 하는 제품을 쇼핑제품이라고 한다.

Clothes, furniture, and major appliances such as refrigerators and dishwashers are examples of **shopping** goods.

의류, 가구, 냉장고, 식기세척기 등 주요 가전제품들이 쇼핑 제품의 사례이다.

Specialty goods are unique purchases made based on a defining characteristic for the consumer, which might be a real or perceived product feature, such as Apple iPhone's easy user interface.

특별 제품은 소비자를 위한 정의된 특성을 기반으로 한 유니크한 구매이며, 이는 Apple iPhone의 간편한 사용자 인터페이스와 같이 실제 또는 인식된 제품 기능일 수 있다.

Unsought goods are characterized as being the kinds of goods that consumers **would rather not purchase at all**.

비탐색 제품은 소비자들이 전혀 구매하지 않으려는 제품 종류라고 특징지워질 수 있다.

(주. 실제로 구입하는 사람들이 존재 하기에 "전혀"라는 말이 좀 지나친 면이 있지만 실제 시험에 이렇게 출제되고 있음)

D. Business Goods

(기출문제 없음)

- Materials 원재료
- Parts 부품
- MRO (maintenance, repair, operating) supplies 유지보수운영(MRO) 공급품
- Capital goods 자본재.

3) Product Discrimination: Create a Point of Differentiation

제품 차별화의 다양한 차원
- Form 형태 (크기, 모양, 색상 등)
- Features 특징 (제품 속성 등)
- Performance Quality 성능 품질 (제품이나 서비스의 수준)
- Conformance Quality 적합 품질 (약속 한 대로 / 말 한 대로)
- Durability 내구성 (수명)
- Reliability 신뢰성 (정상적으로 작동하는 시간 비율)
- Repairability 수리가능성 (문제를 쉽게 해결할 수 있도록: 긴급출동 등)
- Style 스타일

A. Form

B. Feature

C. Performance Quality

D. Conformance Quality

An important issue for consumers is conformance, which is the product's ability to **deliver on features and performance characteristics promised in marketing communications**.

소비자에게 중요한 문제는 제품의 마케팅 커뮤니케이션에서 약속된 기능 및 성능 특성을 제공하는 능력인 부합성이다.

※ 예: 매뉴얼에서 소개한 대로의 제품, 광고에서 약속한 대로의 제품 등

E. Durability

When a company can show that its product's projected lifetime is high under certain operating conditions, it is using **durability** as a product discriminator.
기업이 특정 작동 조건에서 제품의 예상 수명이 높다는 것을 보여줄 수 있는 경우, 내구성을 제품 차별화 요인으로 사용하고 있다.

F. Reliability

G. Repairability

H. Style

One of the disadvantages of using style as a product discriminator is that consumer tastes change over time and what is considered stylish can quickly lose its appeal. **(O)**
스타일을 제품 차별화 요인으로 사용할 때의 단점 중 하나는 소비자의 취향이 시간이 지남에 따라 변화하고 스타일리시하다고 여겨지는 것이 빠르게 매력을 잃을 수 있다는 것이다.

More than any other product discriminator, style offers the advantage to a company of being **difficult for competition to copy**.
다른 어떤 제품 차별화 요인보다 스타일은 경쟁사가 모방하기 어렵다는 장점을 기업에 제공한다.

4) Product Plan: Moving from One Product to Many Products

A. Product Line

A product **line** is a group of products linked through usage, customer profile, price points, and distribution channels.

제품 라인은 용도, 고객 프로파일, 가격 포인트, 그리고 유통 채널을 통해 연결된 제품 그룹이다.

(주. 제품 라인은 용도, 고객 프로파일, 가격 포인트, 그리고 유통 채널이라는 면에서 서로 유사한 것 끼리 모인 그룹이다)

When companies provide too few products in a product line, they run the risk of **missing important market opportunities**.

기업들이 제품 라인 내에서 너무 적은 수의 제품을 제공할 경우 중요한 시장 기회를 놓치는 위험을 감수하게 된다.

B. Product Mix

Combining all the products offered by a company is called the product **mix**.

기업이 제공하는 모든 제품을 결합한 것을 제품 믹스라고 한다.

5) Product Decisions Affect Other Marketing Mix Elements

A. Pricing

B. Marketing Communications

THE LIFE OF THE PRODUCT

The product life cycle (PLC) defines the life of a product in four basic stages, which include **introduction, growth, maturity, and decline**.

제품 수명 주기(PLC)는 제품의 수명을 도입기, 성장기, 성숙기, 쇠퇴기를 포함하는 네 가지 기본 단계로 정의한다.

1) Product Life Cycle Sales Revenue and Profitability

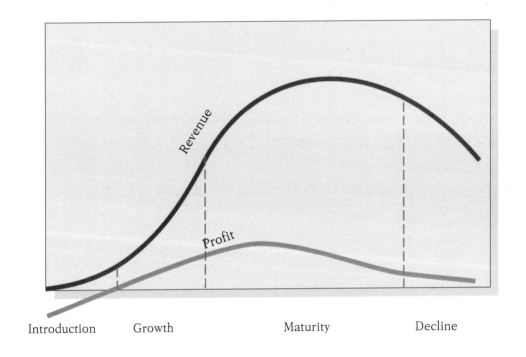

2) Product Life Cycle Timeline

The introduction phase of the product life cycle for an industry is usually characterized by **no profits**
산업의 제품 수명주기 도입기는 일반적으로 수익이 없다는 특징을 갖는다.
(주. 도입기 초반은 대부분 적자이다)

The objective in the introduction phase of the product life cycle (PLC) is to **build market awareness for the product leading to trial purchase.**
제품 수명 주기(PLC) 도입기의 목표는 시험 구매로 이어지는 제품에 대한 시장 인지도를 구축하는 것이다.

The essential marketing objective in the growth phase of the product life cycle (PLC) is to **differentiate the product from those of new competitors.**
제품 수명 주기(PLC)의 성장기에서 필수적인 마케팅 목표는 새로운 경쟁 제품과 제품을 차별화하는 것이다.

In the **maturity** phase of the product life cycle (PLC), sales continue to increase but at a decreasing rate.
PLC(product life cycle)의 성숙기에서 매출은 계속 증가하지만 증가하는 비율은 낮아진다.

Informing and educating the target audience about the product's benefits and features is part of the communication strategy in the **introduction** phase of the product life cycle.
제품의 장점과 특징을 타겟 고객에게 알리고 교육하는 것은 제품 수명 주기의 도입기에서 커뮤니케이션 전략의 일부이다.

The most dramatic increase in revenue is most likely to occur in the **growth** phase of the product life cycle.
매출의 가장 극적인 증가는 제품 수명 주기의 성장기 단계에서 발생한다.

During the decline phase of the product life cycle, **channel members cease to support the product.**
제품 수명 주기의 쇠퇴기에서, 채널 멤버들이 제품 지원을 중단한다.

During the maturity phase of the product life cycle, **sales grow, but at a rate lower than the growth stage**.

제품 수명 주기 성숙기 동안 매출은 증가하지만 성장기보다는 낮은 비율로 증가한다.

In the maturity phase of the product life cycle, the targeted consumers are **majority adopters**.

제품 수명 주기의 성숙기에서 타겟 소비자는 다수 수용자들(조기 다수자와 후기 다수자)이다.

During the decline stage of the product life cycle, **significant price pressures come from competitors and consumers.**

제품 수명 주기의 쇠퇴기에서, 경쟁업체와 소비자로부터 상당한 가격 압박이 발생한다.

❯ ❯ ❯ TOPIC 5-2. ❮ ❮ ❮

New Product Development

NEW PRODUCTS

1) "New" Defined

A. Company Perspective

- New-to-the-world product 완전히 새로운 제품
  - Disruptive innovation (Fundamental change in the marketplace) 단절적 혁신
  - Sustaining innovation (Upgrades or modifications to existing products) 연속적 혁신
- Additions to existing product lines 기존 제품 라인에 추가
- Reposition existing products 기존 제품 리포지션
- Cost reduction 기능이나 성능을 낮춘 저가제품

Desktop computers, cell phones, and tablet computers are examples of new-to-the-world products considered disruptive innovations. **(O)**
데스크톱 컴퓨터, 휴대전화 및 태블릿 컴퓨터는 단절적인 혁신으로 간주되는 완전히 새로운 제품의 사례이다.

Products that are new-to-the-world create a fundamental change in the marketplace and are known as **disruptive innovations**.
새로운 제품은 시장에 근본적인 변화를 가져오며 이를 단절적 혁신이라고 한다.

New-to-the-world products are products that **have not been available before their introduction to the market**. 완전히 새로운 제품이란 그들이 시장에 소개되기 전에는 사용할 수 없었던 제품이다.

When new-to-the-world products are better, faster versions of existing products that target, for the most part, existing customers, then these products are described as **sustaining innovations**.
완전히 새로운 제품이 기존 고객에게 대부분 타겟팅하던 제품보다 더 우수하고 더 빠른 버전인 경우, 이러한 제품은 연속적 혁신이라고 설명된다.

Once a product has been developed and is on the market, the company can extend the product by **creating additions to existing product lines**.
일단 제품이 개발되고 출시되면 회사는 기존 제품 라인에 추가하는 제품을 만듦으로써 제품을 확장할 수 있다.

When products like cell phones are promoted as a safety device for working women and moms, this demonstrates that one way to find "new" markets is to **reposition the existing products targeting different customer segments**.
휴대폰과 같은 제품들이 직장 여성들과 엄마들을 위한 안전용 장치로 홍보될 때, 이것은 "새로운" 시장을 찾는 한 가지 방법이 다양한 고객층을 타겟으로 기존 제품을 리포지셔닝 하는 것임을 보여준다.

B. Customer's Perspective

Customers view new products much differently than companies view them. Customers care only if a product is **new to them**.
고객들은 신제품을 회사가 보는 것과 매우 다르게 본다. 고객은 제품이 그들에게 새로울 경우에만 관심이 있다.

2) Reasons for New Product Success or Failure

NEW PRODUCT DEVELOPMENT PROCESS

- Identify Product Opportunities 제품 기회 파악
  - 1단계: Generate New Ideas 새로운 아이디어 만들기
  - 2단계: Screen and Evaluate Ideas 아이디어 거르고 평가

- Define the Product Opportunity 제품 기회 정의
  - 3단계: Define and Test Product Concept 제품 컨셉 정의 및 테스트
  - 4단계: Create Marketing Strategy 시장 전략 만들기
  - 5단계: Conduct Business Case Analysis 비즈니스 케이스 분석

- Develop the Product Opportunity 제품 기회 개발
  - 6단계: Develop the Product 제품 개발
  - 7단계: Test the Market 제품 테스트
  - 8단계: Product Launch. 제품 런칭.

1) Identify Product Opportunities

A. Step 1. Generate New Ideas

The first step in the new-product development process is to **generate new-product ideas**.
신제품 개발 프로세스의 첫 번째 단계는 신제품 아이디어를 발굴하는 것이다.

Internal sources of generating product ideas include **company salespeople**.
제품 아이디어를 생성하는 내부 소스에는 회사 영업 사원들이 포함된다.

External sources of generating product ideas include **customers**.
제품 아이디어를 생성하는 외부 소스에는 고객들이 포함된다.

Many organizations are too small to have the resources for a national sales force to help discover new-product ideas. As a consequence, they often use **distributors** as a link between the customer and company.
많은 조직이 너무 작아서 국내의 영업조직만으로는 신제품 아이디어를 발견하는 데 충분한 원천이 되기 힘들다. 그 결과, 유통업자를 고객과 회사 간의 연결고리로 사용하기도 한다.

B. Step 2. Screen and Evaluate Ideas

While screening and evaluating ideas, a go-to-market mistake happens when **a company fails to stop a bad product idea from moving into product development**.
아이디어를 심사하고 평가하는 동안, 회사가 나쁜 제품 아이디어가 제품 개발로 옮겨가는 것을 막지 못할 때 시장 진입 실수가 발생한다.

While screening and evaluating ideas, a stop-to-market mistake happens when **a good idea is prematurely eliminated during the screening process**
아이디어를 심사하고 평가할 때, 좋은 아이디어가 심사 과정 중에 조기에 제거될 때 시장 진입 중단 실수가 발생한다.

In the context of criteria used to prioritize product ideas, time to market refers to the time taken to **develop and get the product to market**

제품 아이디어의 우선순위를 정하는 데 사용되는 기준의 맥락에서 시장 출시 시간이란 제품을 개발하고 시장에 내놓기 위해 소요되는 시간을 의미한다.

2) Define the Product Opportunity

A. Step 3: Define and Test Product Concept

제품 컨셉의 정의 및 테스트 (기출문제 없음)

B. Step 4: Create Marketing Strategy

마케팅 전략 개발 (기출문제 없음)

C. Step 5: Conduct Business Case Analysis

The business case analysis is an overall evaluation of a product and usually assesses the product's probability of success. **(O)**

비즈니스 케이스 분석은 제품에 대한 전반적인 평가이며 일반적으로 제품의 성공 확률을 평가한다.

- Total Demand 총 수요 분석
  - New purchases = trial purchase 첫 구매
  - Repeat purchases 재구매
  - Replacement purchases 기존제품 교체 구매
- Profitability Analysis 수익성 분석

Estimating total demand is a function of three separate purchase situations, which are **new, repeat, and replacement** purchases.

총 수요 추정은 세 가지 개별 구매 상황의 함수로 첫 구매, 재구매, 기존제품 교체구매가 있다.

New purchases of new products are called **trial** purchases.
새로운 제품의 구매를 시범 구매(첫 구매)라고 한다.

The number of products purchased by the same customer is called repeat purchases. **(O)**
동일한 고객이 구매한 제품의 수를 재구매(반복 구매)라고 한다.

3) Develop the Product Opportunity

A. Step 6: Develop the Product

제품 개발에는 제품 테스팅이 포함된다.

Product Testing 제품 테스팅
- Alpha testing: by engineers (clarify the basic operationalization of the product) 제품이 잘 작동하는가
- Beta testing: by customers (evaluate and provide feedback on the prototype) 제품에 대한 외부 고객의 피드백.

In the context of product testing, beta testing is designed to **encourage customers to evaluate and provide feedback on a prototype**.
제품 테스팅의 맥락에서 베타 테스트는 고객이 프로토타입을 평가하고 피드백을 제공하도록 설계되었다.

B. Step 7: Test the Market

In creating the consumer product market test, management must make four key decisions:
소비자 제품의 시장 테스트를 만들 때, 매니저는 다음과 같은 네 가지 의사결정을 내려야 한다:
- **Where** 어디서 할 것인지
- **How long** 얼마나 오래 할 것인지
- **Data** 어떤 데이터를 수집할 것인지
- **Decision criteria** 결국 어떤 의사결정을 내릴 것인지

Market testing of a new product can take a long time, and this can result in **competitors being able to develop marketing strategies to counter a product launch**
신제품에 대한 시장 테스트는 오랜 시간이 걸릴 수 있으며, 이로 인해 제품 출시에 대응하기 위한 마케팅 전략을 개발할 수 있는 경쟁업체가 생겨날 수 있다.

For products designed for business markets, market testing is **smaller in scope and involves fewer individuals and companies**
비즈니스 시장용으로 설계된 제품의 경우 시장 테스트는 범위가 더 작고 더 적은 사람들과 회사를 포함한다.

C. Step 8: Product Launch.

제품 런칭 (기출 문제 없음)

CONSUMER ADOPTION AND DIFFUSION PROCESS

1) Consumer Product Adoption Process

Consumer Product Adoption Process 소비자 제품 수용 프로세스
- **Awareness** 인지
- **Interest** 관심
- **Evaluation** 평가
- **Trial** 첫 구매
- **Adoption** 수용

The rate at which new products become accepted is known as the **adoption** process.
신제품이 받아들여지는 비율을 수용 프로세스라고 한다.

Trial purchase is the focus of a product launch marketing plan, because if you can get consumers to use the product once, you can win them over with superior product design, features, and value.
첫 구매는 제품 출시 마케팅 계획의 초점이다. 소비자들이 제품을 한 번이라도 사용하도록 할 수 있다면, 우수한 제품 디자인, 기능, 그리고 가치로 제품을 설득할 수 있기 때문이다.
(주. 제품을 출시할 때의 가장 중요한 목표는 잠재고객들이 그 제품을 한 번이라도 써 보게 또는 사 보게 하는 것이다. 첫 구매가 없다면 재구매는 영영 없기 때문이다)

During the awareness stage, consumers **know of the product, but have insufficient information to move forward through the adoption process.**
인지 단계에서 소비자는 제품에 대해 알고 있지만 수용 과정을 진행하기에는 정보가 부족하다.

During the interest stage, consumers **seek out added information about a product for further evaluation.** 관심 단계에서 소비자는 추가 평가를 위해 제품에 대한 추가 정보를 찾는다.

During the evaluation stage of the product adoption process, consumers **combine all information and assess the product for trial purchase.**

제품 수용 과정의 평가 단계에서 소비자는 모든 정보를 결합하고 첫 구매를 위해 제품을 평가한다.

During **adoption** stage, consumers purchase a product with the intent of becoming a dependable user.

소비자는 수용 단계에서 신뢰할 수 있는 사용자(꾸준한 사용자)가 될 목적으로 제품을 구매한다.

2) The Diffusion of Innovations

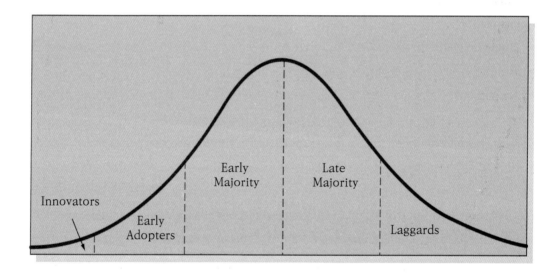

Process of the Diffusion of Innovations 혁신 확산 프로세스

- **Innovators – Product enthusiasts** / 혁신가 – 제품 열정가
- **Early Adopters – Product opinion leaders** / 조기 수용자 – 제품 의견 선도자
- **Early Majority – Product watchers** / 조기 다수자 – 제품 감시자
- **Late Majority – Product followers** / 후기 다수자 – 제품 추종자
- **Laggards – Product avoiders** / 지체 수용자 – 제품 회피자

The innovation diffusion process is how long it takes a product to move from **first purchase to last purchase.**

혁신 확산 프로세스는 제품이 첫 구매부터 마지막 구매까지 이동하는 데 얼마나 많은 시간이 걸리느냐에 대한 것이다.

Everyone in a target market falls into one of five groups based on their willingness to try the innovation, including innovators, early adopters, early majority, late majority, and laggards. **(O)**

타겟 시장의 모든 사람은 혁신가, 조기 수용자, 조기 다수자, 후기 다수자, 지체 수용자를 포함하여 혁신을 시도하려는 의지에 따라 5개 그룹 중 하나로 분류된다.

Innovators are product enthusiasts who enjoy being the first to try and master a new product.

혁신가는 신제품을 가장 먼저 시도하고 마스터하는 것을 즐기는 제품 열정가이다.

혁신가는 베타 테스트의 유력한 후보이다.

Among the five groups of adopters, **early majority** is considered critical to long-term success.

5개의 수용자 그룹 중 장기적인 성공에 중요한 그룹은 조기다수자이다.

Late majority are product followers who are price-sensitive and risk-averse.

후기 다수자는 대다수가 가격에 민감하고 위험을 싫어하는 제품 추종자이다.

Product followers who purchase older generation models with lower prices and fewer features are called **the late majority**.

더 낮은 가격과 더 적은 기능으로 이전 세대 모델을 구매하는 제품 추종자를 후기다수자라고 한다.

Among the five groups of adopters, product avoiders who want to evade adoption as long as possible are known as **laggards**.

5개의 수용자 그룹 중 가능한 한 오랫동안 수용을 회피하고자 하는 제품 회피자를 지체 수용자라고 한다.

Among the five groups of adopters, laggards are people who **put off purchasing until there is no other option**.

다섯 개의 수용자 그룹 중에서 지체수용자는 다른 선택의 여지가 없을 때까지 구매를 미루는 사람들이다.

> > > **TOPIC 5-3.** < < <

Branding Strategy

BRAND

A brand is defined by the American Marketing Association as **a name, term, design, symbol, or any other feature that identifies one seller's goods or services as distinct from those of other sellers.**

미국마케팅협회(AMA)의 정의에 의하면, 브랜드는 "한 판매자의 제품 또는 서비스를 다른 판매자의 제품 또는 서비스와 구별되도록 식별해 주는 이름, 문구, 디자인, 심벌, 또는 기타 특징"이다.

A good branding strategy **will not overcome** a poorly designed product that fails to deliver on the value proposition.

아무리 좋은 브랜딩 전략이라도, 가치 제안을 전달하지 못하는 부실하게 설계된 제품은 극복하지 못할 것이다.

1) Brands Play Many Roles

A. Customer Brand Roles

Customer brand roles 고객 브랜드 역할

- Convey information about the product. 제품에 대한 정보를 전달한다. (A브랜드는 쾌적하고 빠르게 서빙되는 식당이다)
- Educate the customer about the product. 제품에 대해 고객을 교육한다.
- Help reassure the customer in the purchase decision. 구매 의사결정에 있어서 고객을 안심시킨다. (B브랜드로부터 더 안정감을 느끼고, 덜 우려하게 된다)

The three customer brand roles include conveying information about a product, educating the customer about the product, and reassuring the customer in the purchase decision. **(O)**

세 가지 고객 브랜드 역할에는 제품에 대한 정보 전달, 제품에 대한 고객 교육, 구매 결정 시 고객을 안심시키는 역할이 포함된다.

B. Company Brand Roles

Company Brand Roles 회사 브랜드 역할

- Offer legal protection for the product through a trademark 트레이드 마크를 통해 제품을 위한 법적 보호를 제공한다.
- Offer an effective and efficient methodology for categorizing products. 제품을 분류하는 효과적이고 효율적인 방법을 제공한다.

C. Competitor Brand Role

In industries with strong market-leading brands, competitors design and build products targeted specifically at the market leader. **(O)**
강력한 시장 선도 브랜드를 보유한 산업에서, 경쟁업체들은 특히 시장 선도업체를 겨냥한 제품을 설계하고 구축한다.

2) The Boundaries of Branding

BRAND EQUITY

1) Defining Brand Equity

Brand Awareness | 브랜드 인지
Brand Loyalty | 브랜드 로열티
Perceived Quality | 지각된 품질
Brand Association | 브랜드 연상
(Other) Brand Asset | (기타) 브랜드 자산

Five dimension of brand equity 브랜드 에쿼티의 다섯 가지 차원

- Brand awareness: The most basic form of brand equity is simply being aware of the brand. 브랜드 인지: 브랜드 에쿼티의 가장 기본적인 형태는 단순히 브랜드를 인지하는 것이다.

- Brand loyalty: This is the strongest form of brand equity and reflects a commitment to repeat purchases. 브랜드 로열티: 이것은 브랜드 에쿼티의 가장 강력한 형태이며, 이는 재구매에 대한 확신을 나타낸다.

- Perceived quality: Brands convey a perception of quality that is either positive or negative. 지각된 품질: 브랜드는 품질에 대한 인식을 전달하며, 이는 긍정적일 수도 있고 부정적일 수도 있다.

- Brand association: Customers develop a number of emotional, psychological, and performance associations with a brand. 브랜드 연상: 고객들은 브랜드에 대해 다양한 감성적, 심리적, 그리고 성능적 연상을 만든다.

- Brand assets: Brands possess other assets such as trademarks and patents that represent a significant competitive advantage. 브랜드 자산: 브랜드는 트레이드 마크 그리고 특허 같은 자산을 소유하며, 이는 강력한 경쟁우위를 나타낸다.

The most basic form of brand equity is **brand awareness**.
브랜드 에쿼티의 가장 기본적인 형태는 브랜드 인지이다.

Customers will infer a level of quality from the **branded product** that facilitates their purchase decision.
고객은 브랜드가 있는 제품을 통해 구매 결정을 용이하게 하는 품질 수준을 추론하게 된다.

The perceived quality of a brand enables companies to extend the product range, can lead to a price premium opportunity, and is a differentiator in the market. **(O)**
브랜드의 지각된 품질은 기업이 제품 범위를 확장할 수 있도록 하며, 가격 프리미엄 기회로 이어질 수 있으며, 시장의 차별화 요소이다.

A trademark for a product is a brand asset.
제품의 트레이드마크는 브랜드 자산이다.

With brand **association**, customers develop a number of emotional, performance, and psychological connections with a brand.
브랜드 연상을 통해 고객은 브랜드와 다양한 감정적, 성능적, 심리적 연결을 형성한다.

2) Benefits of Brand Equity

The three benefits of high brand equity are perceived quality, brand connections, and brand loyalty.
높은 브랜드 에쿼티의 세 가지 이점은 지각된 품질, 브랜드 연결, 그리고 브랜드 로열티다.

A. Perceived Quality

B. Brand Connections

The major advantage of brand connections for the brand sponsor is that it is a barrier to entry for potential competitors, especially for smaller firms that lack brand recognition. **(O)**
브랜드 스폰서에 대한 브랜드 연결의 주요 이점은 잠재적인 경쟁자, 특히 브랜드 재인이 부족한 소규모 기업에 대한 진입 장벽이 된다는 것이다.
(주. 브랜드 재인이 낮은 경우 브랜드 연결(연상)의 다양성이 낮기 때문에 경쟁에서 불리하다)

C. Brand Loyalty

BRANDING DECISIONS

1) Stand-Alone or Family Branding

- Stand-alone brand 독립 브랜드
- Family brand 패밀리 브랜드

Brand extension 브랜드 확장
- Category extension 카테고리 확장
- Line extension (제품) 라인 확장

A company can use its brand to expand into new product types. This is known as a **category extension**
회사는 자사 브랜드를 사용하여 새로운 제품 유형으로 확장할 수 있다. 이를 카테고리 확장이라고 한다.

2) National or Store Branding

National brands enable manufacturers to leverage marketing resources by creating efficiencies in marketing communications and distribution.
내셔널 브랜드를 통해 제조업체는 마케팅 커뮤니케이션 및 유통의 효율성을 높여 마케팅 리소스를 활용할 수 있다.
(주. 내셔널 브랜드는 특정 유통 업체를 벗어나 전국의 모든 유통 업체에 판매할 수 있다)

3) Licensing

Offering other manufacturers the right to use the brand in exchange for a set fee or percentage of sales is known as **licensing**.

다른 제조업체에 정해진 수수료 또는 매출의 일정 비율을 제공하는 대가로 브랜드를 사용할 수 있는 권리를 제공하는 것을 라이센싱이라고 한다.

4) Co-Branding

일반적인 제품에 둘 이상의 잘 알려진 브랜드를 함께 묶는 것(함께 표기하는 것), 또는 두 브랜드와 마케팅을 파트너십으로 만드는 것.

PACKAGING AND LABELING

1) Package Objectives

Package Objectives 패키지의 목표
- Protect (including providing a layer of security and verification) 보호(안전과 인증을 위한 단계 제공도 보호에 포함됨)
- Communicate 커뮤니케이트 (브랜드 이미지 전달 또는 주목도 높이기)
- Promote Usage 사용성 촉진 (제품을 즐겁게 사용하는 사용자 노출, 제품 내용물이 시각적으로 잘 보이게, 기능적으로 더 편리하게 사용)

A. Protect

패키지의 가장 중요한 역할

B. Communicate

메시지 전달 (브랜드 이미지 전달, 제품의 주목도 높이기 등)

C. Promote Usage.

사용성 촉진 (제품을 더 잘보이게 하거나, 패키지의 기능성을 개선하거나, 제품을 만족스럽게 사용하는 모습이 표현 될 때)

2) Effective Packaging

A. Aesthetics

In most retail environments, a package has very little time to connect with the customer at the point of purchase. **(O)**

대부분의 소매 환경에서 패키지는 구매 시점에서 고객과 연결할 시간이 거의 없다.

(주. 티파니의 패키지처럼 미적으로 더 아름다운 패키지일수록 고객들의 사랑을 받을 것이다)

B. Harmonizes with All Marketing Mix Elements

모든 마케팅 믹스 구성 요소들과의 조화 (기출문제 없음)

3) Labeling

3 Labeling Requirements
- Legal Requirements: 법과 규정에 따라야
- Consumer Requirements: 소비자 요구 사항 (제품 주의 사항, 조립 방법, 권장 사용 연령 등)
- Marketing Requirements: 마케팅 요구 사항.

A. Legal Requirements

The federal organization that requires nutritional labeling on packages of processed food is the Food and Drug Administration. **(O)**
가공 식품 포장에 영양성분표를 부착하도록 요구하는 연방 기관은 식품의약국(FDA)이다.

B. Consumer Requirements

소비자 요구사항

C. Marketing Requirements

Package labeling represents the last marketing opportunity before the purchase decision. **(O)**
패키지 레이블링은 구매 결정 전 마지막 마케팅 기회를 나타낸다.

WARRANTIES AND SERVICE AGREEMENTS

Part of the customer's overall perception of a brand is the seller's commitment to the product. This commitment is most clearly articulated in the product's **warranties and service agreements**.

브랜드에 대한 고객의 전반적인 인식 중 일부는 제품에 대해 판매자가 갖는 확신이다. 이러한 확신은 제품의 워런티 및 서비스 계약에 가장 분명하게 명시되어 있다.

(주. 제품에 대한 확신이 있다면, 워런티 기간을 공격적으로 늘릴 수 있다)

Warranties that make broad promises about product performance and customer satisfaction are known as **general** warranties.

제품 성능 및 고객 만족도에 대한 광범위한 약속을 하는 워런티를 일반 워런티라고 한다.

General warranties are generally open to customers returning the product for a broad range of reasons beyond specific product performance problems.

일반적 워런티는 일반적으로 특정 제품 성능 문제를 넘어 광범위한 이유로 제품을 반품하는 고객에게 열려 있다.

Specific warranties offer explicit product performance promises related to components of the product.

명시적 워런티는 제품의 구성요소와 관련된 명시적인 제품 성능 약속을 제공한다.

1) Warranties Help Define the Brand

A. Cost versus Benefit

Companies **constantly evaluate** their warranties to consider whether the benefits of the warranty exceed the costs.

기업들은 워런티의 혜택이 비용을 넘어서는지 여부를 고려하기 위해 지속적으로 워런티를 평가한다.

B. Convey a Message to the Customer

고객에게 (제품 또는 브랜드와 관련된) 메시지를 전달한다.

(주. 예를 들면, 현대자동차가 1998년 9월에 발표한 10년-10만마일 워런티는 신뢰성이라는 메시지를 전달했다)

> > > TOPIC 5-4. < < <

Service Strategy

WHY SERVICE IS IMPORTANT

There's no debate that today we operate in an economy that is increasingly focused on **intangible offerings**—services—instead of just physical goods.

오늘날 우리가 물리적 제품이 아닌 무형의 제품, 즉 서비스에 점점 더 초점을 두고 있는 경제에서 운영되고 있다는 데에는 논쟁의 여지가 없다.

In today's workplace, everyone is involved in service in some way, and everyone has customers either outside or inside the firm, or both. **(O)**

오늘날의 직장에서는 모든 사람이 어떤 식으로든 서비스에 참여하고 있으며, 모든 사람이 회사 외부 또는 내부 또는 둘 다에 고객을 두고 있다.

(주. 회사 내 모든 직원들은 회사 외부의 고객을 위해서도 서비스를 하고, 회사 내부의 고객을 위해서도 서비스를 한다)

A service-centered perspective is very consistent with a customer-centric approach in which people, processes, systems, and other resources are to be aligned to best serve customers. **(O)**

서비스 중심적 관점은 인력, 프로세스, 시스템, 그리고 기타 리소스가 고객에게 최상의 서비스를 제공하도록 조정되는 고객 중심적 접근 방식과 매우 일관된 것이다.

A service is a product in a sense that it represents a bundle of benefits that can satisfy customer wants and needs, yet it does so without **physical form**.

서비스는 고객의 원츠와 니즈를 충족시킬 수 있는 혜택의 묶음을 나타낸다는 점에서 제품이다. 하지만 그것은(서비스는) 물리적 형태가 없다.

1) Service as a Differentiator

The percentage of jobs in the United States that are service-related is more than **80 percent** of all jobs.
미국에서 서비스와 관련된 직업의 비율은 전체의 80% 이상이다.

Changing U.S. demographics represent a major driver for why the service sector is thriving. **(O)**
미국 인구통계의 변화는 서비스 부문이 번창하는 이유의 주요 원동력이다.
※ 예: 베이비부머의 은퇴는 여행과 엔터테인먼트의 발전을 이끌었고, 그들이 나이를 들어 감에 따라 의료 또는 보건 산업의 발전을 이끌 것이다. (주. 이러한 산업들은 모두 서비스 부문에 속한다)

Many firms are reluctant to invest in great service, largely because **it takes time and patience before a return on the investment is noticeable**.
많은 기업들이 훌륭한 서비스에 투자하는 것을 꺼리는 주된 이유는 투자 수익이 눈에 띄기까지 (많은) 시간과 인내가 필요하기 때문이다.

SERVICE IS
THE DOMINANT LOGIC
OF MARKETING

Basic axioms that help support this new logic 새로운 논리를 설명하는 기본적인 원칙:

- Service is the fundamental basis of exchange 서비스는 교환의 기본적인 근간이다. (예: 우리는 자동차라는 실물을 산다기 보다는 자동차가 전달하는 총체적인 혜택을 산다)

- Value is co-created by multiple parties, including the company and the customer. 가치는 기업과 고객을 포함한 다양한 개체들에 의해 공동으로 창출된다.

- Value is defined by the customer. 가치는 고객에 의해 정의 된다.

Historically goods or products were the basis of exchange. In the new logic **service** is the basis of exchange.

역사적으로 유형 제품이 교환의 기초였다. 새로운 논리 하에서는 서비스가 교환의 기초이다.

CHARACTERISTICS OF SERVICES

| Intangibility | 무형성 |

| Inseparability | 불가분성 |

| Variability | 변동성 |

| Perishability | 소멸성 |

The four characteristics of services are that they are **inseparable, perishable, intangible, and variable**.

서비스의 네 가지 특성은 불가분적이고, 소멸하고, 무형이고, 변동적이라는 것이다.

Services possess several distinct characteristics that are different from those of physical goods, including intangibility, inseparability, variability, and perishability. **(O)**

서비스는 무형성, 불가분성, 변동성, 그리고 소멸성을 포함하여 물리적 재화와 다른 몇 가지 뚜렷한 특성을 가지고 있다.

1) Intangibility

Customer trial is one way to overcome the problem of marketing an intangible service. **(O)**
고객의 첫 구매는 무형의 서비스를 마케팅하는 문제를 극복하는 한 가지 방법이다. (무형성 때문에 서비스는
구매 전까지는 평가하기 힘들다)

A service cannot be experienced through the physical senses. This property represents the
intangibility of services.
서비스는 물리적 감각으로는 경험할 수 없다. 이 속성은 서비스의 무형성을 나타낸다.
(주. 서비스는 직접 체험해 보기 전까지는 물리적 감각으로 경험할 수 없다)

As a characteristic of services, intangibility refers to the fact that a service **cannot be seen, heard,
tasted, or felt by a customer**.
서비스의 특징 중, 무형성은 서비스가 고객에 의해 보거나 듣거나 맛볼 수 없거나 느낄 수 없다는 것을 의미한다.
(주. 서비스는 직접 체험해 보기 전까지는 물리적 감각으로 경험할 수 없다)

To enable customers to draw conclusions about a brand's service, service companies face the
challenge of making their intangible services seem **more tangible**.
고객이 브랜드의 서비스에 대한 결론을 도출할 수 있도록 하기 위해 서비스 회사는 무형의 서비스를 보다
유형적으로 보이게 해야 하는 과제에 직면해 있다. (주. 이러한 유형물을 물적 증거 즉 physical evidence라고
한다)

One way to make a service more tangible is to have customers **experience the service through a
trial**.
서비스를 보다 유형적으로 만드는 한 가지 방법은 체험(첫 구매)을 통해 고객이 서비스를 경험해 보도록 만드는
것이다.

2) Inseparability

Employees play a critical role in the success of services because of their inseparability and variability. **(O)**
서비스는 분리할 수 없고 가변적이기 때문에, 직원들은 서비스의 성공에 중요한 역할을 한다.

The **inseparability** of performance and consumption of services heightens the role of human service providers in a customer's experience.
서비스의 실행(생산)과 소비를 나눌 수 없다는 것은 고객 경험에서 인적 서비스 제공자의 역할을 강화한다.
(주. 서비스 제공자가 누구냐에 따라 고객 경험이 달라진다)

Services are produced and consumed at the same time and cannot be detached from their provider. This characteristic of service is called **inseparability**.
서비스는 생산과 소비가 동시에 이루어지므로 해당 공급업체에서 분리할 수 없다. 이러한 서비스의 특성을 불가분성이라고 한다.

A service is described as being inseparable because **it is produced and consumed at the same time**.
생산과 소비가 동시에 일어나기 때문에 서비스는 분리할 수 없는 것으로 설명된다.

It may be more accurate to think of a service as being **performed** rather than produced.
서비스는 생산되는 것이 아니라 수행되는 것이라고 생각하는 것이 더 정확할 수 있다.

3) Variability

Variability of a service means that because it can't be separated from the provider, a service's quality can only be as good as that of the provider.
서비스의 변동성은 제공자로부터 분리될 수 없기 때문에 서비스의 품질이 제공자의 품질만큼만 좋을 수 있다는 것을 의미한다.

The enhanced role of human service providers in a customer service experience enables service providers to **offer considerable customization in delivering a service**.
고객 서비스 경험에서 인적 서비스 제공자의 역할이 향상됨에 따라 서비스 제공업체는 서비스 제공에 있어 상당한 맞춤화를 제공할 수 있다.

With services, continual investment in training, retraining, and good management of people is required if **variability is to be consistently low**
서비스를 통해 변동성을 지속적으로 낮추고자 할 때, 훈련, 재훈련, 그리고 올바른 인력 관리에 대한 지속적인 투자가 필요하다.

4) Perishability

Fluctuating demand is related to **perishability** of services.
변동하는 수요는 서비스의 소멸성과 관련이 있다.
(주. 서비스는 소멸하기 때문에, 소멸하기 전에 변동하는 수요에 맞춰 줄 필요가 있다. 리조트 호텔의 주중 할인 또는 주말 할증 등이 이에 해당한다)

Perishability of a service means that **a service cannot be stored or saved up for future use**.
서비스의 소멸성은 서비스를 나중에 사용하기 위해 저장할 수 없다는 것을 의미한다.

THE SERVICE-PROFIT CHAIN

The service-profit chain is designed to help managers better understand the key linkages in a service delivery system that drive **customer loyalty, revenue growth, and higher profits**.

서비스 수익 체인은 매니저가 고객 로열티, 매출 증가, 그리고 높은 수익을 이끄는 서비스 제공 시스템의 주요 연결고리를 더 잘 이해할 수 있도록 설계되었다.

Internal Service Quality 내부 서비스 품질
Satisfied, Productive, and Loyal Employees 만족도 높고, 생산성 높고, 로열티 높은 종업원들
Greater Service Value for External Customers 외부 고객들을 향한 훌륭한 서비스
Customer Satisfaction and Loyalty 고객 만족과 로열티
Revenue and Profit Growth 매출과 수익 성장

1) Internal Service Quality

Treating employees as customers and developing systems and benefits that satisfy their needs is called **internal marketing**.

종업원을 고객으로 취급하고 그들의 니즈를 충족시키는 시스템과 혜택을 개발하는 것을 내부마케팅이라고 한다.

(주. 내부 마케팅이 효과적으로 실행되도록 하기 위해, 직원들이 자사 브랜드를 깊이 이해해야 하고 고객들에게 회사의 브랜딩과 그 가치에 대해 명확하고 간결하게 전달할 수 있어야 한다)

If a firm is considered customer-centric, it implies that the company **gives more importance to customers in everything that takes place both inside and outside the firm.**

만약 기업이 고객 중심적이라고 간주된다면, 그것은 기업이 회사 내외에서 일어나는 모든 일에서 고객에게 더 중요성을 부여한다는 것을 의미한다.

Firms that are customer-centric exhibit a high degree of customer orientation, which means that they **instill an organization-wide focus on understanding customers' requirements**

고객 중심적인 기업은 높은 수준의 고객지향성을 보이며, 이는 기업이 고객의 요구사항을 이해하는 데 전사적인 초점을 맞춘다는 것을 의미한다.

When a company follows a customer-centric philosophy with a high degree of customer orientation, it is likely to **generate an understanding of the marketplace and disseminate that knowledge to everyone in the firm.**

기업이 높은 수준의 고객지향성을 갖는 고객 중심적 철학을 따를 때, 시장에 대해 제대로 이해하고 회사의 모든 사람들에게 그 지식을 전파할 것이다.

One of the central concepts of the service-profit chain is to **create an environment in which all employees can be successful**

서비스 수익 체인의 중심 개념 중 하나는 모든 직원이 성공할 수 있는 환경을 조성하는 것이다.

An organization's focus on internal service quality implies that employees **hold a customer mind-set.**

조직이 내부 서비스 품질에 중점을 두는 것은 직원들이 고객 마인드셋을 갖고 있다는 것을 의미한다.

2) Satisfied, Productive, and Loyal Employees

3) Greater Service Value for External Customers

4) Customer Satisfaction and Loyalty

One of the causes of switching behavior is unfair pricing. **(O)**

전환 행동의 원인 중 하나는 불공정한 프라이싱이다.

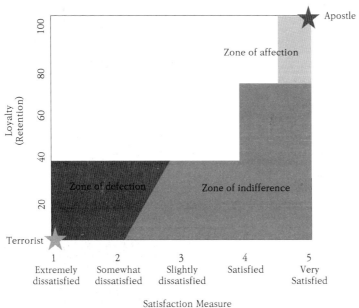

애착 구간(zone of affection)의 ROI가 다른 두 구간에 비해 월등히 높다.

The zone of defection describes the area of **extremely dissatisfied customers**.

이탈 구간은 극도로 불만족스러운 고객들의 영역을 설명한다.

Apostle customers are highly satisfied, fiercely loyal, frequent guests who serve as strong advocates for the experience to friends and acquaintances.

"사도"라고 불리는 고객들은 매우 만족스럽고, 매우 충성스럽고, 친구들과 지인들에게 자신의 경험에 대한 강력한 옹호자 역할을 하는 단골 손님들이다.

Research indicates that, although investing in indifferent customers to improve their satisfaction may yield some returns, only when customers reach the **Zone of Affection** do they truly maximize their profitability to the brand.

연구에 의하면 고객의 만족도를 향상시키기 위해 무관심한 고객에게 투자하는 것이 약간의 수익을 가져다 줄 수는 있지만, 고객이 애착 구간에 도달할 때만이 브랜드에 대한 수익성을 극대화할 수 있다.

(주. 무관심한 고객에게 투자하면 약간의 수익 증대는 가능하지만, 수익을 크게 늘리는 데는 부적합하다)

In the service-profit chain, customer satisfaction leads to customer loyalty, and results in **revenue growth and profitability**.

서비스 수익 체인에서 고객 만족은 고객 로열티로 이어지고 매출 및 수익성 증대라는 결과를 초래한다.

When a company underpromises but overdelivers with respect to its services, it is said to be practicing **customer expectations** management.

기업이 서비스와 관련하여 약속은 적게 하고 실행은 많이 하는 경우 "고객 기대" 관리를 실천하고 있다고 한다.

One of the difficulties associated with search qualities for consumers when evaluating different service offerings is **customers do not truly know how a service performs until after the sale**

다양한 서비스 제공물을 평가할 때 소비자의 탐색 품질과 관련된 어려움 중 하나는 "고객은 판매(구매)가 일어나기 전까지는 서비스가 어떻게 수행되는지 진정으로 알지 못한다"는 것이다.

(주. 서비스는 탐색 품질이 낮으며, 이는 "고객은 판매가 일어나기 전까지는 서비스가 어떻게 수행되는지 진정으로 알지 못한다"는 것을 의미한다. 이는 서비스의 "무형성"과 밀접한 관계가 있다)

Once a customer begins to have a positive experience with a service provider and builds a relationship with the firm, customer loyalty **tends to be greater for services than for goods**.

일단 고객이 서비스 제공업체와 긍정적인 경험을 하기 시작하고 회사와 관계를 구축하면 고객 로열티는 유형제품보다 서비스에서 더 큰 경향이 있다.

5) Revenue and Profit Growth

SERVICE ATTRIBUTES

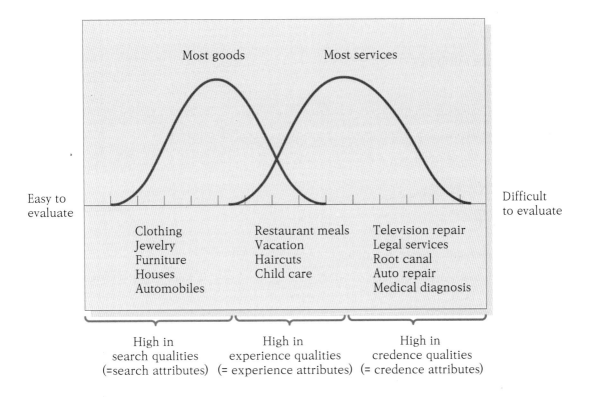

Services tend to exhibit high experience and credence attributes. **(O)**

서비스는 높은 경험 속성과 신뢰 속성을 나타내는 경향이 있다.

1) Search Attributes

Compared to products, services are **low in search qualities**.
제품과 비교하여 서비스는 탐색 속성이 낮다.

2) Experience attributes

3) Credence attributes

When a customer cannot make a reasonable evaluation of the quality of a service even after use because they lack expertise, this relates to a service's **credence** attributes.
고객이 전문지식이 부족하여 사용 후에도 서비스의 품질을 합리적으로 평가할 수 없는 경우, 이는 서비스의 신뢰 속성과 관련이 있다.

Providers of professional services such as doctors, lawyers, and accountants use their degrees and designations to convey a level of trust to a purchaser. **(O)**
의사, 변호사, 회계사와 같은 전문 서비스 제공자는 학위와 자격증 등을 사용하여 구매자에게 신뢰의 수준을 전달한다.

There is a debate about whether students in business education are **customers** or products that need to be branded.
비즈니스 교육을 받는 학생들이 '고객'인지, 아니면 브랜드화가 필요한 제품인지에 대한 논쟁이 있다.

Some business schools take the approach that the primary customers for their business are **companies that hire their students**.
일부 경영대학원들은 자신들의 비즈니스를 위한 주요 고객들이 학생들을 고용하는 회사들이라는 접근법을 취한다.

4) Importance of Understanding Service Attributes

SERVICE QUALITY

Service quality represents a formalization of the measurement of customer expectations of a service compared to perceptions of actual service performance.

서비스 품질은 실제 서비스 성과에 대한 인식과 비교하여 서비스에 대한 고객의 기대를 측정하는 공식화를 나타낸다.

Service encounter is the period during which a customer interacts in any way with a service provider.

서비스 인카운터는 고객이 서비스 제공자와 어떤 식으로든 상호 작용하는 기간이다.

The face-to-face time between customer and service provider is often called the **moment of truth** because that is when customer judgments take place

고객과 서비스 제공자 간의 대면 시간은 종종 진실의 순간이라고 불리는데, 이는 고객의 판단이 이루어지는 시점이기 때문이다

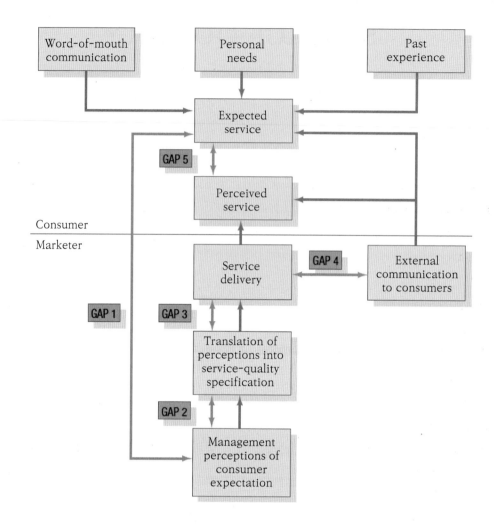

1) Gap Analysis

The basis of the Gap model of Service Quality is the **identification and measurement of differences in five key areas of the service delivery process**.

서비스 품질 갭 모델의 기초는 서비스 제공 프로세스의 5가지 핵심 영역의 차이를 알아내고 측정하는 것이다.

Domain 5. THE OFFERING: PRODUCT AND SERVICE

A. Gap 1

갭1: "고객 서비스 기대치에 대한 경영진의 인식"과 "실제 고객 서비스 기대치"

B. Gap 2

갭2: "개발된 실제 서비스 품질 사양"과 비교한 "고객 서비스 기대치에 대한 경영진의 인식"

C. Gap 3

갭 3: "실제 서비스 품질 스펙"과 "실제 서비스의 제공" 사이의 갭

(주. 회사가 전달하기로 한 스펙과 실제 서비스 사이의 갭을 말한다. 예를 들어 서비스 스펙에 맞는 서비스 실행이 이루어지지 못하고 있다면 갭3이 큰 것이다)

Service failure, when properly handled through service recovery, does not necessarily impact customer satisfaction. **(O)**

서비스 실패가 서비스 복구를 통해 적절하게 처리된다면, 고객 만족도에 반드시 (나쁜) 영향을 미치지는 않을 것이다.

Exceeding customer expectations is often referred to as customer delight. **(O)**

고객의 기대치를 초과하는 것을 고객 감동이라고 한다.

A negative gap between **actual service quality specifications and actual service delivery** nearly always points to management and employees simply not getting the job done. This could be due to vague performance standards, poor training, or ineffective monitoring by management.

실제 서비스 품질 스펙 및 실제 서비스 제공 사이의 부정적인 갭은 거의 항상 경영진과 직원들이 일을 잘 못한다는 것을 의미한다. 이는 모호한 성과 표준, 열악한 트레이닝, 또는 경영진에 의한 비효율적인 모니터링 때문일 수 있다.

Firms that employ service as a marketing strategy must plan ahead for service **failure** and train employees to properly execute service recovery.

서비스를 마케팅 전략으로 채택하는 기업은 서비스 실패에 대비하여 사전에 계획을 세우고 직원들이 서비스 복구를 적절하게 실행할 수 있도록 트레이닝 해야 한다.

D. Gap 4

"실제 서비스의 제공"과 "기업이 이야기한(약속한) 서비스"의 비교

E. Gap 5

"고객이 인식한 서비스"와 "실제 고객이 기대하는 서비스" 간의 차이

3) The SERVQUAL Instrument

- Tangibles 유형성
- Reliability 신뢰성
- Responsiveness 반응성
- Assurance 확신성
- Empathy 감성성

A. Tangibles

Among the dimensions of service quality, tangibles refer to **the physical evidence of a service or the observable aspects**.
서비스 품질의 차원 중에서 유형성은 서비스의 물리적 증거 또는 관찰 가능한 측면을 말한다.

B. Reliability

As a dimension of service quality, reliability means that **a service is performed right the first time and every time**.
서비스 품질의 차원으로서 신뢰성은 서비스가 처음과 매번 제대로 수행되는 것을 의미한다.

C. Responsiveness

반응성 (주. 고객의 요청에 대해 기꺼이 빠르게 대응하는 것)

D. Assurance

Of the five dimensions of service quality, the ability to convey trust and build a customer's confidence in the quality of a service refers to **assurance**.
서비스 품질의 다섯 가지 측면 중 신뢰를 전달하고 서비스 품질에 대한 고객의 확신를 구축하는 능력은 "확신"이다.

제공하는 제품과 서비스에 대해 해박하고(knowledgeable) 고객에게 정중한(courteous) 것도 확신 (assurance)에 포함된다.

E. Empathy

공감성 (주. 고객을 케어하고 개인적으로 집중하는 것을 말하며, 고객의 관점에서 고려해 주는 것을 말한다)

SERVICE BLUEPRINTS

A service blueprint borrows concepts from manufacturing and operations management to allow a service firm to **map out a complete design and flow of all the activities related to customer service**
서비스 블루프린트는 제조 및 운영 관리의 개념을 차용하여 서비스 회사가 고객 서비스와 관련된 모든 활동의 전체 설계 및 흐름을 작성할 수 있도록 한다.

In a service blueprint, activities are divided between those above and those below the line of **visibility** to a customer.
서비스 Blueprint에서 활동은 고객에 대한 가시성 라인 위의 활동과 아래의 활동으로 구분된다.
(주. 가시성 라인 위의 활동은 고객이 볼 수 있는 서비스를 의미하고, 가시성 라인 아래의 활동은 고객이 볼 수 없는 서비스를 말한다)

Particularly in a teamwork environment, such as a restaurant, the advantage of a service blueprint is that it **shows employees how their individual roles fit into the entire system**.
특히 레스토랑과 같은 팀워크 환경에서 서비스 청사진의 장점은 직원 각각의 역할이 전체 시스템에 어떻게 맞추어지는가(fit)를 보여준다는 것이다.

Domain 6.

MANAGE PRICING DECISIONS

프라이싱 의사결정 관리

〉 〉 〉 TOPIC 6-1. 〈 〈 〈

Pricing Objectives and Strategies

PRICE IS A CORE COMPONENT OF VALUE

Regardless of whether the setting is B2C or B2B, most costs are associated with the purchase price. **(O)**

B2C이든 B2B이든 관계없이 대부분의 비용은 구매 가격과 관련이 있다.

(주. 구매자의 입장에서, 대부분의 비용은 가격에서 비롯된다)

A company's core cost advantages translate directly to an edge over its competitors based on much more flexibility in its **pricing strategies** as well as its ability to translate some of the cost savings to the bottom line.

기업의 핵심적인 원가 우위는 그 기업의 경쟁자에 대한 우위로 직결되는데, 이는 프라이싱 전략의 높은 유연성 뿐만 아니라 그 절감된 원가를 수익으로 전환하는 능력에 기반한다.

Price is a critical component that plays into a customer's assessment of the value afforded by a firm and its offerings.

가격은 "기업"과 "기업의 제품 및 서비스"가 제공하는 가치에 대한 고객의 평가에 영향을 미치는 중요한 구성요소이다.

ESTABLISH PRICING OBJECTIVES AND RELATED STRATEGIES

Price objectives are the desired or expected result associated with a pricing strategy and must be consistent with other marketing-related objectives, such as positioning or branding. **(O)**

가격 목표는 프라이싱 전략과 관련된 바람직한 결과 또는 기대되는 결과를 말하며, 포지셔닝 또는 브랜딩과 같은 다른 마케팅 관련 목표와 일치해야 한다.

Penetration Pricing | 침투 프라이싱
Price Skimming | 가격 스키밍
Profit Maximization and Target ROI | 수익 극대화 및 목표 ROI
Competitor-Based Pricing | 경쟁자 기반 프라이싱
Value Pricing | 가치 프라이싱

1) Penetration Pricing

In markets where customers are sensitive to price and where internal efficiencies lead to cost advantages allowing for acceptable margins even with aggressive pricing, a **penetration pricing** strategy can create a powerful barrier to market entry for other firms.

고객이 가격에 민감하고 내부 효율성이 비용 효율성을 높여서, 공격적인 프라이싱을 적용해도 수용 가능한 마진이 가능한 시장에서, 침투 프라이싱은 다른 기업의 시장 진입에 강력한 장벽을 만들 수 있다.

When a firm's objective is to gain as much market share as possible, a likely pricing strategy is **penetration pricing**, sometimes also referred to as pricing for maximum marketing share.

기업의 목표가 가능한 한 많은 시장 점유율을 얻는 것이라면, 가능한 프라이싱 전략은 침투 프라이싱이며, 때로는 최대 마케팅 점유율(시장 점유율)을 얻기 위한 프라이싱이라고도 한다.

Firms should be careful with a **penetration pricing** strategy, as price is a cue for developing customer perceptions of product quality. The value proposition may be reduced if a low price belies the product's actual quality attributes.

가격은 제품 품질에 대한 고객의 인식을 만들어 내는 단서가 되기 때문에 기업은 침투 프라이싱 전략을 신중하게 사용해야 한다. 낮은 가격 때문에 실제 품질 속성이 가려지는 경우 가치 제안이 감소할 수 있다.

2) Price Skimming

A strategy of **price skimming** addresses the objective of entering a market at a relatively high price point.

가격 스키밍 전략은 상대적으로 높은 가격대로 시장에 진입하는 목표에 대응하는 것이다.

In proposing a **price skimming** strategy, the marketing manager usually is convinced that a strong price-quality relationship exists for the product.

가격 스키밍 전략을 제안할 때, 마케팅 매니저는 대개 제품에 대해 강력한 가격-품질 관계가 존재한다고 확신한다.

(주. 가격이 높으면 품질도 높을 것이라는 관계가 확실할 때 가격 스키밍 전략을 사용할 수 있을 것이다)

3) Profit Maximization and Target ROI

Pricing objectives very frequently are designed to maximize profit, which necessitates a **target return on investment (ROI)** pricing strategy.

프라이싱 전략은 수익을 극대화하기 위해 설계되는 경우가 가장 흔하며, 이 경우 목표 ROI 프라이싱 전략을 필요로 한다.

4) Competitor-Based Pricing

A competitor's price is one of the most visible elements of its marketing strategy; analyzing historical and current pricing patterns may allow firms to determine the competitor's pricing objective. **(O)**
경쟁업체의 가격은 마케팅 전략의 가장 눈에 띄는 요소 중 하나이다. 과거 및 현재 가격 패턴을 분석하면 기업이 경쟁업체의 프라이싱 목표를 알아낼 수 있다.

Competitor-based pricing could lead the marketing manager to decide to price at some market average price, or perhaps above or below it in the context of penetration or skimming objectives.
경쟁자 기반 프라이싱에서 마케팅 매니저는 (경쟁자들이 형성한) 시장 평균 가격으로 결정할 것이다. 또는 침투 또는 스키밍 목적의 맥락에서 그 시장 평균 가격보다 약간 높거나 낮은 가격으로 가격을 결정할 수 있을 것이다.

A price war can occur when a company purposefully makes pricing decisions to undercut one or more competitors and gain sales and net market share.
가격 전쟁은 기업이 의도적으로 하나 이상의 경쟁사보다 낮은 가격을 책정하는 프라이싱 의사결정을 내려, 매출 및 순시장 점유율을 얻고자 할 때 발생한다.

A. Stability Pricing

A firm attempts to find a neutral set point for price that is neither low enough to raise the ire of competition nor high enough to put the value proposition at risk with customers. The firm is adopting a **stability** pricing strategy.
한 기업은 경쟁의 분노를 불러일으킬 정도로 낮지도 않고 고객에게 가치 제안을 위험에 빠뜨릴 정도로 높지도 않은 가격의 중립적 설정 포인트를 찾으려고 시도한다. 그 회사는 안정성 프라이싱을 채택하고 있다.

In markets where customers typically witness rapidly changing prices, **stability pricing** can provide a source of competitive advantage.
일반적으로 고객이 빠르게 변동하는 가격을 목격하는 시장에서 안정성 프라이싱은 경쟁 우위의 원천을 제공할 수 있다. (주. 너무 가격이 쉽게 변하는 시장에서, 안정된 가격을 꾸준히 유지한다면 고객의 신뢰를 얻을 수 있다)

5) Value Pricing

Effectively communicating a product's differential advantages is at the heart of positioning strategy, and exposure to these elements spurs the customer to develop perceptions of value and a subsequent understanding of the value proposition. **(O)**

제품의 차별화된 우위점들을 효과적으로 전달하는 것이 포지셔닝 전략의 핵심이며, 이러한 요소(우위점들)에 노출됨으로써 고객이 가치에 대한 인식을 만들고 가치 제안에 대한 이어지는 이해를 촉진할 수 있다.

Firms that have an objective of utilizing pricing to communicate positioning use a **value pricing** strategy.

포지셔닝을 전달하기 위해 프라이싱을 활용하는 것을 목표로 하는 기업은 가치 프라이싱 전략을 사용한다.

Firms and brands that continually attempt to operate in the **high price, low benefits** quadrant do not survive over the long run as customer trust is damaged. Some firms use price skimming strategies, especially on product introductions, even when all the bugs have yet to be worked out of the product.

지속적으로 높은 가격, 낮은 혜택이라는 사분면에서 운영을 시도하는 기업과 브랜드는 고객의 신뢰가 손상되어 장기적으로 생존할 수 없다. 일부 기업은 제품의 모든 버그가 아직 해결되지 않은 경우에도 특히 제품 출시 때 가격 스키밍 전략을 사용한다.

> > > TOPIC 6-2. < < <

Pricing Tactics

SELECT PRICING TACTICS

Firms frequently rely on combinations of pricing tactics in the marketplace rather than putting all their eggs in one basket. **(O)**

기업들은 종종 모든 달걀을 한 바구니에 담기보다는 시장에서 프라이싱 전술의 조합에 의존한다.

1) Product Line Pricing

Product line pricing affords the marketing manager an opportunity to develop a rational pricing strategy across a complete line of related items.

제품 라인 프라이싱은 마케팅 매니저에게 관련된 아이템들 전체에 걸쳐 합리적인 가격 전략을 개발할 수 있는 기회를 제공한다. (기출. 매리어트 호텔의 다양한 호텔 종류별 다양한 가격대)

제품 라인 프라이싱을 "가격 라이닝(price lining)" 이라고도 부른다.

In product line pricing, the escalation of product prices up the product line **depends on** prices competitors are charging for similar products.

제품 라인 프라이싱에서, 제품 라인 위로 향하는 제품 가격 상승은 경쟁업체가 유사한 제품에 대해 부과하는 가격에 따라 달라진다.

2) Captive Pricing

Captive pricing entails gaining a commitment from a customer to a basic product or system that requires continual purchase of peripherals to operate. **(O)**

캡티브 프라이싱은 주변기기(또는 주변기기의 소모품)를 지속적으로 구매해야 하는 기본 제품 또는 시스템에 대한 고객의 구매 결심을 얻어내는 것과 관련된다.

3) Price Bundling

가격 번들링: 보완 제품을 묶어서 저렴한 가격에 판매하는 것 (예: 햄버거 + 음료 + 프렌치프라이)

4) Reference Pricing

It can be useful for customers to have some type of comparative price when considering a product purchase. Such a comparison is referred to as **reference** pricing, which in the case of price bundling is the total price of the components of the bundle if purchased separately versus the bundled price.

고객이 제품 구매를 고려할 때 어떤 유형의 비교 가격을 갖는 것이 유용할 수 있다. 이러한 비교를 준거 프라이싱이라고 하며, 가격 번들링에서의 준거 프라이싱의 경우, 번들 구성요소의 총 가격을 번들 가격과 개별적으로 구입한 가격의 합과 비교한다.

5) Prestige Pricing

With prestige pricing, some of the traditional price/demand curves cannot properly predict sales or market response because it violates the common assumption that increasing price decreases volume. **(O)**

프리스티지 프라이싱에서, 기존의 가격/수요 곡선 중 일부는 가격이 오르면 판매량이 감소한다는 일반적인 가정에 위배되기 때문에 (가격 변동에 따른) 판매량 또는 시장 반응을 적절하게 예측할 수 없다.

One rationale for establishing a price skimming objective is that **prestige pricing** lends status to a product or brand by virtue of a price relatively higher than the competition.

가격 스키밍 목표를 사용하는 한 가지 근거는 프리스티지 프라이싱이 경쟁사보다 상대적으로 높은 가격 때문에 제품이나 브랜드에 (높은) 지위를 부여한다는 것이다.

6) Odd/Even Pricing

Odd pricing can backfire if misapplied, especially with respect to service industries. **(O)**
홀수 가격은 특히 서비스 산업과 관련하여 잘못 적용될 경우 부작용이 일어날 수 있다.

Creating a perception about price merely from the image the numbers provide the customer demonstrates **psychological** pricing.
숫자가 고객에게 주는 이미지만으로 가격에 대한 인식을 형성하는 것은 심리적 프라이싱을 나타낸다.

홀수/짝수 프라이싱은 심리적 프라이싱의 대표적인 사례이다.

7) One-Price Strategy and Variable Pricing

A **one-price strategy** makes planning and forecasting much easier than a variable pricing strategy.
단일 가격 전략은 변동 프라이싱 전략보다 플래닝과 예측을 훨씬 쉽게 한다.

With **variable** pricing, customers are allowed—even encouraged—to haggle about prices.
변동 프라이싱을 통해 고객은 가격을 흥정할 수 있다.

8) Everyday Low Pricing (EDLP) and High/Low Pricing

The fundamental philosophy behind **everyday low pricing** is to reduce investment in promotion and transfer part of the savings to lower price.
매일매일 낮은 프라이싱(EDLP)의 기본 철학은 프로모션에 대한 투자를 줄여서, 그 절감액을 더 낮은 가격으로 전환하는 것이다.

The rise of Walmart as one of the world's largest corporations has brought the concept of **everyday low pricing** to the forefront of global consumer consciousness.
월마트가 세계 최대 기업 중 하나로 부상하면서 매일매일 낮은 프라이싱(EDLP)이라는 개념이 세계 소비자 의식의 최전선에 등장했다.

High/low pricing is used by firms that rely on periodic heavy promotional pricing, primarily communicated through advertising and sales promotion, to build traffic and sales volume.
고/저 프라이싱은 주로 광고 및 판매 촉진을 통해 전달되는 정기적인 높은 판촉 가격에 의존하는 기업이 트래픽 및 판매량을 구축하는 데 사용한다.

9) Auction Pricing

The Internet created a rise in **auction pricing** as more and more people decided to meet online to sell products to the highest bidder.
점점 더 많은 사람들이 최고 입찰자에게 제품을 팔기 위해 온라인에서 만나기로 결정함에 따라 인터넷은 경매 프라이싱 사용을 증대시켰다.

Besides the standard auction approach where buyers bid for a seller's offering, it is now very common for sellers to utilize **reverse auctions** to bid prices to capture a buyer's business.
구매자가 판매자의 제안에 대해 입찰하는 표준적인 경매 접근법 외에, 이제 판매자가 구매자의 비즈니스를 포착하기 위한 가격을 입찰하기 위해 역경매를 활용하는 것도 지금은 매우 일반적이 되었다.

SET THE EXACT PRICE

To set an exact price for goods or service, marketing managers should consider more than one method of calculation to arrive at the optimal price. **(O)**

유형 제품 또는 서비스에 대한 정확한 가격을 설정하기 위해 마케팅 관리자는 최적의 가격에 도달하기 위한 두 가지 이상의 계산 방법을 고려해야 한다.

1) Cost-Plus Pricing (= Markup on Cost)

원가 가산 프라이싱 (원가에 마진을 붙여 최종 가격을 결정함)

2) Markup on Sales Price

판매 가격에 마크업 붙이기 (판매 가격을 기준으로 한 후 적절한 마크업을 정하는 방법)

3) Average-Cost Pricing

Average-cost pricing decisions are made by identifying all costs associated with an offering to come up with what the average cost of a single unit might be.

평균 원가 가격 결정은 제품과 관련된 모든 비용을 파악하여 한 단위당 평균 원가가 얼마인지 알아내어 결정된다. (문제은행에 있는 문장은 아님)

(주. 평균 원가는 예상되는 판매 수량으로 나누어야 결정되므로, 판매 수량 예측 즉 수요 예측이 중요하다)

You should be careful when using **average-cost** pricing, as it is always possible that the quantity demanded will not match the marketing manager's forecast.

평균 원가 프라이싱을 사용할 때는 수요의 양이 마케팅 매니저의 예측과 항상 일치하지 않을 수 있으므로 주의해야 한다.

A risk in **average cost pricing** involves the reliance on forecast estimate.

평균 원가 프라이싱의 위험은 예측 추정치에 의존하는 것과 관련이 있다.

4) Target Return Pricing

To better take into account the differential impact of fixed and variable costs, marketing managers can use **target return** pricing.

고정 비용과 변동 비용의 차별적 영향을 더 잘 고려하기 위해 마케팅 매니저는 목표 수익률 프라이싱을 사용할 수 있다.

(주. 목표 수익률 프라이싱을 사용하기 위해서는 비용을 파악해야 하는데, 이때 고정비와 변동비의 영향을 함께 고려해야 한다)

As with average-cost pricing, the effectiveness of **target return** pricing is highly dependent on the accuracy of the forecast.

평균 원가 프라이싱과 마찬가지로 목표 수익률 프라이싱의 효과성은 예측의 정확성에 크게 좌우된다.

(주. 변동비를 계산하기 위해서는 예상 판매량을 알아야 하므로, 정확한 예측이 필요하다)

Fixed costs are incurred over time, regardless of volume, whereas **variable** costs fluctuate with volume.

고정 원가는 판매량에 관계없이 시간이 지남에 따라 발생하는 반면 변동 원가는 판매량에 따라 변동된다.

Total costs are the sum of the fixed and variable costs.

총 원가는 고정원가와 변동원가의 합이다.

To use target return pricing, one must first calculate total **fixed** costs.

목표 수익률 가격을 사용하려면 먼저 총 고정 원가를 계산해야 한다.

DETERMINE CHANNEL DISCOUNTS AND ALLOWANCES

1) Cash Discount

Discounts are direct, immediate reductions in price provided to purchasers.
할인은 구매자에게 제공되는 직접적이고 즉각적인 가격 인하이다.

2) Trade Discounts

Trade discounts provide an incentive to a channel member for performing some function in the channel that benefits the seller, such as stocking a product or performing a product service.
트레이드 할인은 채널 멤버에게 상품의 재고를 보유하거나 상품 서비스를 수행하는 등 판매자에게 이익이 되는 채널의 기능을 수행해 줄 때 인센티브를 제공하는 방식으로 적용된다.

3) Quantity Discounts

수량 할인 (대량 구매 시 할인)

4) Seasonal Discounts

Seasonal discounts are typically expressed as greatly extended invoice due dates.
계절 할인은 일반적으로 상당히 연장된 청구서 마감일로 표시된다.
(주. 계절보다 앞서 제품을 받아주는 경우 할인을 적용해 주면서, 입금 마감일도 상당히 늦춰준다)

5) Promotional Allowances

Allowances remit monies to purchasers after the fact.
얼라우언스는 사후에(판매가 일어난 후에) 구매자에게 돈을 송금해 주는 것이다.

A promotional allowance offers retailers the opportunity to receive some compensation from product marketers for the costs of successful product promotions. **(O)**
프로모셔널 얼라우언스는 소매업자가 집행한 성공적인 제품 프로모션 비용을 제품 마케터로부터 일부 보상을 받을 수 있는 기회를 제공한다.

6) Geographic Aspects of Pricing

Zone, uniform delivered, and free on board are examples of geographically-driven pricing options that can be implemented within a distribution channel. **(O)**
구역, 균등 배송, 그리고 FOB는 유통 채널 내에서 구현할 수 있는 지리적 기반 가격 옵션의 사례이다.

※ 참고: 지리적 프라이싱 (세부 내용: 다음 페이지)

- FOB pricing
- Uniform delivered pricing
- Zone pricing

A. FOB (free on board)

FOB-destination pricings indicates that until the goods arrive at the purchaser's location, title doesn't change hands and freight charges are the responsibility of the seller.

FOB-도착지 프라이싱은 물품이 구매자의 위치(도착지)에 도착할 때까지 소유권이 변경되지 않으며 운임은 판매자의 책임임을 나타낸다.

B. Uniform Delivered Pricing

균등 배송 비용 전략(배송지에 따라 배송 비용이 달라지지 않음)

C. Zone Pricing

When shipping prices are dependent on geographic areas based on the distance from the shipping location, it is considered **zone** pricing.

배송 가격이 배송 위치와의 거리에 기반하여 지리적 지역에 따라 달라질 경우 구역 프라이싱으로 간주된다.

> > > TOPIC 6-3. < < <

Execute the Pricing Strategy

EXECUTE PRICE CHANGES

Just noticeable difference (JND) is the amount of price increase that can be taken without affecting customer demand.

JND는 고객의 수요에 영향을 미치지 않고 취할 수 있는 가격 인상액이다.

Among the marketing mix variables, price is the easiest and quickest to alter, so sometimes firms overuse price changes to stimulate additional sales or gain market share. **(O)**

마케팅 믹스 변수 중에서 가격이 가장 쉽고 빠르게 변경되기 때문에 때때로 기업들은 추가적인 판매를 촉진하거나 시장 점유율을 얻기 위해 가격 변화를 남용한다.

When formulating a response to a competitor's price reduction, firms should consider their offering from the perspective of its overall value proposition to customers. **(O)**

경쟁사의 가격 인하에 대한 대응을 수립할 때, 기업은 고객에 대한 전반적인 가치 제안의 관점에서 자사의 제품을 고려해야 한다.

UNDERSTAND LEGAL CONSIDERATIONS IN PRICING

1) Price-Fixing

Price-fixing could result in overall higher prices for consumers since various competitors are all pricing the same to maximize their profits.

가격 담합은 다양한 경쟁사들이 이익을 극대화하기 위해 모두 동일한 가격을 책정하고 있기 때문에 소비자들에게 전반적으로 더 높은 가격이라는 결과를 초래할 수 있다.

Companies that collude to set prices at a mutually beneficial high level are engaged in **price-fixing**.

상호 이익이 되는 높은 수준에서 가격을 결정하기 위해 모의하는 기업은 가격 담합에 참여하고 있는 것이다.

The **Sherman** Act forbids horizontal price-fixing.

셔먼법은 수평적 가격 담함을 금지하고 있다.

2) Price Discrimination

The Robinson-Patman Act addressed price discrimination by prohibiting a seller's ability to offer different prices to different customers without a substantive basis. **(O)**

Robinson-Patman 법은 실질적인 근거 없이 서로 다른 고객에게 서로 다른 가격을 제공하는 판매자의 능력을 금지함으로써 가격 차별에 대응했다.

3) Deceptive Pricing

기만적 프라이싱의 사례
- 인위적으로 가격을 올린 후 할인하기
- 미끼 및 전환 프라이싱(bait and switch pricing): 판매할 생각도 없는 제품을 미끼로 하여 싼 가격으로 고객을 유인한 후, 다른 비싼 제품을 파는 행위

4) Predatory Pricing

A strategy to intentionally sell below cost to push a competitor out of a market, then raise prices to new highs, is called **predatory pricing**.
경쟁자를 시장에서 밀어내기 위해 의도적으로 원가 이하로 판매한 다음 가격을 새로운 최고치로 올리는 전략을 약탈적 프라이싱이라고 한다.

5) Fair Trade and Minimum Markup Laws

In the past, **fair trade laws** allowed manufacturers to establish artificially high prices by limiting the ability of wholesalers and retailers to offer reduced or discounted prices.
과거에 공정거래법은 도매업자와 소매업자가 할인된 가격을 제공할 수 있는 능력을 제한함으로써 제조업자가 인위적으로 높은 가격을 설정할 수 있도록 했다.

Minimum markup laws require that a certain percentage markup be applied to all products.
최소 마크업 법에서는 모든 제품에 일정 비율의 마크업을 적용해야 했다.

Loss leader refers to products sold at prices below cost to attract shoppers to a store.
로스 리더는 쇼핑객들을 상점으로 끌어들이기 위해 원가 이하의 가격으로 판매되는 제품을 말한다.

Domain 7.

DELIVER THE VALUE OFFERING

가치 제공물의 제공

> > > TOPIC 7-1. < < <

Channels

THE VALUE CHAIN
AND VALUE NETWRKS

The value chain portrays a mixture of primary and support activities utilized by an organization to design, produce, market, deliver, and support its products. **(O)**
가치 사슬은 조직이 제품을 설계하고, 생산하고, 마케팅하고, 전달하고(유통하고), 그리고 지원하기 위해 사용하는 주요 활동 및 지원 활동의 혼합을 나타낸다.

A **value network** is thought of as an overarching system of formal and informal relationships within which the firm participates to procure, transform and enhance, and ultimately supply its offerings in final form within a market space.
가치 네트워크는 공식적 그리고 비공식적인 관계로 이루어진 포괄적인 시스템으로서, 그 시스템 내부에서 기업이 그의 제공물을 조달하고, 변환 및 개선하고, 그리고 궁극적으로 시장공간 내에서 최종적인 형태로 공급하게 된다.

Many organizations are beginning to consider their customers—both end users and within a channel—as **important** members of a value network.
많은 조직(기업)에서 최종 사용자와 채널 내의 고객을 가치 네트워크의 중요한 멤버로 간주하기 시작했다.

A value network perspective is a macro-level strategic approach that is being adopted by many firms in part because of the intense competition to cut **costs** and maximize **process efficiencies** every step of the way to market.
가치 네트워크 관점은 거시적 수준의 전략적 접근 방식으로, 시장 진입의 모든 단계에서 비용은 줄이고 프로세스 효율은 극대화하려는 치열한 경쟁 때문에 부분적으로 많은 기업에서 채택되고 있다.
※ 응용 문제: 가치 네트워크 접근 방식을 채택하면 내부 리소스가 자유로워져 외부의 통제 불가능한 기회와 위협에 대해 기업이 대처할 때 더 민첩해(nimble) 질 수 있다.

A **virtual organization** eliminates many in-house business functions and activities in favor of focusing only on those aspects for which it is best equipped to add value.

가상 조직은 가치를 더할 수 있는 가장 적합한 측면에만 집중하기 위해 많은 사내 비즈니스 기능과 활동을 제거한다.

A virtual organization is otherwise known as a **network** organization.

가상 조직을 "네트워크" 조직이라고도 한다.

A **supply chain** represents all organizations involved in providing a firm, the members of its channels of distribution, and its end-user consumers and business users.

공급망은 기업에게, 유통채널 멤버에게, 그리고 최종 소비자와 비즈니스 사용자에게 제공하는 데 관련된 모든 조직들을 말한다.

공급망 관리는 공급망의 측면들을 관리하는 프로세스이다. 공급망 관리의 목표는 이러한 부가가치의 흐름을 기업 간에 조정하여 전달되는 전체적인 가치와 실현되는 이익을 극대화하는 것이다.

CHANNELS AND INTERMEDIARIES

A channel of distribution consists of interdependent entities that **transfer possession of a product from producer to consumer**.
유통 채널은 제품의 소유권을 생산자에서 소비자로 이전하는 상호의존적 개체들로 구성된다.

Channel members add their value by bridging gaps in form, time, place, and ownership that naturally exist between **producers and consumers**.
채널 멤버들은 생산자와 소비자 사이에 자연스럽게 존재하는 형태, 시간, 장소, 소유권의 갭을 해소함으로써 가치를 추가한다.

A channel is a system of interdependent relationships among a set of organizations that facilitates the exchange process. **(O)**
채널은 교환 프로세스를 용이하게 하는 일련의 조직 간 상호의존적 관계로 이루어진 시스템이다.

Cutting out intermediaries **is not** a guarantee of saving consumers money.
중간상을 배제하는 것이 항상 소비자들이 돈을 절약할 것을 보장하지는 않는다.

Merchant vs. Agent

A wide variety of types of intermediaries exist, and they usually fall within two principal categories: merchant intermediaries and agent intermediaries. **(O)**

매우 다양한 유형의 중간상이 존재하며, 이들은 일반적으로 두 가지 주요 범주인 머천트 중간상과 에이전트 중간상으로 나뉜다.

In the context of the distribution channel, **merchant intermediaries** takes title to a product.

유통 채널의 맥락에서 머천트 중간상은 제품의 소유권을 갖는다.

Agent intermediaries perform a variety of physical distribution, transaction and communication, and facilitating functions that make exchange possible. They do not take title to the product.

에이전트 중간상은 다양한 물리적 유통, 거래, 그리고 커뮤니케이션을 수행하고 교환을 촉진하는 기능을 수행한다. 다만, 그들이 제품에 대한 소유권은 갖지 않는다.

Direct vs. Indirect

Direct channel has no intermediaries and operates strictly from producer to end-user consumer or business user.

직접 채널은 생산자에서 최종 사용자 또는 비즈니스 사용자에 이르기까지 중간상이 없고 엄격하게(깐깐하게) 운영된다.

Indirect channel contains one or more intermediary levels.

간접 채널에는 하나 이상의 중간상 레벨이 포함되어 있다.

VERTICAL MARKETING SYSTEMS

Whereas standard marketing channels are comprised of independent entities, **a vertical marketing system (VMS) consists of vertically aligned networks behaving and performing as a unified system.**
표준적인 마케팅 채널이 독립적인 개체로 구성된 반면, 수직적 마케팅 시스템(VMS)은 통합적인 시스템으로 작동하고 수행하는 수직적으로 정렬된 네트워크로 구성된다.

1) Corporate Systems

In a **corporate** vertical marketing system, a channel member invests in backward or forward vertical integration by buying a controlling interest in other intermediaries.
기업형 수직적 마케팅 시스템에서 채널 멤버는 다른 중간상에 대한 지배지분을 매입하여 후방 또는 전방의 수직적 통합을 위해 투자한다.

A **corporate** vertical marketing system creates a powerful competitive advantage in the marketplace due to cost and process efficiencies realized when a channel is strictly controlled by one entity.
기업형 수직 마케팅 시스템은 채널을 하나의 개체에 의해 엄격하게 통제할 때 실현되는 비용 및 프로세스 효율성으로 인해 시장에서 강력한 경쟁 우위를 만든다.

2) Contractual Systems

An example of a contractual vertical marketing system is **franchising**.
계약형 VMS의 사례 중 하나는 프랜차이징이다.

A **franchise operation** is the highest-potential start-up and growth mechanism for small-business owners, and it is an effective way to expand a distribution channel quickly and efficiently.
프랜차이즈 운영은 소규모 비즈니스에게 가장 잠재력이 높은 창업 및 성장 메커니즘이며, 유통 채널을 빠르고 효율적으로 확장할 수 있는 효과적인 방법이다.

3) Administered Systems

The goal of **partner relationship management (PRM) strategies** is to share resources, especially knowledge-based resources, to effect optimally profitable relationships between two channel members.
파트너 관계 관리 전략(PRM)의 목표는 리소스, 특히 지식 기반 리소스를 공유하여 두 채널 멤버 간에 최적의 수익성 있는 관계를 구축하는 것이다.

In a **administered** vertical marketing system, one channel member may be placed in a position of channel control.
관리형 VMS에서, 하나의 채널 멤버는 채널 통제를 할 수 있는 위치에 놓일 수 있다.

The lead player in an administered VMS is called the channel captain.
관리형 VMS 내의 주도적 플레이어를 채널 캡틴이라고 한다.

It is possible that an **administered** vertical marketing system can be more formally structured through strategic alliances and partnership agreements among channel members that agree to work in mutual cooperation.
관리형 수직 마케팅 시스템은 상호 협력하여 일하기로 합의한 채널 구성원 간의 전략적 제휴 및 파트너십 협약을 통해 보다 공식적으로 구성될 수 있다.

CHANNEL BEHAVIOR

Channel power is the degree to which any member of a marketing channel can exercise influence over the other members of the channel.
채널 파워는 마케팅 채널의 어떤 멤버가 채널의 다른 멤버둘에게 영향력을 행사할 수 있는 정도이다.

Five important sources of channel power 채널 파워의 다섯 가지 중요한 원천
- Coercive power. 강압적 파워
- Reward power. 보상적 파워
- Expert power. 전문가 파워
- Referent power. 준거적 파워
- Legitimate power. 법률적 파워

Expert power is when channel members adopt an approach of utilizing their unique competencies to influence others in the channel. **(O)**
전문가 파워는 채널 멤버들이 자신들의 고유한 역량(경쟁력)을 활용하여 채널 내의 다른 멤버들에게 영향을 미치는 접근 방식을 채택하는 것이다.

Expert power can take the form of sharing important product knowledge.
전문가 파워는 중요한 제품 지식을 공유하는 형태를 취할 수 있다.

When a channel member is respected, admired, or revered based on one or more attributes, that member enjoys **referent** power within the channel.
채널 멤버가 하나 이상의 속성을 기반으로 존경 받는 경우 그 멤버는 채널 내에서 준거적 파워를 누리게 된다.

Legitimate power results from contracts such as franchise agreements or other formal agreements. 법률적 파워는 프랜차이즈 협약이나 그 밖의 공식적인 협약과 같은 계약에서 발생한다.

The motivating force for suppliers to work with large chain stores is that the stores can offer huge **reward** power in the form of writing big orders.

공급업체가 대형 체인점과 협력할 수 있는 원동력은 해당 매장이 대량 주문을 내 주는 형태로 막대한 보상적 파워를 제공할 수 있기 때문이다.

Coercive power involves an explicit or implicit threat that a channel captain will invoke negative consequences on a channel member if it does not comply with the leader's request or expectations.

강압적 파워는 채널 캡틴이 리더의 요청이나 기대에 따르지 않을 경우 채널 멤버에게 부정적인 결과를 초래할 것이라는 명시적 또는 암묵적 위협이 포함된다.

Unresolved channel conflict can result not only in an uncooperative and inefficient channel, but it can also ultimately impact end-user consumers through **higher prices**.

해결되지 않은 채널 갈등은 비협조적이고 비효율적인 채널을 낳을 뿐만 아니라 높은 가격을 통해 최종 사용자 소비자에게 영향을 미칠 수 있다.

Channel conflict occurs when channel members experience disagreements and their relationship becomes strained.

'채널 갈등'은 채널 멤버들이 의견불일치를 겪으면서 관계가 경색될 때 발생한다.

SELECTING
CHANNEL APPROACHES

When marketing planning, a good channel decision can be one of the most important within the entire planning process and can lead to market advantage over competitors. **(O)**

마케팅 계획을 세울 때, 좋은 채널 결정은 전체적인 플래닝 프로세스 내에서 가장 중요한 것들 중 하나가 될 수 있으며 경쟁사에 대한 시장 우위를 주도할 수 있다.

1) Distribution Intensity

Distribution strategies can be intensive, selective, or exclusive.

유통 전략은 집약적, 선택적, 또는 배타적일 수 있다.

Intensive Distribution 집약적 유통

Selective Distribution 선택적 유통

Exclusive Distribution 배타적 유통

A. Intensive Distribution

When the objective is to obtain maximum product exposure throughout the channel, a(n) **intensive distribution** strategy is designed to saturate every possible intermediary.

채널 전체에 걸쳐 제품 노출을 최대화하는 것이 목표일 때, 집약적 유통 전략은 가능한 모든 중간상에 포화시키도록 설계되었다.

Intensive distribution is typically associated with low-cost **convenience goods**.

집약적 유통은 일반적으로 저가의 편의제품과 관련이 있다.

Impulse goods are appropriate for intensive distribution, as their sales rely on the consumer seeing the product, feeling an immediate want, and being able to purchase now.

충동적 상품은 소비자가 상품을 보고, 즉각적인 욕구를 느끼고, 당장 구매할 수 있는 것에 의존하기 때문에 집약적 유통에 적합하다.

B. Selective Distribution

C. Exclusive Distribution

Exclusive distribution is often part of an overall positioning strategy built on prestige, scarcity, and premium pricing.

배타적 유통은 종종 프리스티지(명성), 희소성, 그리고 프리미엄 가격에 기초하여 구축된 전반적인 포지셔닝 전략의 일부이다.

2) Channel Control and Adaptability

In deciding on the right balance between control and flexibility in a channel, marketing managers must consider **the type of products involved**.

마케팅 매니저는 채널의 통제와 유연성 사이의 적절한 균형을 결정하고자 할 때, 관련된 제품의 유형을 고려해야 한다.

3) Prioritization of Channel Functions: Push versus Pull Strategy

The degree of push versus pull used is fundamental in framing the channel structure and relationships that are likely to optimize a product's success. **(O)**

사용되는 푸시 대 풀의 정도는 제품의 성공을 최적화해 줄 수 있는 채널 구조와 관계를 구성하는 데 있어 근본적인 고려 사항이다.

In pull strategy, heavy advertising in mass media, direct marketing, couponing, and other direct-to-consumer promotion are expected to create demand from intermediaries from the bottom of the channel upward.

풀 전략에서는 매스 미디어의 강력한 광고, 직접 마케팅, 쿠폰, 그리고 기타 소비자 직접 프로모션을 통해 채널 하단에서 위쪽으로 중간상의 수요를 창출할 것으로 예상된다.

A push strategy implies that many of the promotional activities take place from the manufacturer downward through the channel of distribution.

푸시 전략은 많은 판촉 활동이 제조업체로부터 유통 경로를 통해 아래로 진행된다는 것을 의미한다.

An example of a push strategy is **paying a shelf fee**.

푸시 전략의 예는 매대 수수료를 지불하는 것이다.

A manufacturer employing a **pull** strategy focuses much of its promotional investment on the end-user consumer.

풀 전략을 사용하는 제조업체는 판촉 투자의 대부분을 최종 사용자 소비자에게 집중한다.

A manufacturer employing a pull strategy would engage in **advertising in mass media**.

풀 전략을 사용하는 제조업체는 매스 미디어 광고를 사용할 것이다.

› › › **TOPIC 7-2.** ‹ ‹ ‹

Physical Distribution

FUNCTIONS OF CHANNEL INTERMEDIARIES

Channel intermediaries enhance utilities by providing a wide array of specific functions including physical distribution functions, transaction and communication functions, and facilitating functions.
채널 중간상은 물리적 유통 기능, 트랜잭션 및 커뮤니케이션 기능, 촉진 기능 등 다양한 구체적인 기능을 제공하여 유틸리티를 강화한다.

1) Physical Distribution Functions

Logistics is a function of channel intermediaries.

물류는 채널 중간상의 기능 중 하나이다. (Logistics = physical distribution)

A. Breaking Bulk

벌크 분할 (주. 제품의 취급 단위를 더 잘게 쪼개는 것)

B. Accumulating Bulk and Sorting

벌크 축적 및 분류 (주. 여러 원천으로부터 제품들을 모아, 그것을 적절한 기준에 따라 분류하는 것)

C. Creating Assortments

Intermediaries engage in **creating assortments** when they accumulate products from several sources and then make those products available down the channel as a convenience for consumers.

중간상들은 여러 출처의 제품을 축적한 다음, 소비자의 편의를 고려하여 하단 채널을 통해 해당 제품을 가용하도록 함으로써 "제품 구성하기"에 참여하는 것이다.

(주. 예를 들어 어떤 마트의 물류센터에서 일단 제품들을 한 데 모은 후, 각 지역의 마트로 필요한 제품을 구성하여 내려 보내는 것이 이에 해당한다)

D. Reducing Transactions

Introducing an intermediary into a channel may contribute to **reducing transactions** that are necessary to complete an exchange.

채널에 중간상을 도입하면 교환을 완료하는 데 필요한 거래 횟수를 줄이는 데에 기여할 수 있다.

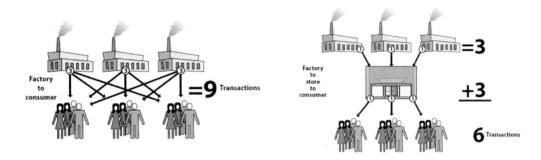

E. Transportation and Storage

Storage is one of the most commonly provided channel intermediary activities.

저장은 가장 일반적으로 제공되는 채널 중간상 활동 중 하나이다.

2) Transaction and Communication Functions

The performance of transaction and communication functions is a category of intermediary contribution within a channel.

거래 및 커뮤니케이션 기능의 수행은 채널 내에서 중간상의 기여라는 카테고리에 포함된다.

3) Facilitating Functions

Facilitating functions performed by intermediaries include a variety of activities, including financing and market research.

중간상이 수행하는 촉진 기능에는 신용 거래, 그리고 시장 리서치를 포함한 다양한 활동이 포함된다.

(응용문제 기출: 리스크 테이킹도 중간상이 수행하는 기능 중 하나이다)

DISINTERMEDIATION
AND E-CHANNELS

Disintermediation means the shortening or collapsing of marketing channels due to the elimination of one or more intermediaries, which is common in the electronic channel.

탈중간상화는 전자 채널에서 흔히 볼 수 있는 하나 이상의 중간상 제거로 인한 마케팅 채널들의 단축 또는 붕괴(collapsing)를 의미한다.

Outsourcing refers to companies handing over most or all of their supply chain activities to third-party organizations that are experts in those areas.

아웃소싱은 기업이 공급망 활동의 대부분 또는 전부를 해당 분야의 전문가인 제3의 조직(기업)에 넘기는 것을 말한다.

Many firms are using outsourcing or third-party logistics to better focus on their core business.

많은 기업이 핵심 비즈니스에 더 집중하기 위해 아웃소싱 또는 제3자 물류를 사용하고 있다.

> > > **TOPIC 7-3.** < < <

Logistics

LOGISTICS ASPECTS OF SCM

Physical distribution, or logistics, is the integrated process of moving input materials to the producer, in-process inventory through the firm, and finished goods out of the firm through the channel of distribution. **(O)**

물리적 유통 즉 로지스틱스는 유입되는 자재를 생산자에게 이동시키고, 재공재고를 기업 내부를 거쳐 이동시키고, 그리고 완제품을 유통 채널을 통해 기업 외부로 이동하는 통합적인 프로세스이다.

Inbound logistics refers to sourcing materials and knowledge inputs from external suppliers to the point at which production begins.

인바운드 로지스틱스는 외부 공급업체로부터 생산을 시작하는 시점까지 자재와 지식 입력을 소싱하는 것이다.

Outbound logistics is the process that starts with production and ends with the delivery of a final product.

아웃바운드 로지스틱스는 생산에서 시작하여 최종 제품의 전달로 끝나는 과정이다.

1) Order Processing

Receiving and properly processing customer orders is a critical step **in getting product moving** through the supply chain.

고객 주문을 받고 적절하게 처리하는 것은 제품이 공급망을 통해 이동하는 동안의 중요한 단계이다.

When an item is not in stock, it is called **a stock-out**. In this case, inbound replenishment processes are triggered.

어떤 아이템이 재고에 존재하지 않을 때 이를 품절이라고 한다. 이 경우 인바운드 보충 프로세스가 촉발된다.

2) Warehousing and Materials Handling

In an ideal supply chain, materials of all kinds are handled as **few** times as possible.

이상적인 공급망에서는 모든 종류의 재료가 가능한 한 "적은 횟수로" 처리된다.

3) Inventory Management

Logistics and other processes are managed using sophisticated and integrated **enterprise resource planning systems**.

물류 및 기타 프로세스는 정교하고 통합된 ERP시스템을 사용하여 관리된다.

A part of ERP, **materials requirement planning** guides overall management of the inbound materials from suppliers to facilitate minimal production delays.

ERP의 일부인 자재소요계획(MRP)은 공급업체의 인바운드 자재 관리 전반을 안내하여 생산 지연을 최소화한다.

To ensure that inventories of both raw materials and finished goods are sufficient to meet customer demand without undue delay, firms utilize sophisticated **just-in-time (JIT) inventory control systems**

원재료와 완제품의 재고가 과도한 지연 없이 고객의 수요를 충족시키기에 충분하다는 것을 보장하기 위해, 기업들은 정교한 JIT 재고 관리 시스템을 사용한다.

4) Transportation

>>> TOPIC 7-4. <<<

Supply Chain Management

RETAILING AND
ELECTRONIC COMMERCE

Retailing is the point of contact in the supply chain with the consumer of the product.
리테일링은 공급망에서 제품의 소비자와 접촉하는 지점이다.

Retailing is any business activity that creates value in the delivery of goods and services to consumers for their personal, nonbusiness consumption.
리테일링은 소비자의 개인적이고 비사업적인 소비를 위해 소비자에게 재화와 서비스를 제공함에 있어 가치를 창출하는 비즈니스 활동을 말한다.

1) Business-to-Consumer Electronic Commerce

E-commerce is generally a **central part** of most firms' marketing strategies.
전자 상거래는 일반적으로 대부분의 기업의 마케팅 전략에서 중심적인 부분이다.

Electronic retailing is the fastest-growing retail format.
전자 소매(e-리테일링)은 가장 빠르게 성장하는 소매 형태이다.

A. Advantages of E-Retailing

Electronic retailing is the communication and sale of products or services to consumers over the Internet. **(O)**
전자 소매는 인터넷을 통해 소비자에게 제품이나 서비스를 전달하고 판매하는 것이다.

B. Disadvantages of E-Retailing

Disadvantages of e-Retailing 전자 소매의 단점
- Easier for Customers to Walk Away 소비자가 이탈하기 쉬움
- Reduced Ability to Sell Features and Benefits 제품의 특징과 혜택을 설득하기 어려움
- Security of Personal Data 개인적 데이터의 보안 문제

In evaluating a website, one of the key measures is its **stickiness**, which refers to the amount of time visitors remain and explore a site.
웹 사이트를 평가할 때 핵심적인 측정치 중 하나는 방문자가 사이트에 머무르고 탐색하는 시간을 나타내는 "stickiness"이다.

2) B2B E-Commerce

The Internet has reshaped the way businesses and consumers interact, and it **also plays a significant role** in B2B customer interface.
인터넷은 기업과 소비자가 상호 작용하는 방식을 재구성해 왔으며, B2B 고객 인터페이스 내에서도 중요한 역할을 수행하고 있다.

Websites where customers come to engage with other customers, the sponsoring firm, and others in the ecosystem to share ideas and collaborate on topics of mutual interest are called **customer communities**
고객이 다른 고객, 스폰서 기업, 그리고 생태계 내의 다른 고객과 협력하여 아이디어를 공유하고 상호 관심 주제에 대해 협업하는 웹 사이트를 "고객 커뮤니티"라고 한다.

LEGAL ISSUES IN SUPPLY CHAIN MANAGEMENT

1) Exclusive Dealing

When a supplier creates a restrictive agreement that prohibits intermediaries that handle its product from selling competing firms' products, **exclusive dealing** has occurred.
공급자가 자신의 제품을 취급하는 중개업자가 경쟁사의 제품을 판매하는 것을 금지하는 제한적 계약을 체결할 때 "독점적 거래"가 발생한다.

Exclusive dealing may be legal if the parties show exclusivity is essential for strategic reasons, such as to maintain product image. **(O)**
당사자가 제품 이미지 유지와 같은 전략적 이유로 독점성이 필수적이라는 것을 보여주는 경우 독점적 거래가 합법적일 수 있다.
(주. 기본적으로는 독점적 거래가 불법이지만, 위와 같은 경우 합법성이 인정된다)

2) Exclusive Territories (= Exclusive territorial distributorship)

독점적 영역이 적법하기 위해서는 그 독점성이 경쟁 제한에 관한 어떠한 법령에도 위배되지 않는다는 점이 입증되어야 한다.

3) Tying Contracts

If a seller requires an intermediary to purchase a supplementary product to qualify to purchase the primary product the intermediary wishes to buy, it results in **a tying contract**.
판매자가 중간상이 구매하고자 하는 주요 제품을 구매할 수 있는 자격을 갖추기 위해 보완적인 제품을 구매하도록 요구한다면, "끼워 팔기"라는 결과를 낳게 된다.

Domain 8.

COMMUNICATE THE VALUE OFFERING

가치 제공물의 커뮤니케이션

TOPIC 8-1.

Promotion Management Basics

ESSENTIALS OF PROMOTION

Promotion mix elements 프로모션 믹스의 구성 요소

- Digital and social media marketing 디지털 및 소셜 미디어 마케팅
- Advertising, sales promotion 광고 및 판촉
- Public relations (PR) 인적 판매
- Personal selling 인적 판매(영업)

The development of promotional strategies most likely involves decisions about **elements in the promotion mix**.

프로모션 전략의 개발에는 "프로모션 믹스의 구성 요소"에 대한 결정이 수반될 것이다.

(주. 프로모션 믹스: 광고, PR, 판촉, 인적판매, 인터랙티브 마케팅 등)

The development of promotion mix strategies involves decisions about which combination of elements in the promotion mix is likely to best convey the company's offering to a marketplace.

(O) 프로모션 믹스 전략의 개발에는, 프로모션 믹스에서 어떤 요소의 조합이 회사의 제품을 시장에 가장 잘 전달할 수 있는지에 대한 결정이 수반된다.

A promotional campaign for a particular product or product line tracks the effectiveness and efficiency of promotional strategies **as it allocates expenditures to a specific creative execution over a given time period.**

특정 제품 또는 제품 라인을 위한 프로모션 캠페인은 특정 기간 동안 특정 크리에이티브 실행에 지출을 할당함으로써 프로모션 전략의 효과와 효율을 추적한다. (기출. 가격 변동에 따라서가 아니라 할당된 비용에 따라 추적한다)

Among the forms of promotion, **PR** is based on unpaid communication.

프로모션 유형 중 "PR"은 무료 커뮤니케이션에 기반을 두고 있다.

TOPIC 8-1. Promotion Management Basics

Public relations uses publicity, such as news stories and mentions at public events, as a method for influencing the attitudes, opinions, and behaviors of customers. (O)
PR은 고객의 태도, 의견, 행동에 영향을 미치는 방법으로 뉴스 기사 그리고 공개 행사에서의 언급과 같은 홍보를 사용한다.

Sales promotion provides an incentive, such as a coupon, for a customer to buy a product or for a salesperson to sell it.
판매 촉진은 고객이 상품을 구매하거나 영업사원이 제품을 판매할 수 있도록 쿠폰과 같은 인센티브를 제공한다.

Personal Selling is one-to-one personal communication with a customer by a salesperson, either in person or through other means.
인적 판매는 대면 또는 기타 수단으로 영업사원에 의해 수행되는 고객과의 일대일 개인적 커뮤니케이션이다.

Personal selling involves one-to-one personal communication with a customer. (O)
인적 판매는 고객과의 일대일 개인적인 커뮤니케이션 포함한다.

Interactive marketing is a technology-driven relationship between companies and customers.
상호작용적 마케팅은 기업과 고객 간의 테크놀로지 중심적 관계이다.

1) The Marketing Manager's Role in Promotional Strategy

The first step a manager should take in the promotion strategy process is to **identify targets for promotion**

매니저가 프로모션 전략 과정에서 취해야 할 첫 번째 단계는 프로모션의 타겟을 정하는 것(누구에게 알릴 것인가)이다.

To establish measures of results is the final element the marketing manager should implement in promotional strategy.

마케팅 매니저가 프로모션 전략에서 구현해야 할 최종 요소는 결과 측정치를 정하는 것(어떤 측정치를 통해 결과를 평가할 것인가)이다.

2) Push and Pull Strategies

Push and pull promotional strategies are seldom used independently of one another. **(O)**

푸시 앤 풀 프로모션 전략은 서로 독립적으로 사용되는 경우가 거의 없다.

In a push strategy, the focus is on **members of the channel who are targeted for promotion.**

푸시 전략에서는 "프로모션의 타겟이 되는 채널 멤버들"에 초점을 맞춘다.

(주. 푸시 전략은 (유통) 채널 구성원들 사이에서 이루어진다)

In a push strategy, the focus is on **the channel of distribution.**

푸시 전략에서는 유통의 채널에 초점을 맞춘다.

A push strategy usually relies on a combination of sales promotion and **personal selling** directed toward channel members.

푸시 전략은 일반적으로 채널 멤버들을 대상으로 한 판매 촉진과 인적 판매의 조합에 의존한다.

(주. 채널 내에서는 사람 즉 영업사원의 역할이 중요하다. 사람이 없다면 판촉 도구가 잘 작동하지 않을 것이다)

3) Internal marketing

Internal marketing is the application of marketing concepts and strategies inside an organization.

내부 마케팅은 마케팅 개념과 전략을 조직 내에(조직 내 종업원들에게) 적용하는 것이다.

HIERARCHY OF EFFECTS

The AIDA acronym stands for attention, interest, desire, and **action**.

AIDA라는 약자는 주목, 관심, 욕구, 그리고 행동을 나타낸다.

AIDA	Stages
Attention 주목	Cognitive stage 인지적 단계
Interest 관심	Affective stage 감정적 단계
Desire 욕구	
Action 행동	Behavioral stage 행동적 단계

The cognitive step of the AIDA model is **attention**.

AIDA 모델의 인지적 단계는 주목이다.

The affective steps of AIDA are **interest and desire**.

AIDA의 감정적 단계는 관심 그리고 욕구이다.

The behavioral step of AIDA is **action**.

AIDA의 행동적 단계는 행동이다.

1) Attention

At the **attention** stage of the AIDA model, marketing managers mostly use promotions to gain awareness of the offering with the market's innovators and early adopters.
AIDA 모델의 주목 단계에서 마케팅 매니저는 대부분 시장의 혁신가와 얼리 어답터를 통해 제품에 대한 인지도를 얻기 위해 프로모션을 사용한다.

Gaining a potential customer's attention requires investment in mass appeal forms of promotion, most notably advertising and **public relations**.
잠재 고객의 관심을 끌기 위해서는 대대적인 판촉 활동 특히 광고와 PR에 대한 투자가 필요하다.

2) Interest

3) Desire

During the **desire** stage of the AIDA model, promotional messages are altered so that a customer s they simply must have the product and can't live without it.
AIDA 모델의 욕구 단계에서는 고객이 제품을 가지고 있어야 하고 제품 없이는 살 수 없도록 프로모션 메시지가 변경된다.

At **desire** stage, salespeople and customized direct and interactive marketing enter the promotion mix.
욕구 단계에서 영업 사원과 '맞춤형 직접 및 상호작용적 마케팅'이 프로모션 믹스에 들어간다.

4) Action

Consumers make a purchase during the action stage of the AIDA model. **(O)**
소비자들은 AIDA 모델의 행동 단계에서 구매를 한다.

To encourage the ultimate purchase, marketers often rely on **salespeople** to close the sale.
궁극적인 구매를 장려하기 위해, 마케터들은 클로징을 위해 종종 영업사원에 의존한다.
(주. 클로징 단계에서는 실제 구매를 일으키기 위한 설득이 필요하다. 따라서 가장 확실한 설득 도구는 인적 판매이다)

Younger consumers are much **less likely** to want to be sold to, are generally disinterested in mass advertising, and tend to place high value on objective information for decision making, likely from sources outside of traditional promotion. 젊은 소비자들은 판매 대상이 되기를 원하지 않으며, 일반적으로 대량 광고에 관심이 없으며, 의사 결정을 위한 객관적인 정보 즉 전통적인 프로모션 바깥에 있는 소스에 높은 가치를 두는 경향이 있다.

> > > TOPIC 8-2. < < <

Digital Marketing

THE ROLE OF
DIGITAL MARKETING

Digital technologies have **fundamentally changed** the way organizations connect and communicate with their customers.

디지털 테크놀로지는 조직이 고객과 연결하고 커뮤니케이션하는 방식을 근본적으로 바꾸었다.

Earned media refers to a customer or commercial entity choosing to act as a marketing communication channel for the organization at no cost.

언드 미디어는 조직의 마케팅 커뮤니케이션 채널 역할을 무료로 수행하기로 선택한 고객 또는 상업적 실체를 말한다.

1) Digital Advertising

A. Display Ads

Display ads are displayed on a given page within a website that clearly demarcates the ad from the webpage's primary content.

디스플레이 광고는 웹 사이트 내의 어떤 페이지 표시되는 광고로서, 웹 페이지의 주요 콘텐츠와 광고가 명확하게 구별되는 특징이 있다.

In the context of online advertising decisions, **interstitials** are visually appealing, full-page ads that are delivered before the viewer is directed to the intended web page.

온라인 광고 의사 결정의 맥락에서, 인터스티셜은 시청자가 의도된 웹 페이지로 향하기 전에 전달되는 시각적으로 매력적인 전체 페이지 광고이다.

B. Search Ads

C. Social Network Ads

D. Native Ads

Digital ads designed to blend in with the format and style of the content that a website delivers are called **native** ads.
웹 사이트에서 제공하는 콘텐츠의 형식과 스타일에 맞게 설계된 디지털 광고를 네이티브 광고라고 한다.

2) E-Mail

3) Organizational Website

A. Dimensions of Website

Customer website interface is often defined by 7 Cs:
고객 웹사이트 인터페이스는 다음과 같은 7가지의 C에 의해 정의된다:
(7개 중 기출 된 다섯 가지에 대한 내용은 다음 페이지에서부터 설명됨)

- Context(컨텍스트)
- Content(콘텐츠)
- Community(커뮤니티)
- Customization(맞춤화)
- Communication(커뮤니케이션)
- Connection(연결)
- Commerce(상거래)

Context, one of the seven dimensions used by researchers to define a website interface, refers to the overall layout, design, and aesthetic appeal of a site.

웹 사이트 인터페이스를 정의하기 위해 리서처들이 사용하는 7가지 차원 중 하나인 컨텍스트는 사이트의 전체 레이아웃, 디자인, 그리고 미적인 소구를 나타낸다.

Customization, one of the seven design elements of the customer interface in a website, is a site's ability to tailor itself to different users or allow users to personalize the site.

웹 사이트에서 고객 인터페이스의 7가지 설계(디자인) 요소 중 하나인 "맞춤화"는 다른 사용자에 맞게 사이트를 맞춤화하거나 사용자가 사이트를 개인화 할 수 있는 능력을 말한다.

Communication is the interactive channel that allows companies to interact with customers in three key ways.

커뮤니케이션은 기업이 고객과 세 가지 주요 방식으로 상호 작용할 수 있는 상호작용적 채널이다.

(주. 위에서 말한 세 가지 주요 방식은 이메일, 고객 서비스 요청, 인스턴트 메시징 즉 채팅 상담이다. 참고로만 알아 둘 것)

Community refers to the various ways a site enables user-to-user communications.

커뮤니티는 사이트에서 사용자와 사용자 간 커뮤니케이션을 가능하게 하는 다양한 방법을 말한다.

Commerce, one of the seven dimensions used by researchers to define a website interface, is a site's ability to enable transactions.

리서처들이 웹 사이트 인터페이스를 정의하기 위해 사용하는 7가지 차원 중 하나인 상거래는 트랜잭션을 가능하게 하는 사이트의 능력이다.

B. Microsites

In addition to the company's primary website, many companies create smaller, more focused sites that deal with specific topics such as new product introductions or targeted products within a large product portfolio known as **microsite**.

(지금까지 7가지로 이야기 한) 회사의 기본 웹 사이트 외에도, 많은 회사들은 마이크로사이트라고 알려진 대규모 제품 포트폴리오 내에서 신제품 소개 또는 타겟 제품과 같은 특정 주제를 다루는 더 작고 초점화된 사이트를 만든다.

(사례: SONY의 플레이스테이션 웹사이트)

C. Blogs

4) Search Engine Optimization (SEO)

5) Mobile Marketing

M-commerce refers to purchases made **with a mobile device**.

M-commerce는 모바일 기기로 이루어지는 구매를 말한다.

A. Ads and Website Experiences Designed for Mobile Devices

B. Location-Based Targeting

Geolocation marketing is the use of geographic data to drive messaging and other marketing decisions. **(O)**

지리-위치 마케팅은 메시지 전송 및 기타 마케팅 의사결정을 주도하기 위해 지리적 데이터를 사용하는 것이다.

C. Text Messaging

D. Branded Mobile Apps and In-App Based Ads

> > > TOPIC 8-3. < < <

Social Media Marketing

MANAGING
SOCIAL MEDIA MARKETING

One of the biggest challenges marketing managers face in social media marketing is measuring their social media campaign's value. **(O)**

마케팅 관리자가 소셜 미디어 마케팅에서 직면하는 가장 큰 도전 중 하나는 소셜 미디어 캠페인의 가치를 측정하는 것이다. (주. 소셜 미디어 캠페인의 가치를 정확히 측정하는 것은 매우 어렵다)

A modern interpretation of a **social network** is a group of people connected through technology.

소셜 네트워크에 대한 현대적인 해석은 테크놀로지를 통해 연결된 사람들의 집단이다.

1) Types of Social Media

A. Social Network

Organizations should engage in **only the most relevant** social networking platforms.

조직(기업)은 가장 적합성이 높은 소셜 네트워킹 플랫폼에 참여해야 한다.

One drawback that is particularly relevant to **Twitter** is the user expectation of very quick and timely response to questions or comments.

트위터와 특히 관련된 한 가지 단점은 질문이나 의견에 매우 신속하게 답변할 것을 사용자가 기대한다는 것이다. (주. 트위터는 현재 "X"로 이름이 바뀌었지만, 문제은행에 반영되지 않아 트위터라는 명칭으로 출제된다)

Twitter is a social media site where users provide short and immediate insights on how they feel or what they are thinking.

트위터는 사용자가 자신의 기분이나 생각에 대한 짧고 즉각적인 통찰을 제공하는 소셜 미디어 사이트이다.

A unique feature of Snapchat is that shared information is **temporary**.

Snapchat의 고유한 기능은 공유된 정보가 일시적이라는 것이다.

In the context of social networks, **LinkedIn** is targeted at working professionals and offers some distinct advantages in terms of content relevant to a professional audience.

소셜 네트워크의 맥락에서 링크드인은 일하는 전문가를 대상으로 하며 전문적인(직업적인) 오디언스와 관련된 콘텐츠 측면에서 몇 가지 뚜렷한 이점을 제공한다.

Facebook was originally started as a site for college students to connect with each other.

페이스북은 원래 대학생들이 서로 연결하기 위한 사이트로 시작되었다.

B. Viral Marketing

Viral marketing is a trend that encourages customers to share a marketing message with other potential customers. **(O)**

바이럴 마케팅은 고객들이 다른 잠재 고객들과 마케팅 메시지를 공유하도록 장려하는 트렌드이다.

Viral marketing enables the spread of a marketing campaign to potentially large audiences through acts of individual users as marketing communication channels.

바이럴 마케팅은 개인 사용자가 마케팅 커뮤니케이션 채널로 활동함으로써 잠재적으로 많은 사용자에게 마케팅 캠페인을 확산시킬 수 있다.

A plan for initiating a viral marketing campaign to specific customers is called a **seeding strategy**.

특정 고객에게 바이럴 마케팅 캠페인을 시작하는 계획을 씨딩 전략이라고 한다.

Viral marketing is the process of creating a video clip, image, message, e-book, or some other content in an effort to have the media passed on by individuals in a social network or by word-of-mouth.

바이럴 마케팅은 소셜 네트워크의 개개인들이나 입소문을 통해 미디어(미디어 창작물)가 전달되도록 하기 위해 비디오 클립, 이미지, 메시지, 전자책, 또는 기타 콘텐츠를 만드는 과정이다.

The immediacy and personalization of social networks and, more broadly, the web itself set up the environment for **viral marketing**.

소셜 네트워크의 즉각성과 개인화, 그리고 더 넓게는 웹 자체가 바이럴 마케팅을 위한 환경을 구축했다.

C. Product and Service Review Sites

A recent study found that about 70 percent of Americans consult either a user review site or an independent review site before **making a purchase**.

최근 연구에 따르면 미국인의 약 70%가 구매하기 전에 사용자 리뷰 사이트 또는 독립적 리뷰 사이트를 참조한다는 사실을 발견했다.

CNET, Urbanspoon, and Consumersearch are examples of **product and service review sites**.

CNET, Urbanspoon 그리고 Consumersearch는 제품 및 서비스 리뷰사이트의 사례이다.

When a company pays customers for their positive ratings on product user review sites, it may cross a **ethical** line.

제품 사용자 리뷰 사이트에 긍정적인 평가를 올린 고객에게 금액(보상금)을 지불한다면, 그것은 회사가 윤리적 선을 넘는 것이다.

D. Online Brand Communities

P&G solicits meaningful interaction from customers on its website rather than at independent sites. P&G recognizes the value of **online brand communities**.

P&G는 독립적인 사이트가 아닌 자신의 웹사이트 내에서 고객과의 의미 있는 상호작용을 얻고자 한다. P&G는 온라인 브랜드 커뮤니티의 가치를 인식하는 것이다.

2) Assessing the Value of Social Media Marketing

> > > TOPIC 8-4. < < <

Legacy Promotional Approaches

ADVERTISING

Many people believe that advertising is synonymous with marketing. **(O)**
많은 사람들이 광고가 마케팅과 동의어라고 믿는다.

Newspaper is an example of measured media.
신문은 측정된 미디어의 사례이다.

1) Types of Advertising

Customers can quickly and easily become bored with any given advertising campaign, a concept referred to as advertising **wearout**.
고객은 주어진 광고 캠페인에 빠르고 쉽게 싫증을 느낄 수 있으며, 이를 광고 감퇴라고 부른다.

A problem with advertising is that beyond a certain ad spending level, diminishing returns tend to set in. That is, market share stops growing—or even begins to decline—despite continued spending. This is known as **the advertising response function**.
광고의 문제는 특정 광고 지출 수준을 넘어서면 수익률이 감소하는 경향이 있다는 것이다. 즉, 지속적인 지출에도 불구하고 시장 점유율 증가가 멈추거나 심지어 감소하기 시작한다. 이를 광고반응함수라고 한다.

There are two major types of advertising: product advertising and **institutional** advertising.
광고에는 크게 두 가지 유형이 있다: 제품 광고와 기관 광고.

A. Institutional Advertising

The goal of **institutional** advertising is to promote an industry, company, family of brands, or some other issues broader than a specific product.

기관 광고의 목표는 산업, 회사, 브랜드 제품군 또는 특정 제품보다 더 광범위한 기타 문제를 홍보하는 것이다.

Institutional advertising is a particularly smart strategy during the early phases of the product life cycle and AIDA model in that it can enhance feelings of trust in potential customers. **(O)**

기관 광고는 잠재 고객에 대한 신뢰감을 높일 수 있다는 점에서 제품 수명 주기 및 AIDA 모델의 초기 단계에서 특히 현명한 전략이다.

B. Product Advertising

The goal of **product** advertising is to increase the purchase of a specific offering.

제품 광고의 목표는 특정 제공물의 구매를 늘리는 것이다.

The vast majority of advertising is **product** advertising.

광고의 대부분은 제품 광고이다.

Pioneering advertising tends to be used during the introductory and early growth stages of the product life cycle. **(O)**

개척 광고는 제품 수명 주기의 도입기 및 성장기 초기에서 사용되는 경향이 있다.

(주. 개척 광고는 카테고리를 새롭게 개척하는 광고를 말한다)

From an AIDA model perspective, **pioneering** advertising seeks to gain awareness and initial interest and is used mostly in the early growth stages of a product.

AIDA 모델 관점에서 개척 광고는 인지도와 초기 관심을 얻고자 하며 제품의 성장기 초반에 주로 사용된다.

Competitive advertising is one of the three principal types of product advertising.

경쟁 광고는 제품 광고의 세 가지 주요 유형 중 하나이다.

(주. 제품 광고 세 가지 주요 유형은 개척 광고, 경쟁 광고, 그리고 비교 광고이다)

Competitive advertising is heavily used during the growth and early maturity stages of the product life cycle.

경쟁 광고는 제품 수명 주기의 성장기, 그리고 성숙기 초기에서 많이 사용된다.

Marketing managers employ **competitive** advertising to build sales of a specific brand.

마케팅 매니저는 특정 브랜드의 판매를 구축하기 위해 경쟁 광고를 사용한다.

When two or more brands are reviewed against each other on certain attributes, it is considered **comparative** advertising.

두 개 이상의 브랜드가 특정 속성에 대해 서로 비교 검토되는 경우 비교 광고로 간주된다.

Comparative advertising is common during the maturity stage of the product life cycle, but you should avoid this if your brand is the leader.

비교 광고는 제품 수명 주기의 성숙기에서 흔히 볼 수 있는 일이지만, 자신의 브랜드가 리더라면 이를 피해야 한다.

Comparative advertising works well when a brand **is not the leader in its product category**.

비교 광고는 브랜드 제품 범주에서 리더가 아닐 때 효과가 좋다.

2) Advertising Execution and Media Types

The **higher** the reach and frequency, the higher the cost of an advertising campaign will be.
도달과 빈도가 높을수록 광고 캠페인의 비용은 더 높아진다.

Frequency measures the average number of times a person in a target market is exposed to the message.
빈도는 타겟 시장의 한 사람이 메시지에 노출되는 평균 횟수를 측정한 .

The way an advertisement communicates the information and image is called advertising **execution**.
광고가 정보와 이미지를 전달하는 방식을 광고 실행이라고 한다. (기출. advertising result가 아님)

Approaches to Advertising Execution 광고 실행 접근법 (주. 응용문제에 자주 출제됨)
- Slice of Life 일상의 단면
- Humor 유머
- Mood / Affect 기분 / 분위기
- Research-Based 리서치 기반
- Demonstration 시연
- Musical 음악
- Endorser 보증인
- Lifestyle 라이프스타일
- Fantasy Creation 판타지 창조
- Animation and Animal 애니메이션 및 동물

Fantasy creation, an approach to advertising execution, offers an imaginative look at how it might be if a customer purchases a product.
광고 집행에 대한 접근법인 판타지 창조는 고객이 제품을 구매할 경우 어떤 결과가 나올지 상상력 있게 보여준다.

Advertising Media

Among advertising media, **direct mail** offers the advantage of high audience selectivity.

광고 매체 중, 직접 우편은 높은 오디언스 선택성이라는 이점을 제공한다.

(주. 직접 우편은 개개인에게 직접 우편물을 보내는 광고이다. 즉 수신인을 선별해야 하는 과정을 거친다)

Among advertising media, **online and social media** offers the advantage of interactive capabilities.

광고 매체 중, 온라인 및 소셜 미디어 매체는 상호작용적 능력이라는 이점을 제공한다.

Newspapers are effective as an advertising medium because they **are a highly credible medium**.

신문은 매우 신뢰할 수 있는 매체이기 때문에 광고 매체로서 효과적이다.

3) The Role of the Creativity Agency

SALES PROMOTION

Sales promotion can be aimed directly at end-user consumers, or it can be targeted to members of a channel on which a firm relies to sell products. **(O)**

세일즈 프로모션은 최종 사용자 소비자를 직접 겨냥하거나, 기업이 제품 판매에 의존하는 채널의 멤버들을 타겟으로 할 수 있다.

Sales promotion is a promotion mix element that provides an inducement for an end-user consumer to buy a product or for a salesperson or someone else in the channel to sell it. **(O)**

세일즈 프로모션은 최종 사용자 소비자가 제품을 구입하거나 영업사원 또는 채널의 다른 사용자가 제품을 판매하도록 유도하는 프로모션 믹스 요소이다.

1) Sales Promotion to Consumers

Consumer Sales Promotion Options 소비자 세일즈 프로모션 옵션
- Product sampling 제품 샘플링
- Coupons 쿠폰
- Rebates 리베이트
- Contests and sweepstakes 콘테스트와 스윕스테이크
- Premiums 프리미엄(특별 증정품)
- Multiple-purchase offers 복수 구매 제공물
- Point-of-purchase materials POP 홍보물
- Product placements 제품 배치(PPL)
- Loyalty programs 로열티 프로그램

Rebates refer to a price reduction for purchase of a specific product during a specific time period.

리베이트는 특정 기간 동안 특정 제품을 구매할 때 해 주는 가격 인하를 말한다.

Coupons is a consumer sales promotions options where an instant price reduction is given at the point of sale.

쿠폰은 판매 시점에 즉시 가격을 인하하는 소비자 세일즈 프로모션 옵션이다.

"Buy 1, get 1 half price" is an example of the sales promotion approach of **multiple-purchase offers**.

"한 개 사면 그 다음 한 개는 반값"는 복수 구매 제공물이라는 세일즈 프로모션 접근 방식의 사례이다.

2) Sales Promotion to Channel Members

When targeted to members of a channel on which a firm relies to sell a product, **sales promotion** is an important element of a push strategy.
기업이 제품을 판매하기 위해 의존하는 채널의 멤버들을 대상으로 할 때 세일즈 프로모션은 푸시 전략의 중요한 요소이다.

A car dealership receives a bonus from the manufacturer if it sells more hybrid cars than it did the previous year. This is called **an allowance**.
자동차 대리점은 하이브리드 자동차가 전년보다 더 많이 팔리면 제조업체로부터 보너스를 받는다. 이를 얼라우언스라고 한다.

Trade shows are a form of sales promotion to channel members.
트레이드 쇼는 채널 멤버들을 대상으로 하는 세일즈 프로모션의 한 형태이다.

A trade show is an industry- or company-sponsored event in which booths are set up for the dissemination of information about offerings to members of a channel. **(O)**
트레이드쇼는 채널의 멤버들에게 제공물에 대한 정보를 배포하기 위해 부스가 설치되는 산업 또는 회사가 후원하는 행사이다.

Bonus payments, prizes, trips, and other incentives to induce a salesperson to push one product over another are forms of **internal** sales promotion.
영업사원이 한 제품을 다른 다음 단계로 푸시하도록 유도하는 보너스 지급, 시상, 여행, 기타 인센티브는 내부 세일즈 프로모션의 한 형태이다. (주. 이와 같은 프로모션 도구는 consumer sales promotion이 아님)

With a push strategy, much of the intensive promotional activities take place from the manufacturer downward through the channel of distribution. **(O)**
푸시 전략을 사용하면 집중적인 세일즈 프로모션 활동의 대부분이 제조업체에서 유통 경로를 통해 아래로 진행된다.

PUBLIC RELATIONS

Public relations is a systematic approach to influencing attitudes, opinions, and behaviors of customers and others. **(O)**

PR은 고객과 다른 사람들의 태도, 의견, 행동에 영향을 미치는 체계적인 접근법이다.

Public relations is a specialized field. **(O)**

PR은 전문적 분야이다.

(주. 우수한 PR 인력들에 대한 수요가 높으며, 많은 PR 전문가들이 전문적인 커뮤니케이션 교육을 받고 있다)

PR의 세 가지 핵심 기능

1) Gaining Product Publicity and Buzz

2) Securing Event Sponsorships

3) Crisis Management

PERSONAL SELLING

Personal selling is a two-way communication process with the goal of securing, building, and maintaining long-term relationships with profitable customers.

인적 판매는 수익성이 높은 고객과의 장기적인 관계를 확보하고, 구축하고, 그리고 유지하기 위한 양방향 커뮤니케이션 프로세스이다.

Salespeople and the personal selling function are the most effective approach for establishing and enhancing the personal relationship between company and customer. **(O)**

영업 사원과 개인 판매 기능은 회사와 고객 간의 개인적인 관계를 수립하고 강화하는 가장 효과적인 방법이다.

Personal selling offers three distinct advantages over other marketing communications methods:

인적 판매의 세 가지 독특한 장점

- Immediate feedback to the customer. 고객에게 즉각적인 피드백
- Ability to tailor the message to the customer. 고객에게 메시지를 맞춤화할 수 있는 능력
- Enhance the personal relationship between company and customer. 회사와 고객 간 개인적 관계의 증진

Immediate feedback is one of the three distinct advantages of personal selling.

즉각적인 피드백은 개인 판매의 세 가지 뚜렷한 장점 중 하나이다.

Enhancing language and overall communication skills is an example of a nontechnology communication selling activity.

언어 및 전반적인 의사소통 능력 향상은 비테크놀로지적 커뮤니케이션 판매 활동의 사례이다.

1) Activities in Personal Selling

Four basic selling activities composed of dozens of individual tasks define the salesperson's job:
네 가지 기본적인 판매 활동
- Communicate 커뮤니케이트
- Sell 판매
- Build customer relationships 고객 관계 구축
- Manage information 정보의 관리

Managing information best describes a salesperson's job.
정보 관리는 영업사원의 직무를 가장 잘 설명해 준다. (주. 여기서 말하는 정보는 고객에 대한 정보를 말한다)

A. Communicate

B. Sell

C. Build Customer Relationships

Personal relationship with a customer is a distinct advantage that personal selling offers over other marketing communications methods.
고객과의 개인적인 관계는 인적 판매가 다른 마케팅 커뮤니케이션 방법에 비해 제공하는 뚜렷한 장점이다.

D. Information Management

2) Sales in B2C versus B2B Markets

The main difference between B2C and B2B markets is **services sold by B2B salespeople are more expensive and technically complex than those in B2C.**
B2C 시장과 B2B 시장의 주요 차이점은 B2B 영업 사원에 의해 판매되는 서비스는 B2C 서비스보다 더 비싸고 기술적으로 복잡하다는 것이다.

3) Classifying Sales Positions

Trade Servicer | 트레이드 서비스 제공자

Missionary Seller | 미셔너리 판매자

Technical Seller | 테크니컬 판매자

Solution Seller | 솔루션 판매자

A. Trade Servicer

B. Missionary Seller

Missionary salespeople often do not take orders from customers directly but persuade customers to buy their firm's product from distributors or other suppliers.

미셔너리 영업사원들은 고객들로부터 직접 주문을 받지는 않으며 고객들이 유통업체나 다른 공급업체로부터 회사 제품을 구매하도록 설득한다.

C. Technical Seller

예: 보잉 사에 엔진을 판매하는 GE의 영업사원 등

D. Solution Seller

Key account salespeople are those who are responsible for managing large accounts and are skilled in developing complex solutions to a particular customer problem.

핵심 거래처 영업사원은 대규모 고객 관리를 책임지고 특정 고객 문제에 대한 복잡한 솔루션을 개발하는 데 능숙한 사람들이다.

4) The Personal Selling Process

Prospect for Customers | 가망 고객 발굴

Open the Relationship | 관계 맺기 시작

Qualify the Prospect | 가망 고객 선별

Sales Presentation | 세일즈 프리젠테이션

Handle Objections | 반대 의견 처리

Close the Sale | 세일즈 클로징

Follow-up | 후속 조치

A. Prospect for Customers

Outbound telemarketing involves calling potential customers at their home or office.
아웃바운드 텔레마케팅은 가정이나 사무실에서 잠재 고객에게 전화를 거는 것을 포함한다.

Prospective customers call a toll-free number for more information. This is used to identify and qualify prospects and is considered **inbound telemarketing**.
잠재 고객은 자세한 정보를 위해 수신자 부담 전화 번호로 전화를 걸 수 있다. 이는 잠재고객을 알아내고 선별하는 데 사용되며 인바운드 텔레마케팅으로 간주된다.

B. Open the Relationship

C. Qualify the Prospect

D. Sales Presentation

The delivery of information relevant to meet the customer's needs is called a **sales presentation**.
고객의 니즈를 충족하기 위하여 적절한 정보를 전달하는 것을 세일즈 프리젠테이션이라고 한다.

The goal of sales presentation is not simply to make the sale but to create a strong value proposition that will lead to a mutually beneficial long-term relationship. **(O)**
세일즈 프레젠테이션의 목표는 단순히 거래를 따내는 것이 아니라 상호 이익이 되는 장기적인 관계로 이어질 수 있는 강력한 가치 제안을 만드는 것이다.

To communicate the message in a sales presentation, the first step is to set goals and objectives. **(O)**
세일즈 프레젠테이션에서 메시지를 전달하기 위한 첫 번째 단계는 목표와 세부목표를 설정하는 것이다.

Five principal goals for sales presentation 세일즈 프리젠테이션의 다섯 가지 목표:
- Educate the customer by providing enough knowledge about the company's products. 회사의 제품에 대한 충분한 지식을 제공함으로써 고객을 교육함
- Get the customer's attention. 고객의 주목을 이끌어 냄
- Build interest for the company's products. 회사의 제품에 대한 관심을 구축함
- Nurture the customer's desire and conviction to purchase. 구매에 대한 고객의 욕구와 확신을 높임
- Obtain a customer commitment to action (purchase). 행동(구매)이 일어나도록 고객의 확신을 얻음

Four characteristics of a great sales presentation. 훌륭한 세일즈 프리젠테이션의 네 가지 특징
- Explains the value proposition 가치 제안을 설명함
- Asserts the advantages and benefits of the product 제품의 장점과 혜택을 주장함.
- Enhances the customer's knowledge of the company, product, and services. 회사, 제품, 그리고 서비스에 대한 고객 지식을 개선함
- Create a memorable experience 기억될 경험을 만듦

What is the value-added of the product? is addressed by an effective sales presentation?
"제품의 부가가치는 무엇인가"라는 질문은 효과적인 세일즈 프리젠테이션에 의해 답변될 수 있다.

Explaining the value proposition is one of the four characteristics of a great sales presentation.
가치제안을 설명하는 것은 훌륭한 영업 프레젠테이션의 네 가지 특징 중 하나이다.

E. Handle Objections

Salespeople consistently report that price is the most common customer apprehension. **(O)**
영업사원들은 항상 가격이 가장 일반적인 고객의 관심사라고 말한다.

F. Close the Sale

Closing the sale is obtaining commitment from the customer to make the purchase.
영업 클로징은 고객으로부터 구매 확답을 받는 것이다.

Too much talking is one of the critical mistakes made in closing a sale.
말을 너무 많이 하는 것은 영업을 클로징 할 때 발생하는 중요한 실수 중 하나이다.

G. Follow-up

Following up with customers is the last stage of the personal selling process.
고객 후속 조치는 인적 판매 프로세스의 마지막 단계이다.

One of the most critical aspects to the selling process is not what happens before the purchase decision but what happens after, the follow-up. **(O)**
판매 프로세스에서 가장 중요한 측면 중 하나는 구매 결정 전에 발생하는 것이 아니라 이후에 발생하는 후속 조치이다.

5) Organizing the Sales Force

A. Company Sales Force or Independent Agents

The decision to use independent agents or a company sales is determined based on **strategic flexibility**
독립적인 대리점을 사용할 것인지 회사 직영 영업을 할 것인지는 전략적 유연성에 따라 결정된다.

Using independent sales agents is referred to as **outsourcing the sales force**
독립 영업 대리점을 사용하는 것을 영업 조직 아웃소싱이라고 한다.

Four Decision Factors 네 가지 의사 결정 요인
- Economic 경제성
- Control 통제성
- Transaction costs 거래 비용
- Strategic flexibility 전략적 유연성

Transaction cost is one of the four factors used when deciding whether to use independent sales people.
거래 비용은 독립 영업 사원의 사용 여부를 결정할 때 사용되는 네 가지 요소 중 하나이다.

| Geographic Orientation(Organization) | 지리적 지향성(조직) |

| Product Organization | 제품별 조직 |

| Customer Type or Market Segmentation | 고객 유형별 또는 세분시장별 조직 |

B. Geographic Orientation(Organization)

The simplest method of sales force organization is **geographic orientation**.
가장 간단한 영업 조직 구성 방법은 지리적 지향성이다.

The disadvantage of geographic sales orientation is **it does not support specialization of labor**.
지리적 영업 지향성의 단점은 노동의 전문화를 지원하지 않는다는 것이다.
(주. 지리적 영업 지향성 하에서는 특정 기능에 적합한 인력을 배치하는 것이 어렵다)

C. Product Organization

Product organization takes advantage of a salesperson's technical knowledge.
제품 조직은 영업 사원의 테크니컬한 지식을 활용한다.

The primary advantage of a **product** organization is that individual salespeople can develop familiarity with the technical attributes, applications, and most effective selling methods associated with a single product.
제품 조직의 주요 이점은 개별 영업 사원이 단일 제품과 관련된 테크니컬한 속성, 애플리케이션(응용), 그리고 가장 효과적인 판매 방법에 대한 익숙함을 높일 수 있다는 것이다.

D. Customer Type or Market Segmentation

6) Managing the Sales Force

A. Performance: Motivating the Sales Force

Salesperson performance is a function of five factors: (1) role perceptions, (2) aptitude, (3) skill level, (4) motivation, and (5) personal, organizational, and environmental factors.
영업사원 성과는 (1) 역할 인식, (2) 적성, (3) 스킬 수준, (4) 동기, (5) 개인, 조직, 환경 요인 등 5가지 요소의 함수이다.

Company marketing budget is one of the three organizational factors that influence a salesperson's performance.
회사의 마케팅 예산은 영업 사원의 성과에 영향을 미치는 세 가지 조직적 요인 중 하나이다.

There are two types of rewards – extrinsic and intrinsic.
리워드의 두 종류: 내적 리워드 및 외적 리워드

Feelings of accomplishment, personal growth, and self-worth are examples of **intrinsic** rewards.
성취감, 개인적 성장, 그리고 자존감는 내적 리워드의 사례이다.

Extrinsic rewards include pay, financial incentives, security, recognition, and promotion
외적 리워드에는 급여, 금전적 인센티브, 안정성, 인정(표창), 그리고 승진 등이 포함된다.
(기출. 포상으로 주어지는 크루즈 여행권은 외적 리워드에 속한다)

The individual's learned proficiency at performing necessary sales tasks is called **sales skill level**
필요한 영업 업무를 수행할 때 개인이 습득한 숙련도를 영업 스킬 수준이라고 한다.

B. Recruiting and Selecting Salespeople

C. Training

D. Compensation and Rewards

A **salary** is a fixed sum of money paid at regular intervals.
급여는 정기적으로 지불되는 고정 금액이다.

Incentives are to encourage better performance. (commission or bonus)
인센티브는 성과 개선을 독려하기 위한 것이다. (커미션 또는 보너스)

E. Evaluating Salesperson Performance

기출 응용문제

DOMAIN 1. MARKETING STRATEGY
TOPIC 1-1. Marketing Management Fundamentals

1. Marketing is relevant only to people in the organization who work directly in the marketing department.

A) True   B) False

2. Marketing often doesn't get the "respect" it deserves as a professional field of study, primarily because _____

A) compared to other business functions, it has had few useful metrics to measure its performance impact.

B) people generally don't understand what marketing is or what it does.

C) marketing is all about the emotion and less about facts.

D) marketing positions tend to pay less than other business functions.

E) it fails to impact the bottom line of the company and isn't factored into executive decisions.

3. Which of the following is NOT a facet of marketing?

A) research   B) advertising

C) brand development   D) public relations

E) recruiting

4. After a recent 140-day strike, the union members in California went back to work at area grocery stores. The union negotiated raises, better health care benefits, and a one-tier pay scale. The union may best be described as a(n) _____

A) governmental body   B) stakeholder

C) vendor   D) internal customer

E) management group.

DOMAIN 1. MARKETING STRATEGY
TOPIC 1-1. Marketing Management Fundamentals

1. 마케팅은 회사 내의 마케팅 부서에서 직접적으로 일하는 사람에게만 연관된다.

A) True   B) False

2. 마케팅은 전문적인 리서치 분야로서 마땅히 받아야 할 "존중"을 받지 못하는 경우가 많다. 그 주된 이유는 무엇인가?

A) 다른 비즈니스 기능과 비교해 볼 때, 마케팅에는 성과에 미치는 영향을 측정하는 데 유용한 측정치가 거의 없기 때문에

B) 사람들은 일반적으로 마케팅이 무엇인지 또는 마케팅이 무슨 일을 하는지 이해하지 못하기 때문에

C) 마케팅은 감정에 관한 것이지 사실에 관한 것이 아니기 때문에

D) 마케팅이라는 직무는 다른 비즈니스 기능보다 적은 급여를 받는 경향이 있기 때문에

E) 마케팅은 회사의 수익에 영향을 미치지 못하며 경영진의 의사결정에 반영되지 않기 때문에

3. 다음 중 마케팅의 한 가지 측면이라고 볼 수 없는 것은 무엇인가?

A) 리서치   B) 광고
C) 브랜드 개발   D) PR
E) 채용

4. 140일 간의 파업 후, 캘리포니아의 조합(노동조합)원들이 일터로 돌아갔다. 조합은 임금인상, 개선된 의료보험, 단일호봉제 등을 협의했다. 이러한 조합을 잘 나타내는 표현은 무엇인가?

A) 정부 기관   B) 이해관계자
C) 벤더(공급사)   D) 내부 고객
E) 경영 그룹

5. Bryan gets reduced fees for his daughter's piano lessons by maintaining her teacher's website. Bryan is practicing the central tenet of marketing called _____.

A) value   B) exchange

C) growth   D) sustainability

E) power

6. A medieval knight could not go to the armor maker and pick out a size 44 long suit of armor to protect him in battle. Nor could a person living in the middle ages go to the cobbler and get a pair of shoes in a few minutes. This period before the advent of marketing is known as the _____.

A) Industrial Revolution   B) mass production era

C) Dark Ages   D) pre-industrial revolution

E) sales orientation era

7. Which of the following is NOT part of the marketing mix?

A) product   B) place

C) promotion   D) price

E) policy

8. The Clean-O company makes a cleanser for the hospital and nursing home market that is guaranteed to kill 99 percent of Staphylococcus germs, a major concern for medical facilities. Unlike other companies, Clean-O is not interested in pursuing the consumer market. In this case, Clean-O has adopted a _____ orientation.

A) market   B) mass customization

C) differentiation   D) relationship

E) product

5. Brian은 딸의 피아노 선생님의 웹사이트를 관리해 주면서, 딸의 레슨비를 할인 받는다. Brian은 _____(이)라는 마케팅의 중심 원칙을 실천하고 있는 것이다.

A) 가치   B) 교환
C) 성장   D) 지속가능성
E) 파워

6. 중세시대의 기사는 전투에서 자신을 보호하기 위해 갑옷 제작자에게 가서 44 사이즈의 갑옷을 고를 수 없었다. 또한 중세시대에 사는 사람은 구두장이에게 가서 몇 분 안에 신발을 살 수도 없었다. 현대적인 의미의 마케팅이 출현하기 이전의 이 시기를 _____(이)라고 한다.

A) 산업 혁명   B) 대량 생산 시대
C) 다크 에이지   D) 산업 혁명 이전
E) 영업 지향 시대

7. 다음 중 마케팅 믹스의 일부가 아닌 것은 무엇인가?

A) 제품   B) 장소
C) 프로모션   D) 가격
E) 정책

8. Clean-O사는 의료 기관들의 주요 우려사항인 포도상구균 99% 살균을 보장하는 병원 및 요양원 시장을 위한 클렌저를 만든다. Clean-O는 다른 업체와 달리 소비자 시장 공략에는 관심이 없다. 이 경우 Clean-O는 _____지향성을 채택했다고 볼 수 있다.

A) 시장   B) 대량 맞춤화
C) 차별화   D) 관계
E) 제품

9. Hannah's alterations business works around the needs of the customer by providing hours of operation that vary throughout the week, including some evening and weekend hours. It could be said that Hannah's business is _____

A) differentiated   B) customer-centric

C) market oriented   D) product oriented

E) socially responsible

10. A local landscaping company works hard to keep and cultivate profitable current customers instead of constantly investing in gaining new customers that come with unknown return on investment. This company has a _____ orientation.

A) sales   B) differentiation

C) market   D) production

E) relationship

11. Satern Brothers provides accounting services to small business. Before and after tax season, the partners meet with each client company. They send a monthly newsletter to update clients with tax changes. The firm's business practices mainly focus on keeping profitable current customer rather than gaining new customers. Satern Brothers has adopted a _____ orientation approach.

A) market   B) mass customization

C) differentiation   D) relationship

E) product

12. To significantly enhance customer choices, Levi combines flexible manufacturing with flexible marketing. Customers may visit the Levi's clothing website or some company-owned stores and order a pair of jeans that will be made especially for them. Levi's has adopted a _____ orientation approach.

A) market   B) mass customization

C) differentiation   D) product

E) relationship

9. Hannah의 의류수선업은 영업시간을 고객의 니즈에 맞추어 일부 요일은 저녁에도 하고, 주말에도 영업하기도 한다. Hannah의 비즈니스는 어떻다고 말할 수 있을까?

A) 차별화되었다   B) 고객 중심적이다

C) 시장 지향적이다   D) 제품 지향적이다

E) 사회적으로 책임을 진다

10. 한 조경 업체는 투자수익률을 알 수 없는 신규 고객을 유치하기 위해 끊임없이 투자하는 대신 수익성 높은 현재 고객을 지키고 육성하기 위해 노력하고 있다. 이 회사는 _____지향성을 갖고 있다.

A) 영업   B) 차별화

C) 시장   D) 생산

E) 관계

11. Satern Brothers는 소기업을 위한 회계서비스를 제공한다. 이 파트너들은 세금 납부시즌 전후에, 이들은 고객사들을 만난다. 그리고 매월 뉴스레터를 보내 세금 변동사항 등을 업데이트해 준다. 이 회사의 비즈니스 관행은 새로운 고객을 얻기 보다는 고수익 고객을 지키는 것이다. Satern Brothers는 어떤 지향성을 채택하고 있는가?

A) 시장   B) 대량 맞춤화

C) 차별화   D) 관계

E) 제품

12. 고객의 선택을 크게 개선하기 위해 Levi's는 유연한 제조와 유연한 마케팅을 결합한다. 고객들은 Levi's 의류 웹사이트나 몇몇 회사 소유의 상점을 방문하여 그들을 위해 특별히 만들어질 청바지를 주문할 수 있다. Levi's는 _____지향성을 채택한 것이다.

A) 시장   B) 대량 맞춤화

C) 차별화   D) 제품

E) 관계

13. Today customers have limitless access to facts about companies, products, competitors, other customers, and even detailed elements of marketing plans and strategies. In the context of change drivers impacting the future of marketing, this reflects the _____.

A) shift in information power from marketer to customer

B) shift to demanding return on marketing investment

C) shift in generational values and preferences

D) shift to distinguishing Marketing (Big M) from marketing (little m)

E) shift to product glut and customer shortage

14. Claire and her mother are both in marketing positions. Claire's job is satisfying to her primarily because it gives her a flexible schedule and pays well so she can take vacations with her friends. Her mother chose a job that provides health benefits and structured work with regular hours. This demonstrates shifts in _____ that can influence work life versus family life.

A) generational values and preferences

B) information power from marketer to customer

C) product glut and customer shortage

D) buying power from customer to marketer

E) competitive influences

15. GenY consumers tend to value relationships with marketers like State Farm Insurance in exactly the same way as the prior generations.

A) True   B) False

16. The Girl Scouts introduced a cookie finder app in 2013. In the context of change drivers impacting the future of marketing, this reflects the _____.

A) shift to product glut and customer shortage

B) shift in power from marketer to customer

C) shift in generational values and preferences

D) shift to distinguishing Marketing (Big M) from marketing (little m)

E) shift to justifying the relevance and payback of the marketing investment

13. 오늘날 고객은 기업, 제품, 경쟁업체, 기타 고객에 대한 사실 뿐만 아니라 마케팅 플랜과 전략의 세부 요소에 대해서도 무제한으로 액세스할 수 있다. 마케팅의 미래에 영향을 미치는 변화 요인의 맥락에서 이는 _____을(를) 반영한다.

A) 마케터에서 고객으로 정보 파워의 이동

B) 마케팅 투자 수익률을 요구하는 방향으로 이동

C) 세대별 가치관과 선호도의 이동

D) 빅M과 리틀m을 구분하는 방향으로 이동

E) 제품 과잉과 고객 부족으로 변화

14. Claire와 그녀의 어머니는 둘 다 마케팅 업무를 맡고 있다. Claire의 직업은 주로 그녀에게 만족스러운 일이다. 왜냐하면 그것은 그녀에게 유연한 스케줄을 제공하고 그녀가 친구들과 휴가를 보낼 수 있도록 많은 급여를 지급하기 때문이다. (Claire와 달리) 그녀의 어머니는 건강보험 혜택과 규칙적인 근무 시간을 제공하는 직업을 선택했다. 이것은 직장 생활 대 가족 생활에 영향을 미칠 수 있는 _____의 변화를 보여준다.

A) 세대별 가치관과 선호도

B) 마케터에서 고객에 이르기까지의 정보의 파워

C) 제품 과잉과 고객 부족

D) 고객에서 마케터로의 구매 파워의 이동

E) 경쟁적 영향력

15. Y세대 소비자들은 State Farm Insurance와 같은 회사의 마케터들과의 관계에 가치를 부여하는 경향이 있는데, 그들이 이러한 행동을 할 때 이전 세대가 하던 방식과 똑같이 한다.

A) 맞음   B) 틀림

16. 걸스카우트는 2013년에 걸스카우트 쿠키를 판매하는 곳을 알려 주는 쿠키 파인더 앱을 출시했다. 마케팅의 미래에 영향을 미치는 변화 요인의 맥락에서 이는 _____(을)를 반영한다.

A) 제품 과잉과 고객 부족으로 이동

B) 마케터에서 고객으로의 파워 이동

C) 세대별 가치관과 선호도의 이동

D) 빅M과 리틀m을 구분하는 방향으로 이동

E) 마케팅 투자의 타당성과 투자 회수를 정당화하는 방향으로 전환

17. The Bazooka brand of candy revamped its package inserts by changing from comic strips to quizzes and brainteasers that direct kids to digital content. In the context of change drivers impacting the future of marketing, this reflects the _____.

A) shift to product glut and customer shortage

B) shift in information power from marketer to customer

C) shift in generational values and preferences

D) shift to distinguishing Marketing (Big M) from marketing (little m)

E) shift to justifying the relevance and payback of the marketing investment

18. For successful Marketing (Big M), customer orientation must be understood by _____.

A) an organization's competitors

B) the top management only

C) an organization's suppliers

D) the existing customers

E) everyone in the organization

19. Microsoft's revolution of the information field and Disney's creation of the modern theme park industry are classic examples of _____.

A) marketing mix

B) marketing (little m)

C) pro-social marketing

D) green marketing

E) market creation

20. DeWanda's business spent a large amount of time determining its brand image and how it would deliver its message to its customers. These are elements of _____.

A) Marketing (Big M)

B) marketing (little m)

C) strategic marketing

D) the supply chain

E) stakeholder relations

17. Bazooka라는 캔디 브랜드는 어린이들에게 디지털 콘텐츠를 보여주는 방식을 기존의 만화에서 퀴즈와 두뇌 티저로 변경함으로써 패키지 삽입물을 변경했다. 마케팅의 미래에 영향을 미치는 변화 요인의 맥락에서, 이는 _____(을)를 반영한다.

A) 제품 과잉과 고객 부족으로 이동

B) 마케터에서 고객으로 정보 파워의 이동

C) 세대별 가치관과 선호도의 이동

D) 빅M과 리틀m을 구분하는 방향으로 이동

E) 마케팅 투자의 타당성과 투자 회수를 정당화하는 방향으로 이동

18. 성공적인 빅M을 위해서는 _____(이)가 고객 지향성을 이해해야 한다.

A) 조직의 경쟁자들 B) 최고 경영진만

C) 조직의 공급자들 D) 기존 고객들

E) 조직의 모든 사람들

19. Microsoft의 정보 분야에서의 혁명과 Disney의 현대적인 테마파크 산업의 창조는 _____의 고전적인 사례이다.

A) 마케팅 믹스 B) 리틀m

C) 친사회적 마케팅 D) 녹색 마케팅

E) 시장 창출

20. DeWanda의 비즈니스는 브랜드 이미지와 고객에게 메시지를 전달하는 방법을 결정하는 데 많은 시간을 보냈다. 이것들은 _____의 요소들이다.

A) 빅M B) 리틀m

C) 전략적 마케팅 D) 공급망

E) 이해관계자 관계

21. In the context of change drivers impacting the future of marketing, the way a firm looks at strategy and tactics is reflected in the _____.

A) shift to product glut and customer shortage

B) shift in power from marketer to customer

C) shift in generational values and preferences

D) shift to distinguishing Marketing (Big M) from marketing (little m)

E) shift to justifying the relevance and payback of the marketing investment

22. In the context of change drivers impacting the future of marketing, marketing tactics such as designing the elements of the marketing mix are reflected in the _____.

A) shift to product glut and customer shortage

B) shift in power from marketer to customer

C) shift in generational values and preferences

D) shift to distinguishing Marketing (Big M) from marketing (little m)

E) shift to justifying the relevance and payback of the marketing investment

23. If aspects of marketing can't be measured, they can still be managed.

A) True   B) False

24. Which of the following is LEAST likely to be true regarding marketing metrics?

A) The topic of marketing metrics has been one of the highest priorities for most MSI member companies.

B) Appropriate and effective marketing metrics help identify, track, evaluate, and provide key benchmarks for improvement.

C) Although marketing carries a stigma as a cost center, metrics such as ROI cannot indicate marketing success.

D) Effective management of the various aspects of marketing requires quantification of objectives and results.

E) The marketing plan is one of the most important elements of a business plan and effective planning requires metrics.

21. 마케팅의 미래에 영향을 미치는 변화 요인의 맥락에서, 기업이 전략과 전술을 바라보는 방식은 _____에 반영된다.

A) 제품 과잉과 고객 부족으로 이동

B) 마케터에서 고객으로의 권력 이동

C) 세대별 가치관과 선호도의 이동

D) 빅M과 리틀m을 구분하는 방향으로 이동

E) 마케팅 투자의 타당성과 투자 회수를 정당화하는 방향으로 이동

22. 마케팅의 미래에 영향을 미치는 변화 요인의 맥락에서, 마케팅 믹스의 요소들을 디자인(설계)하는 것과 같은 마케팅 전술은 _____에 반영된다.

A) 제품 과잉과 고객 부족으로 이동

B) 마케터에서 고객으로 파워의 이동

C) 세대별 가치관과 선호도의 이동

D) 빅M과 리틀m을 구분하는 방향으로 이동

E) 마케팅 투자의 타당성과 투자 회수를 정당화하는 방향으로 이동

23. 마케팅의 다양한 측면들을 측정할 수 없다고 해도, 관리는 여전히 가능하다.

A) 맞음   B) 틀림

24. 다음 중 마케팅 메트릭스와 관련하여 사실과 거리가 먼 것은 무엇인가?

A) 마케팅 메트릭스라는 주제는 대부분의 MSI 회원사들에게 가장 높은 우선순위 중 하나였다.

B) 적절하고 효과적인 마케팅 메트릭스는 개선을 위한 주요 벤치마크를 식별하고, 추적하고, 평가하고, 제공하는 데 도움이 된다.

C) 마케팅은 비용 센터라는 오명을 가지고 있지만, ROI와 같은 메트릭스는 마케팅 성공을 제대로 나타낼 수 없다.

D) 마케팅의 다양한 측면을 효과적으로 관리하기 위해서는 목표와 결과의 정량화가 필요하다.

E) 마케팅 플랜은 비즈니스 플랜의 가장 중요한 요소 중 하나이며 효과적인 플랜에는 메트릭스가 필요하다.

25. Shari's manager asked her to identify, track, evaluate, and provide key benchmarks for improvement in her marketing department. To do this, Shari used _____.

A) marketing metrics

B) market research

C) the marketing mix

D) market creation

E) strategic marketing

26. Appropriate and effective marketing metrics must be designed to identify, track, evaluate, and provide key benchmarks for improvement. In the context of change drivers affecting the future of marketing, this reflects the _____.

A) shift to justifying the relevance and payback of the marketing investment

B) shift to product glut and customer shortage

C) shift to distinguishing Marketing ("Big M") from marketing ("little m")

D) shift in generational values and preferences

E) shift in information power from marketer to customer

25. Shari의 매니저는 Shari에게 마케팅 부서의 개선을 위한 주요 벤치마크를 식별하고, 추적하고, 평가하고, 제공하도록 요청했다. 이를 위해 Shari는 _____(을)를 사용했다.

A) 마케팅 메트릭스

B) 마켓 리서치

C) 마케팅 믹스

D) 시장 창출

E) 전략적 마케팅

26. 개선을 위한 주요 벤치마크를 식별하고, 추적하고, 평가하고, 제공하기 위해 적절하고 효과적인 마케팅 메트릭스를 설계해야 한다. 마케팅의 미래에 영향을 미치는 변화 요인의 맥락에서, 이것은 _____을(를) 반영한다.

A) 마케팅 투자의 타당성과 투자 회수를 정당화하는 방향으로 이동

B) 제품 과잉과 고객 부족으로 이동

C) 빅M과 리틀m을 구분하는 방향으로 이동

D) 세대별 가치관과 선호도의 이동

E) 마케터에서 고객으로 정보 파워의 이동

TOPIC 1-2. Market Planning and Strategy

1. When a firm communicates the value proposition of its products to customers, the value message only includes the benefits of the product.

A) True   B) False

2. Joelle bought a new Coach purse for herself as a birthday present. She had never spent that much on a purse, but decided it was worth it because it was so elegant. This demonstrates how a customer's perception of _____ can influence buying behavior.

A) exchange   B) utility

C) place   D) competition

E) value

3. Value is some type of utility that a company and its products provide for customers.

A) True   B) False

4. Samsung's first value proposition when the brand was launched in the United States was price and functionality.

A) True   B) False

5. Starbucks is known to have shops located in close proximity to enable customers to shop conveniently. It appears that the coffee shop chain is offering place utility.

A) True   B) False

6. For firms interested in building long-term customer relationships, having satisfied customers is enough to ensure the relationship is going to last.

A) True   B) False

TOPIC 1-2. Market Planning and Strategy

1. 기업이 고객에게 제품의 가치 제안을 전달할 때 가치 메시지에는 제품의 혜택(benefit)만이 포함된다.

A) 맞음   B) 틀림

2. Joelle은 자신을 위한 생일 선물로 새 Coach 지갑을 샀다. 그녀는 지갑을 사는 데 그렇게 많은 돈을 쓴 적이 없었지만, 그것이 매우 예뻤기 때문에 그럴 가치가 있다고 판단했다. 이는 _____에 대한 고객의 인식이 구매 행동에 어떻게 영향을 미칠 수 있는지를 보여준다.

A) 교환   B) 효용

C) 장소   D) 경쟁

E) 가치

3. 가치는 회사와 회사의 제품이 고객에게 제공하는 유틸리티의 일종이다.

A) 맞음   B) 틀림

4. 삼성이 미국에서 브랜드를 론칭했을 때 가장 먼저 제시한 가치는 가격과 기능성이었다.

A) 맞음   B) 틀림

5. 스타벅스는 고객들이 편리하게 쇼핑을 할 수 있도록 가까운 곳에 매장을 두고 있는 것으로 알려져 있다. 스타벅스는 장소 유틸리티를 제공한다고 볼 수 있다.

A) 맞음   B) 틀림

6. 장기적인 고객 관계 구축에 관심이 있는 기업의 경우 고객을 만족시키는 것만으로도 관계가 지속될 수 있다.

A) 맞음   B) 틀림

7. As long as all activities in the value chain are working well, managers do not need to be concerned with aligning the activities.

A) True   B) False

8. A window manufacturer has trouble getting glass for its high-end windows. Of the five primary activities in the value chain, this problem is most likely to occur in _____.

A) inbound logistics   B) operations

C) outbound logistics   D) marketing and sales

E) service

9. Sean attributes the success of his video game arcade to advertising on the most popular website for gamers. Recently, the website raised ad prices, so Sean has cut his advertising in half. He believes that positive word-of-mouth will be enough now that his game is well established. However, sales are slipping. Of the five primary activities in the value chain, this problem is most likely to occur in _____.

A) inbound logistics   B) operations

C) outbound logistics   D) marketing and sales

E) service

10. Dave is a close-up magician who is famous for his card tricks. He creates and sells DVDs of his magic tricks. Lately he has been having some trouble getting the DVDs produced in a timely manner. Of the five primary activities in the value chain, this problem is most likely to occur in

_____.

A) inbound logistics   B) operations

C) outbound logistics   D) marketing and sales

E) service

7. 가치 사슬의 모든 활동이 잘 작동하는 한, 관리자는 활동을 조정하는 데 신경 쓸 필요가 없다.

A) 맞음　　　　　　　　　　　　　　B) 틀림

8. 한 창호 제조업체에서 고급 창호에 사용할 유리를 구하는 데 어려움을 겪고 있다. 가치사슬의 다섯 가지 주요 활동 중에서 이 문제는 _____에서 발생할 것이다.

A) 인바운드 물류　　　　　　　　　B) 운영

C) 아웃바운드 물류　　　　　　　　D) 마케팅과 판매

E) 서비스

9. Sean은 그의 비디오 아케이드 게임의 성공을 게이머들에게 가장 인기 있는 웹사이트의 광고 덕분이라고 생각한다. 최근에, 그 웹사이트는 광고 가격을 올렸고, 그래서 Sean은 그의 광고를 반으로 줄였다. 그는 자신의 게임이 시장에 자리를 잡았으니 긍정적인 입소문만으로도 충분할 것이라고 믿고 있다. 하지만 매출은 떨어지고 있다. 가치사슬의 다섯 가지 주요 활동 중에서 이 문제는 _____에서 발생할 것이다.

A) 인바운드 물류　　　　　　　　　B) 운영

C) 아웃바운드 물류　　　　　　　　D) 마케팅과 영업

E) 서비스

10. Dave는 카드 마술로 유명한 클로즈업 마술사이다. 그는 자신의 마술 묘기를 담은 DVD를 만들고 판매한다. 최근에 그는 DVD를 적시에 제작하는 데 어려움을 겪고 있다. 가치사슬의 다섯 가지 주요 활동 중에서 이 문제는 _____에서 발생할 것이다.

A) 인바운드 물류　　　　　　　　　B) 운영

C) 아웃바운드 물류　　　　　　　　D) 마케팅과 판매

E) 서비스

11. Mark and Gregory are partners in a manufacturing firm that employs over 1,500 people. Recently, employees have been complaining that they were not told of changes in health insurance coverage and premiums. To which of the following support activities of the value chain can this problem be attributed?

A) firm infrastructure   B) human resource management

C) technology development   D) inbound logistics

E) procurement

12. Mammoth Foods, a major agricultural corporation, recently purchased MJS Organic Foods Co. MJS was established six years ago and has become a major supplier to restaurants in the northeastern United States. The organic herbs, vegetables, and fruit market is expected to have a double-digit growth rate over the next decade. Under the Boston Consulting Group (BCG) Growth-Share Matrix, MJS would most likely be classified as a _____.

A) star   B) cash cow

C) dog   D) problem child

E) top gun

13. Lately the demand for building materials has dropped due to the slowdown in new housing construction. Woods Corp. is thinking of closing its fine wood division that produces mahogany and cherry lumber for building cabinets and other applications. Under the Boston Consulting Group Growth-Share Matrix, the fine wood division would most likely be classified as a _____.

A) star   B) cash cow

C) dog   D) problem child

E) top gun

316

11. Mark와 Gregory는 1,500명 이상의 직원을 고용하는 제조 회사의 파트너이다. 최근 직원들은 건강보험 커버리지와 보험료 변경에 대해 미리 통보받지 못했다고 불만을 토로하고 있다. 이 문제는 가치 사슬의 다음과 같은 지원 활동들 중 어디에서 비롯된 것인가?

A) 기업의 인프라

B) 인적 자원 관리

C) 테크놀로지 개발

D) 인바운드 물류

E) 조달

12. 대형 농산물 회사인 Mammoth Foods는 최근 MJS Organic Foods를 인수했다. MJS는 6년 전에 설립되었고 미국 북동부의 식당들의 주요 공급자가 되었다. 유기농 허브, 채소, 과일 시장은 향후 10년 동안 두 자릿수 성장률을 보일 것으로 예상된다. Boston Consulting Group(BCG)의 성장-점유 매트릭스에 따르면 MJS는 _____(으)로 분류될 가능성이 높다.

A) 별

B) 캐쉬카우

C) 개

D) 문제아

E) 탑건

13. 최근에 주택 건설의 둔화로 인해 건축 자재에 대한 수요가 감소했다. Woods사는 캐비닛 및 기타 용도에 사용되는 마호가니 및 체리 목재를 생산하는 고급 목재 사업부를 폐쇄하는 것을 고려하고 있다. Boston Consulting Group 성장-점유 매트릭스에 따르면, 고급 목재 사업부는 아마도 _____(으)로 분류될 것이다.

A) 별

B) 캐쉬카우

C) 개

D) 문제아

E) 탑건

14. Hot and Cold Corp. makes disposable coffee and soft drink cups for use in fast-food restaurants, hospitals, convenience stores, and the like. The company is working on a sturdy new product that will biodegrade within five years of being put in a landfill. According to the BCG matrix, this promising new product line would most likely be classified as a _____.

A) star
B) cash cow
C) dog
D) problem child
E) question mark

15. Green Scene Co., a struggling start-up firm that needs a huge cash injection, has an environmentally friendly pesticide that is approved for use by commercial organic farmers. The pesticide is made from all-natural ingredients and has great potential. A small investment firm has injected cash in Green Scene. In the context of the BCG matrix, Green Scene is most likely considered a _____.

A) star
B) cash cow
C) dog
D) question mark
E) top gun

16. Mega-Big Corp. has a small strategic business unit (SBU) that produces a component vital to the manufacturers of automobiles and has been extremely profitable for 18 years. The SBU acts as a key source of income for the firm. In the context of the BCG matrix, Mega-Big Corp. is most likely considered a _____.

A) question mark
B) cash cow
C) dog
D) problem child
E) top gun

14. Hot and Cold사는 패스트푸드점, 병원, 편의점 등에서 사용하는 커피와 청량음료용 일회용 컵을 만든다. 그 회사는 매립지에 들어간 지 5년 이내에 생분해될 강력한 신제품을 개발하고 있다. BCG 매트릭스에 따르면, 이 유망한 신제품군은 _____(으)로 분류될 것이다.

A) 별   B) 캐쉬카우

C) 개   D) 문제아

E) 물음표

15. 막대한 현금 투입이 필요한 고전하는 스타트업 기업인 Green Scene 사는 친환경 살충제를 보유하고 있으며 이 살충제는 상업용 유기농 농부들이 사용할 수 있도록 승인되었다. 그 살충제는 천연 성분으로 만들어졌고 큰 잠재력을 가지고 있다. 한 작은 투자 회사가 Green Scene 사에 현금을 투입했다. BCG 행렬의 맥락에서 Green Scene 사는 _____(으)로 간주될 가능성이 높다.

A) 별   B) 캐쉬카우

C) 개   D) 물음표

E) 탑건

16. Mega-Big사는 자동차 제조업체에 필수적인 부품을 생산하는 소규모 전략적 비즈니스 단위를 보유하고 있으며 18년 동안 엄청난 수익을 올리고 있다. 이 SBU는 회사의 주된 수입원 역할을 한다. BCG 매트릭스의 맥락에서, Mega-Big사는 _____(으)로 간주될 가능성이 높다.

A) 물음표   B) 캐쉬카우

C) 개   D) 문제아

E) 탑건

17. Mega-Big Corp. is interested in buying Soft works, a medical software firm. Soft works is highly regarded by medical practices for ease of use, but hasn't sold well. Two software engineers started the company, but they have made risky financial and poor management decisions. Mega Corp. believes that with proper management the software firm will become an industry leader. In the context of the BCG matrix, Soft works is most likely considered a _____.

A) star   B) cash cow

C) dog   D) problem child

E) top gun

18. Which of the following is considered an objective?

A) to deliver the best customer service

B) to practice responsible financial management

C) to increase revenue by 15 to 20 percent in each of the next five years

D) to hire the best people

E) to minimize waste

19. Which of the following is most likely to be considered a goal rather than an objective?

A) to improve customer satisfaction ratings to 95 percent

B) to increase ROI by 20 percent

C) to be the leader in one's field

D) to reduce the cost of scrap material to less than one percent of total manufacturing cost

E) to get five new distributors

20. The Hernandez brothers manufacture trailers that are used by lawn service companies. The company was started in Texas by their father with one production site and four sales and service locations. Since the sons took over, they have expanded in the last 12 years to include 26 sales and service centers throughout the southeast. In this case, the company is most likely using a generic business strategy based on _____.

A) retrenchment   B) stability

C) product differentiation   D) diversification

E) growth

17. Mega-Big사는 의료 소프트웨어 회사인 Softworks를 인수하는 데 관심이 있다. Softworks는 의료 현장에서 사용하기 쉽다는 점에서 높은 평가를 받고 있지만 잘 팔리지는 않았다. 두 명의 소프트웨어 엔지니어가 회사를 창업했지만, 그들은 위험한 재무적 의사결정과 부실한 경영적 의사결정을 내렸다. Mega-Big사는 적절하게 관리를 하면 이 소프트웨어 회사가 업계의 리더가 될 것이라고 믿고 있다. BCG 매트릭스의 맥락에서 Softworks는 _____(으)로 간주될 가능성이 높다.

A) 별
B) 캐쉬카우
C) 개
D) 문제아
E) 탑건

18. 다음 중 세부목표로 간주되는 것은 무엇인가?

A) 최고의 고객 서비스를 제공하는 것
B) 책임 있는 재무 관리를 실천하는 것
C) 향후 5년 동안 매 15%에서 20%씩 수익을 증가시키는 것
D) 최고의 사람들을 고용하는 것
E) 낭비를 최소화 하는 것

19. 다음 중 세부목표가 아닌 목표로 간주될 가능성이 가장 높은 것은 무엇인가?

A) 고객 만족도를 95%로 향상시키는 것
B) ROI를 20%까지 증대시키는 것
C) 해당 분야의 리더가 되는 것
D) 폐기 자재의 비용을 총 제조 비용의 1% 미만으로 줄이는 것
E) 다섯 개의 새로운 유통업자를 확보하는 것

20. Hernandez 형제는 잔디 서비스 회사에서 사용하는 트레일러를 제조한다. 이 회사는 텍사스에서 아버지가 1개의 생산 현장과 4개의 판매 및 서비스 장소를 가지고 시작했다. 아들들이 물려받은 이후로, 그들은 지난 12년 동안 남동부 전역에 26개의 판매 및 서비스 센터를 운영할 만큼 확장되었다. 이 경우, 회사는 _____에 기반한 일반적인 비즈니스 전략을 사용한다고 볼 수 있다.

A) 축소
B) 안정
C) 제품 차별화
D) 다각화
E) 성장

21. A firm's competitive strategy leads it to decide if it can grow and if not, how to survive through stability or retrenchment.

A) True   B) False

22. Go Fish Sushi restaurants are primarily located in malls. The restaurants had rapid growth in their first seven years. The owner realizes that adding more restaurants would make it impossible to monitor operations. Therefore, he decides to continue current activities without making major changes. In this case, the owner is most likely pursuing a generic strategy of _____.

A) retrenchment   B) stability

C) diversification   D) growth

E) differentiation

23. Zenith Homebuilders used to purchase many building lots and erect spec homes (i.e., it gambled that the demand for new houses would be so high that they would sell easily). Since the real estate slowdown, it builds homes only when owners are under contract. In this case, the company is most likely pursuing a generic business strategy of _____.

A) retrenchment   B) stability

C) diversification   D) growth

E) differentiation

24. Today many retailers create apps that customers can download to their smartphones or tablets to be up-to-date on the company's offerings. In the context of situation analysis, which of the following macro-level external environmental factors does this exemplify?

A) Economic factors   B) Natural factors

C) Technological factors   D) Political, legal, ethical factors

E) Sociocultural/demographic factors

21. 기업의 경쟁 전략은 기업이 성장할 수 있는지 여부와, 성장하지 못할 경우 안정 또는 축소를 통해 생존할 방법을 결정하도록 한다.

A) 맞음   B) 틀림

22. Go Fish 초밥집은 주로 쇼핑몰에 위치해 있다. 그 식당들은 첫 7년 동안 급속한 성장을 했다. 주인은 식당을 더 추가하는 것이 운영을 모니터링 하는 것을 불가능하게 만들 것이라는 것을 알고 있다. 따라서, 그는 큰 변화 없이 현재의 활동을 계속하기로 결심한다. 이 경우 이 오너는 _____(이)라는 일반 전략을 추구한다고 볼 수 있다.

A) 축소   B) 안정

C) 다각화   D) 성장

E) 차별화

23. Zenith Homebuilders은 많은 건물 부지를 구입하고 후분양 주택을 건설했었다. (즉, 새 주택에 대한 수요가 너무 많아서 쉽게 팔릴 것이라고 믿음). 부동산 경기 침체가 일어난 이래로는, 집주인들과 계약을 한 경우에만 집을 짓는다. 이 경우 회사는 _____의 일반적인 비즈니스 전략을 추구할 가능성이 높다.

A) 축소   B) 안정

C) 다각화   D) 성장

E) 차별화

24. 오늘날 많은 소매업체는 고객이 회사 제품에 대한 최신 정보를 얻기 위해 스마트폰이나 태블릿에 다운로드할 수 있는 앱을 만든다. 상황 분석의 맥락에서 이것이 예시하는 거시적 수준의 외부 환경 요인은 무엇인가?

A) 경제적 요인   B) 자연 요인

C) 테크놀로지 요인   D) 정치적, 법률적, 윤리적 요인

E) 사회문화/인구통계학적 요인

25. According to the 2010 U.S. Census, Asian Americans are a high-income, fast-growing racial group in America. In the context of situation analysis, under which of the following macro-level external environmental factors will this be included?

A) natural factors

B) legal and ethical issues

C) technological advancements

D) sociocultural/demographic factors

E) firm structure and systems

26. Automobile manufacturers must comply with regulations set by the National Transportation and Safety Board. In the context of situation analysis, which of the following macro-level external environmental factors does this exemplify?

A) sociocultural/demographic

B) firm structure and systems

C) political, legal, and ethical

D) firm resources

E) threat of new entrants

27. Victor Inc., a producer of headphones used with cell phones and MP3 players, uses contract manufacturing overseas. The firm is concerned that tariffs may be increased. Under which component of situation analysis will an examination of this issue be found?

A) economic factors

B) natural factors

C) competitive factors

D) political, legal, and ethical factors

E) logistical factors

28. What can impact the competitive nature of an industry through the ability to raise prices or affect the quality of inbound goods and services?

A) suppliers

B) buyers

C) new entrants

D) substitute products

E) retailers

25. 2010년 미국 인구 조사에 따르면, 아시아계 미국인들은 미국 내에서 소득이 높고 빠르게 성장하는 인종 집단이다. 상황 분석의 맥락에서, 이것은 다음 중 어떤 거시적 수준의 외부 환경 요인들에 포함되는가?

A) 자연적 요인

B) 법적 및 윤리적 이슈

C) 테크놀로지 진보

D) 사회문화적/인구통계학적 요인

E) 기업의 구조와 시스템

26. 자동차 제조업체들은 국가교통안전위원회가 정한 규정을 준수해야 한다. 상황 분석의 맥락에서 이것이 예시하는 거시적 수준의 외부 환경 요인은 무엇인가?

A) 사회문화적/인구통계적

B) 기업의 구조와 시스템

C) 정치적, 법률적, 윤리적

D) 기업의 자원

E) 신규 진입자의 위협

27. 휴대전화와 MP3 플레이어에 사용되는 헤드폰을 생산하는 Victor사는 해외에서 계약 생산을 사용한다. 그 회사는 관세가 인상될 수도 있다고 우려하고 있다. 상황 분석의 어떤 부분에서 이 문제가 검토될 것인가?

A) 경제적 요인

B) 자연적 요인

C) 경쟁적 요인

D) 정치적, 법률적, 윤리적 요인

E) 물류상의 요인

28. 가격을 인상하거나 회사로 도입되는 제품 및 서비스의 품질에 영향을 미칠 수 있는 능력을 통해 산업의 경쟁적 특성에 영향을 미칠 수 있는 실체는 무엇인가?

A) 공급자

B) 구매자

C) 신규 진입자

D) 대체 제품

E) 소매업자

29. Which of the following competitive forces is NOT addressed directly by Michael Porter?

A) threat of new entrants

B) threat of substitute products

C) relative power of other stakeholders

D) bargaining power of suppliers

E) rivalry among existing firms

30. A SWOT analysis of a firm is least likely to _____.

A) reveal weaknesses

B) look at internal strengths

C) include external analysis

D) identify potential opportunities and threats

E) suggest solutions to problems

31. The best place in a SWOT analysis to identify problems with hurricanes, earthquakes, major snowfalls, and other natural phenomena is _____.

A) external opportunities

B) external threats

C) internal opportunities

D) internal strengths

E) internal weaknesses

32. The best place in a SWOT analysis to list the availability of credit for a firm seeking to expand through new construction of real estate is _____.

A) external opportunities

B) external threats

C) internal opportunities

D) internal strengths

E) internal weaknesses

29. 다음 중 마이클 포터가 직접 언급하지 않은 경쟁적 영향력은 무엇인가?

A) 신규 진입자의 위협

B) 대체 제품의 위협

C) 다른 이해관계자들의 상대적 파워

D) 공급자의 교섭력

E) 기존 회사들 간의 경쟁

30. 기업에 대한 SWOT 분석은 _____ 않을 것이다.

A) 약점을 나타내지

B) 내부적인 강점을 바라보지

C) 외부 분석을 포함하지

D) 잠재적인 기회 및 위협을 파악하지

E) 문제에 대한 해결책을 제시하지

31. SWOT 분석에서 허리케인, 지진, 폭설, 그리고 기타 자연 현상의 문제를 파악하는 데 가장 적합한 자리는 _____이다.

A) 외부적 기회   B) 외부적 위협

C) 내부적 기회   D) 내부적 강점

E) 내부적 약점

32. SWOT 분석에서 부동산 신규 건설을 통해 확장을 도모하려는 기업의 신용 가용성(대출 용이성)을 나타내는데 가장 좋은 위치는 _____이다.

A) 외부적 기회   B) 외부적 위협

C) 내부적 기회   D) 내부적 강점

E) 내부적 약점

33. The best place in a SWOT analysis to list a highly-competent workforce is _____.

A) external opportunities

B) external threats

C) internal opportunities

D) internal strengths

E) internal weaknesses

34. The best place in a SWOT analysis for an airline to identify the possibility of acquiring a competitor is _____.

A) external opportunities

B) external threats

C) internal opportunities

D) internal strengths

E) internal weaknesses

35. The best place in a SWOT analysis for a wristwatch manufacturer to identify the presence of competitive substitute products is _____.

A) external opportunities

B) external threats

C) internal opportunities

D) internal strengths

E) internal weaknesses

36. Malala, the marketing manager of an automobile dealership, is crafting a SWOT analysis. In this case, she should include the downturn in the U.S. economy and tightening of the credit markets under _____.

A) strengths

B) threats

C) opportunities

D) strategies

E) weaknesses

37. Maria, the marketing manager of an automobile dealership, is crafting a SWOT analysis. In this case, she should list competitors that have gone bankrupt under _____.

A) strengths

B) threats

C) opportunities

D) strategies

E) weaknesses

33. SWOT 분석에서 경쟁력 높은 인력을 나타내는데 가장 적합한 위치는 _____이다.

A) 외부적 기회   B) 외부적 위협

C) 내부적 기회   D) 내부적 강점

E) 내면의 약점

34. SWOT 분석에서 항공사가 경쟁사를 인수할 가능성을 나타내는데 최적의 위치는 _____이다.

A) 외부적 기회   B) 외부적 위협

C) 내부적 기회   D) 내부적 강점

E) 내부적 약점

35. SWOT 분석에서 손목시계 제조업체가 경쟁력 있는 대체품의 존재를 나타내기에 최적의 위치는 _____이다.

A) 외부적 기회   B) 외부적 위협

C) 내부적 기회   D) 내부적 강점

E) 내부적 약점

36. 한 자동차 딜러십의 마케팅 매니저인 Malala는 SWOT 분석을 만들고 있다. 이 때 그녀는 미국 경제의 침체와 신용 시장의 긴축을 포함시켜야 하는데, 이는 _____(이)라는 이름으로 나타날 것이다.

A) 강점   B) 위협

C) 기회   D) 전략

E) 약점

37. 한 자동차 딜러십의 마케팅 매니저인 Maria는 SWOT 분석을 만들고 있다. 이 때, 그녀는 파산한 경쟁자를 나열해야 하는데, 이는 _____(이)라는 이름으로 나타날 것이다.

A) 강점   B) 협박

C) 기회   D) 전략

E) 약점

38. Lin Wai's company, New Home Builders Corp., specializes in designing homes that have wide hallways and walk-in showers that could accommodate the need to use a wheelchair or walker, and other amenities that allow couples to remain in their homes as they age. The company's strong value proposition has allowed it to maintain steady market share in a weak housing market. In the context of SWOT analysis, a discussion of this relative advantage would be included under _____.

A) strengths   B) threats

C) opportunities   D) strategies

E) weaknesses

39. Open Sesame is a chain of Thai restaurants located in the western United States. The marketing manager has discovered that there is a growing demand for Spanish food, and the appetite for Asian food is declining. In the context of SWOT analysis, this information would be included under _____.

A) strengths   B) threats

C) opportunities   D) strategies

E) weaknesses

40. The marketing manager at Little Red Architects, a firm that specializes in the design of school buildings, discovered a glitch in the software that the firm uses. As a result, some of its most recent projects will come in over budget. In the context of SWOT analysis, a discussion of this would be included under _____.

A) strengths   B) threats

C) opportunities   D) strategies

E) weaknesses

38. Lin Wai's가 운영하는 New Home Builders Corp.는 휠체어나 보행기를 사용할 수 있는 넓은 복도와 출입이 용이한 샤워 시설을 갖춘 주택과, 노령을 맞이한 부부가 집에 머물 수 있는 기타 편의 시설을 설계하는 것을 전문으로 한다. 이 회사의 강력한 가치 제안으로 인해 침체된 주택 건설 시장에서 시장점유율을 꾸준히 유지할 수 있었다. SWOT 분석의 맥락에서, 이러한 상대적 우위점에 대한 논의는 _____에 포함될 것이다.

A) 강점   B) 위협
C) 기회   D) 전략
E) 약점

39. Open Sesame는 미국 서부에 위치한 태국 음식점 체인이다. 마케팅 매니저는 스페인 음식에 대한 수요는 증가하고 있고 아시아 음식에 대한 수요는 감소하고 있다는 것을 발견했다. SWOT 분석의 맥락에서 이러한 정보는 _____에 포함될 것이다.

A) 강점   B) 위협
C) 기회   D) 전략
E) 약점

40. 학교 건물 디자인을 전문으로 하는 회사인 Little Red Architects의 마케팅 매니저는 그 회사가 사용하는 소프트웨어 내에서 오류를 발견했다. 결과적으로, 가장 최근의 프로젝트 중 일부는 예산을 초과하게 될 것이다. SWOT 분석의 맥락에서 이러한 대한 논의는 _____에 포함될 것이다.

A) 강점   B) 위협
C) 기회   D) 전략
E) 약점

41. Time Express, a well-established North American delivery service, wants to expand service into Central and South America. According to Igor Ansoff's Product-Market Matrix, this is classified as the _____ strategy.

A) market diversification

B) product differentiation

C) market penetration

D) product development

E) market development

42. Biz Solutions has 12 call centers worldwide handling customer service issues for a variety of companies. The firm is considering the purchase of a software firm that serves the oil and gas industry. According to Igor Ansoff's Product-Market Matrix, this is an example of the _____ strategy.

A) market diversification

B) product differentiation

C) market penetration

D) product development

E) market development

43. When Sunshine Inc., a cosmetics manufacturer, introduced an additional line of perfumes, the response from its existing customers was good. According to Igor Ansoff's Product-Market Matrix, this is an example of the _____ strategy.

A) market diversification

B) product differentiation

C) market penetration

D) product development

E) market development

44. Bliss Massage Therapy Center maintains a database of over 700 clients and sends each one a special discount offer in the month of his or her birthday. Managers hope that as existing customers use the discount, they will see an overall growth in sales. According to Igor Ansoff's Product-Market Matrix, this is an example of the _____ strategy.

A) market diversification

B) product differentiation

C) market penetration

D) product development

E) market development

41. 북미의 유명한 배달 서비스인 Time Express는 중남미로 서비스를 확장하기를 원한다. Igor Ansoff의 제품-시장 매트릭스에 따르면 이는 _____ 전략으로 분류된다.

A) 시장 다각화   B) 제품 차별화

C) 시장 침투   D) 제품 개발

E) 시장 개발

42. Biz Solutions는 다양한 회사의 고객 서비스 이슈를 처리하는 12개 콜센터를 전세계적으로 운영하고 있다. 그 회사는 석유와 가스 산업을 대상으로 하는 소프트웨어 회사의 인수를 고려하고 있다. Igor Ansoff의 제품-시장 매트릭스에 따르면 이는 _____ 전략의 한 사례이다.

A) 시장 다각화   B) 제품 차별화

C) 시장 침투   D) 제품 개발

E) 시장 개발

43. 화장품 제조업체인 Sunshine사가 향수 라인을 추가로 선보이자 기존 고객들의 반응이 좋았다. Igor Ansoff의 Product-Market Matrix에 따르면 이는 _____ 전략의 한 사례이다.

A) 시장 다각화   B) 제품 차별화

C) 시장 침투   D) 제품 개발

E) 시장 개발

44. Bliss Massage Therapy Center는 700명 이상의 고객들의 데이터베이스를 관리하고 생일이 있는 달에 각 고객들에게 특별 할인 혜택을 보낸다. 매니저들은 기존 고객들이 할인 혜택을 이용함에 따라 전반적인 매출 성장을 기대하고 있다. Igor Ansoff의 제품-시장 매트릭스에 따르면 이는 _____ 전략의 한 사례이다.

A) 시장 다각화   B) 제품 차별화

C) 시장 침투   D) 제품 개발

E) 시장 개발

45. Gabriel, vice president of marketing for Big Screen Televisions, wants the company to offer a DVD player, a product the company doesn't offer now. He thinks that the firm has many brand-loyal customers who would buy it. According to Igor Ansoff's Product-Market Matrix, this is an example of the _____ strategy.

A) market diversification

B) product differentiation

C) market penetration

D) product development

E) market development

46. Inga, marketing manager at Sunshine, a professional preschool center, thinks the firm should start an after-school program for its current clients. This makes sense as she wants to extend the trusting relationship already established with parents and children. According to Igor Ansoff's Product-Market Matrix, this is an example of the _____ strategy.

A) market diversification

B) product differentiation

C) market penetration

D) product development

E) market development

47. Jamal's boss wants him to travel to Canada to do some research on good locations for their retail stores, which they are planning to open in Montreal and Ottawa. The firm currently operates 278 stores in the United States. According to Igor Ansoff's Product-Market Matrix, the extension into a new geographic region is an example of the _____ strategy.

A) market diversification

B) product differentiation

C) market penetration

D) product development

E) market development

45. Big Screen Televisions의 마케팅 부사장인 Gabriel은 회사가 지금은 아직 판매하지 않는 DVD 플레이어를 판매하기를 원한다. 그는 그 회사가 그것을 살 브랜드 충성도 높은 고객이 많다고 생각한다. Igor Ansoff의 제품-시장 매트릭스에 따르면 이는 _____ 전략의 한 사례이다.

A) 시장 다각화
B) 제품 차별화
C) 시장 침투
D) 제품 개발
E) 시장 개발

46. 취학 전 아동을 위한 센터인 Sunshine의 마케팅 매니저인 Inga는 회사가 현재 고객들을 위해 방과 후 프로그램을 시작해야 한다고 생각한다. 그녀는 부모 및 아이들과 이미 맺어진 신뢰 관계를 증진시키기를 원하기 때문에, 이러한 전략은 적절하다고 판단된다. Igor Ansoff의 제품-시장 매트릭스에 따르면 이는 _____ 전략의 한 사례이다.

A) 시장 다각화
B) 제품 차별화
C) 시장 침투
D) 제품 개발
E) 시장 개발

47. Jamal의 상사는 Jamal이 캐나다로 출장을 가서 몬트리올과 오타와에 개점할 예정인 소매 매장의 적합한 위치를 조사하기를 원한다. 그 회사는 현재 미국에서 278개의 매장을 운영하고 있다. Igor Ansoff의 제품-시장 매트릭스에 따르면, 새로운 지리적 지역으로의 확장은 _____ 전략의 한 사례이다.

A) 시장 다각화
B) 제품 차별화
C) 시장 침투
D) 제품 개발
E) 시장 개발

48. Teel is a plumbing fixture manufacturer's salesperson. He sells to wholesalers, homebuilders, and retailers. His marketing plan calls for going to four trade shows a year. He recently found out that there would be a new Home Show aimed at consumers in his territory and he wants to attend. His boss gives him permission to attend the additional show. Which of the following concepts in successful marketing planning is exemplified in this scenario?

A) Stay flexible.

B) Utilize input, but don't become paralyzed by information and analysis.

C) Don't underestimate the implementation part of the plan.

D) Stay strategic, but also stay on top of the tactical.

E) Give yourself and your people room to fail and try again.

49. Mary's firm has delayed making a decision on acquiring a new product line because her marketing team members took more than three months to analyze the numbers. Which of the following tips for successful marketing planning experience did the firm fail to use?

A) Stay inflexible.

B) Utilize input, but don't become paralyzed by information and analysis.

C) Don't underestimate the implementation part of the plan.

D) Stay strategic, but also stay on top of the tactical.

E) Give yourself and your people room to fail and try again.

50. Tyler's event planning company hired a new marketing assistant who focuses only on long-term organizational goals and objectives, ignoring the functional or operational level aspects of planning. For having a successful marketing planning experience, in which concept should the new assistant be trained?

A) Stay flexible.

B) Utilize input, but don't become paralyzed by information and analysis.

C) Don't underestimate the implementation part of the plan.

D) Stay strategic, but also stay on top of the tactical.

E) Give yourself and your people room to fail and try again.

48. Teel은 배관 설비 제조업체의 영업사원이다. 그는 도매상, 주택 건설업자, 소매상들에게 판매한다. 마케팅 플랜은 그에게 일 년에 네 번의 트레이드쇼 참관을 요구한다. 그는 최근 자신의 지역에서 소비자들을 겨냥한 새로운 Home Show가 있을 것이라는 것을 알게 되었고 참석하기를 원한다. 그의 상사는 그에게 추가적인 전시회에 참석하는 것을 허락한다. 이 시나리오에서 나타내는 성공적인 마케팅 플래닝의 개념은 무엇인가?

A) 유연성을 유지하라

B) 입력 정보를 활용하되 정보와 분석에 매몰되지 말라

C) 플랜의 실행 부분을 과소평가하지 말라

D) 전략을 유지하되, 전술적으로도 확실하게 운영하라

E) 당신과 당신의 사람들이 실패하고 재도전할 수 있도록 여지를 주라

49. Mary의 회사는 그녀의 마케팅 팀원들이 숫자를 분석하는 데 3개월 이상 소요되고 있기 때문에 새로운 제품 라인을 인수하기 위한 결정이 미뤄지고 있다. 성공적인 마케팅 플래닝 경험을 위한 다음 팁 중 회사가 적용하지 못한 것은?

A) 유연성을 유지하라

B) 입력 정보를 활용하되 정보와 분석에 매몰되지 말라

C) 플랜의 실행 부분을 과소평가하지 말라

D) 전략을 유지하되, 전술적으로도 확실하게 운영하라

E) 당신과 당신의 사람들이 실패하고 재도전할 수 있도록 여지를 주라

50. Tyler의 이벤트 플래닝 회사는 플랜의 기능적 또는 운영적 수준 측면을 무시하고 장기적인 조직 목표와 세부 목표에만 집중하는 마케팅 부하 직원을 신규 채용했다. 성공적인 마케팅 플랜 경험을 위해서 어떤 개념으로 새 부하 직원을 교육해야 하는가?

A) 유연성을 유지하라.

B) 입력 정보를 활용하되 정보와 분석에 매몰되지 말라

C) 플랜의 실행 부분을 과소평가하지 마십시오.

D) 전략을 유지하되, 전술적으로도 확실하게 운영하라.

E) 당신과 당신의 사람들이 실패하고 재도전할 수 있도록 여지를 주라

51. When Christy developed her marketing plan for her new store, she kept in mind that conditions can change, so her plan would also change. This demonstrates the importance of staying strategic, but also staying on top of the tactical, in the tips for a successful marketing planning experience.

A) True   B) False

51. Christy가 신규 매장을 위한 마케팅 플랜을 개발했을 때, 그녀는 환경적 조건이 바뀔 수 있다는 것을 염두에 두었고, 따라서 그녀의 플랜도 (조건이 바뀐다면) 바뀔 것이다. 이는 성공적인 마케팅 플랜 경험을 위한 팁에서 전략을 유지하는 동시에 전술적으로도 확실하게 운영하라는 것의 중요성을 보여준다.

A) 맞음 B) 틀림

DOMAIN 2. GLOBAL, ETHICAL, AND SUSTAINABLE MARKETING
TOPIC 2-1. Issues in Managing Global Marketing

1. Small companies have to invest a lot of money to go global.

A) True   B) False

2. When companies sell in other countries through limited direct contact or indirect intermediaries, they always consider themselves to be involved in foreign marketing.

A) True   B) False

3. Techel Electronics, a multinational company, manufactures its products in its home market, but treats the world as a single market with many segments in it. It sold televisions worth $47 million in 2017 in international markets, which was more than half of its total revenue. In the context of stages of global experience learning curve, the company is engaged in _____.

A) global marketing   B) no direct foreign marketing

C) global partnerships   D) foreign marketing

E) international marketing

4. Cho, the international sales manager at a fashion house, is concerned that the euro is stronger than the U.S. dollar. This would be identified in the _____ section of a global market research report.

A) economic   B) cultural, societal

C) business environment   D) political, legal

E) history, geography

5. In Serovia, most people eat dinner after 10:00 p.m. This would be identified in the _____ section of a global market research report.

A) economic   B) cultural, societal

C) business environment   D) political, legal

E) history, geography

DOMAIN 2. GLOBAL, ETHICAL, AND SUSTAINABLE MARKETING
TOPIC 2-1. Issues in Managing Global Marketing

1. 작은 회사들은 세계로 나가기 위해 많은 돈을 투자해야 한다.

A) 맞음   B) 틀림

2. 기업들이 제한적인 직접 접촉이나 간접적인 중간상을 통해 다른 나라에서 판매할 때, 그들은 항상 자신들 스스로가 해외 마케팅에 참여하고 있다고 생각한다.

A) 맞음   B) 틀림

3. 다국적 기업인 Techel Electronics는 국내 시장에서 제품을 제조하지만 전 세계 시장을 다양한 세분 시장이 있는 단일한 시장으로 취급한다. 그 회사는 2017년에 총 수익의 절반 이상인 4,700만 달러 상당의 텔레비전을 인터내셔널 시장에서 판매했다. 글로벌 경험 학습 곡선의 단계들의 맥락에서, 회사는 _____에 참여하고 있다.

A) 글로벌 마케팅   B) 해외 직거래 금지

C) 글로벌 파트너십   D) 해외 마케팅

E) 인터내셔널 마케팅

4. 한 패션 업체의 인터내셔널 판매 매니저인 Cho는 유로화가 미국 달러보다 강하다고 걱정한다. 이는 글로벌 마켓 리서치 보고서의 _____ 섹션에서 확인할 수 있다.

A) 경제적   B) 문화적, 사회적

C) 비즈니스 환경   D) 정치적, 법률적

E) 역사, 지리

5. 세로비아(가상적 국가명)에서는 대부분의 사람들이 밤 10시가 넘어서 저녁을 먹는다. 이는 글로벌 마켓 리서치 보고서의 _____ 섹션에서 확인할 수 있다.

A) 경제적   B) 문화적, 사회적

C) 비즈니스 환경   D) 정치적, 법률적

E) 역사, 지리

6. The color red means different things in different parts of the world. For example, in China, a bride traditionally would wear red but not white. White is a symbol of death. This would be identified in the _____ section of a global market research report.

A) economic

B) cultural, societal trends

C) business environment

D) political, legal

E) history, geography

7. Sam is flying to Rio de Janeiro, Brazil, to meet with a prospective customer. He wants to learn the ethical standards, degree of formality, and gender biases of the country. Which of the following types of information will help Sam to accomplish his task?

A) economic

B) demographic

C) business environment

D) political and legal

E) geography

8. John, the CEO of Tresnel Inc., learns that the government of one of his company's foreign markets has enacted a new law that limits the amount of profit it can make. He projects that this will result in future losses. If John researches the _____ environment, he can plan a strategy to deal with this situation.

A) economic

B) cultural and societal

C) business

D) political and legal

E) geographical

9. Phillippe needs to fire a manager of a French subsidiary of his company. He recently found that French law makes it difficult to terminate employees. This would be identified in the _____ section of a global market research report.

A) economic

B) cultural, societal

C) business environment

D) political, legal

E) history, geography

6. 빨간색은 세계의 다양한 지역에서 다양한 것들을 의미한다. 예를 들어, 중국 결혼식에서 신부는 전통적으로 빨간색을 입지만 흰색은 입지 않았다. 흰색은 죽음의 상징이다. 이는 글로벌 마켓 리서치 보고서의 _____ 섹션에서 확인할 수 있다.

A) 경제적

B) 문화적, 사회적 트렌드

C) 비즈니스 환경

D) 정치적, 법률적

E) 역사, 지리

7. Sam은 잠재 고객을 만나기 위해 브라질의 리우데자네이루로 날아가고 있다. 그는 그 나라의 윤리적 표준, 격식의 정도, 그리고 성별에 대한 편견을 알고 싶어한다. 다음 중 Sam 이 업무를 수행하는 데 도움이 되는 정보는 어떤 정보인가?

A) 경제적

B) 인구통계학적

C) 비즈니스 환경

D) 정치적 및 법률적

E) 지리학

8. Tresnel사의 CEO인 John은 그의 회사의 해외 시장 중 한 곳의 정부가 자신의 수익을 제한하는 새로운 법을 제정했다는 것을 알게 되었다. 그는 이것이 미래의 손실을 초래할 것이라고 예상한다. John이 _____ 이 환경을 리서치 한다면, 그는 이 상황에 대처하기 위한 전략을 수립할 수 있을 것이다.

A) 경제적

B) 문화적 및 사회적

C) 비즈니스

D) 정치적 및 법률적

E) 지리적

9. Phillippe는 그가 운영하고 있는 프랑스 자회사의 매니저를 해고하고 싶다. 그는 최근에 프랑스 법이 직원들을 해고하는 것을 까다롭게 만든다는 것을 발견했다. 이는 글로벌 마켓 리서치 보고서의 _____ 섹션에서 확인할 수 있다.

A) 경제적

B) 문화적, 사회적

C) 비즈니스 환경

D) 정치적, 법률적

E) 역사, 지리

10. Many countries base their court systems on those of former rulers. For example, the Spanish ruled many South American countries; therefore, the court system is based on code or civil law. This would be identified in the _____ section of a global market research report.

A) economic

B) cultural, societal

C) business environment

D) political, legal

E) history, geography

11. Global marketing research focuses on just three types of basic information: economic, cultural, and political/legal.

A) True

B) False

12. Most people consider exporting a long-term strategy and not an initial entry approach to global marketing

A) True

B) False

13. Advantages to licensing as a market entry strategy include all of the following EXCEPT_____.

A) limited financial risk in the short run

B) easy availability of raw materials

C) services such as local distribution

D) decrease in operational costs

E) complete control of the patent

14. Which of the following is NOT an advantage of franchising as a market entry strategy?

A) local market knowledge

B) product consistency and easing of legal requirements

C) local management expertise

D) quality control is at the point of customer contact

E) economies of scale exist

344

10. 많은 나라들은 그들의 법원 시스템을 이전 통치자들의 것에 기반을 둔다. 예를 들어, 스페인 사람들은 많은 남미 국가들을 통치했다. 따라서, 남미 국가들의 법원 시스템은 (스페인의 법원 시스템 같이) 코드나 법전에 근거한다. 이는 글로벌 마켓 리서치 보고서의 _____ 섹션에서 확인할 수 있다.

A) 경제적
B) 문화적, 사회적
C) 비즈니스 환경
D) 정치적, 법률적
E) 역사, 지리

11. 글로벌 마케팅 리서치는 경제, 문화, 정치/법률의 세 가지 기본 정보에만 초점을 맞추고 있다.

A) 맞음
B) 틀림

12. 대부분의 사람들은 수출을 글로벌 마케팅에 대한 초기 진입 접근 방식이 아닌 장기 전략으로 간주한다

A) 맞음
B) 틀림

13. 다음 중 시장 진입 전략으로서의 라이센싱의 이점에 속하지 않는 것은 무엇인가?

A) 단기적으로 제한적인 재무적 위험
B) 원자재의 쉬운 확보
C) 로컬 유통과 같은 서비스
D) 운영 비용의 감소
E) 특허권의 완전한 통제

14. 다음 중 시장 진입 전략으로서 프랜차이징의 장점이 아닌 것은 무엇인가?

A) 로컬 시장에 대한 지식
B) 제품 일관성 및 법적 요구사항 완화
C) 로컬 경영에 대한 전문적 지식
D) 품질 통제(품질 관리)가 고객 접점에서 이루어 짐
E) 규모의 경제가 존재함

15. Herbie recently read that Crane Airways of Japan, Kestrel Airlines of Germany, Heron Air of Australia, and Egret Airways of India have code sharing partnership, which allows passengers to fly on any of the airlines, share frequent flyer miles, and give each other logistical support. Herbie had just learned in his Global Marketing class that this arrangement is known as a(n) _____.

A) franchising   B) strategic alliance

C) green field project   D) acquisition

E) licensing

16. Arthur's Auto Parts Inc. wants to enter the Russian market. Russian law prevents foreign entities from owning a majority position in a company there. The best method of entry for Arthur's is most likely _____.

A) merger   B) joint venture

C) acquisition   D) franchising

E) direct foreign investment

17. The value of the Japanese yen has fluctuated widely during the 2s compared to the U.S. dollar. A firm considering direct foreign investment would report this finding under the heading of _____.

A) timing   B) legal issues

C) transaction costs   D) marketing communication barriers

E) product differentiation

18. Many countries restrict marketing to children more severely than in the United States. A firm considering direct foreign investment would report this finding under the heading of _____.

A) technology transfer   B) legal issues

C) transaction costs   D) marketing communication barriers

E) product differentiation

15. Herbie는 최근 일본의 Crane Airways, 독일의 Kestrel Airways, 호주의 Heron Airways, 그리고 인도의 Egret Airways가 코드 셰어링 파트너십을 맺고 있다는 것을 알았다. 이 파트너십은 승객들이 항공사 중 어떤 곳을 이용해도 항공사 마일리지를 공유할 수 있고, 상호 간에 물류 지원을 할 수 있도록 해 준다. Herbie는 글로벌 마케팅 수업에서 이 계약이 _____(으)로 알려져 있다는 것을 알게 되었다.

A) 프랜차이징   B) 전략적 제휴

C) 그린 필드 프로젝트   D) 인수

E) 라이센싱

16. Arthur's Auto Parts사는 러시아 시장에 진출하기를 원한다. 러시아 법은 외국 기업이 자국 내 회사에서 최대의 지분을 소유하는 것을 금지한다. Arthur's의 가장 적합한 시장 진입 방법은 _____일 것이다.

A) 합병   B) 조인트 벤처

C) 인수   D) 프랜차이징

E) 해외 직접 투자

17. 일본 엔화의 가치는 2000년대 동안 미국 달러에 비해 변동이 심했다. 해외 직접 투자를 고려하는 기업은 _____(이)라는 제목으로 이 결과를 보고할 것이다.

A) 타이밍   B) 법적 이슈

C) 거래 비용   D) 마케팅 커뮤니케이션 장벽

E) 제품 차별화

18. 많은 나라들이 미국에서보다 아동들을 대상으로 하는 마케팅을 더 강력하게 제한한다. 해외 직접 투자를 고려하는 기업은 _____(이)라는 제목으로 이러한 사항을 보고할 것이다.

A) 기술 이전   B) 법적 이슈

C) 거래 비용   D) 마케팅 커뮤니케이션 장벽

E) 제품 차별화

19. NaviCal Inc., a personal navigation system company, has contracted its manufacturing to a firm in Malaysia for five years. NaviCal had high financial growth, and it wants to purchase the manufacturing facility. This market entry method is called _____.

A) franchising
B) strategic alliance
C) joint venture
D) direct foreign investment
E) licensing

20. Bistrone corn canned soup was made expressly for the Japanese market by Coca-Cola Japan. This is an example of _____.

A) direct product extension
B) product adaptation
C) backward product adaptation
D) product invention
E) hybrid products

21. Outdated cell phones used in Europe or Asia have been introduced into the Latin American markets that don't have more updated models. This is an example of _____.

A) forward extension
B) product adaptation
C) backward invention
D) product extension
E) hybrid products

22. In the context of identifying specific consumer trends, _____ is not a product issue for international consumer marketers.

A) brand strategy
B) country-of-origin effect
C) quality
D) fitting the product to the culture
E) manufacturing

19. 개인용 내비게이션 시스템 회사인 NaviCal사는 말레이시아에 있는 회사와 5년 동안 생산 계약을 체결했다. NaviCal은 높은 재무적 성장률을 보였으며, 그 생산 시설을 구입하기로 했다. 이러한 시장 진입 방법을 _____(이)라고 한다.

A) 프랜차이징
B) 전략적 제휴
C) 조인트 벤처
D) 해외 직접 투자
E) 라이센싱

20. Bistrone 옥수수 통조림 수프는 코카콜라 일본 법인에 의해 그 나라 시장만을 위해 특별히 만들어졌다. 이것은 _____의 사례이다.

A) 직접 제품 확장
B) 제품 적응
C) 후방 제품 적응
D) 제품 발명
E) 하이브리드 제품

21. 유럽이나 아시아에서 사용된 구식 휴대폰들이 더 최신 모델이 없는 라틴 아메리카 시장에 도입되었다. 이는 _____의 사례이다.

A) 전방 확장
B) 제품 적응
C) 후방 발명
D) 제품 확장
E) 하이브리드 제품

22. 특정 소비자 트렌드를 파악하는 맥락에서 _____(은)는 인터내셔널 소비자 마케터의 제품 이슈에 해당하지 않는다.

A) 브랜드 전략
B) 원산지 효과
C) 품질
D) 제품과 문화의 맞춤
E) 제조

23. Coca-Cola introduced a new product called Diet Coke in Japan. Sales of this product were low in the initial stages because Japanese women associated the word diet with weakness; however, changing the name of the product from Diet Coke to Coke Light proved effective. Which of the following product issues affected the sales of Diet Coke in this scenario?

A) brand strategy
B) country-of-origin effect
C) quality
D) fitting the product to the culture
E) manufacturing

24. Mr. Coffee had a good understanding of the Japanese culture when it introduced coffeemakers that fit well in Japanese kitchens.

A) True
B) False

25. Ford Motor Co. introduced its automobile called Nova in Mexico. It faced difficulty in selling the car because "Nova" in Spanish means "It doesn't go." This illustrates a problem with _____.

A) brand strategy
B) country-of-origin effect
C) quality
D) fitting the product to the culture
E) manufacturing

26. Nestlé embraces a local branding strategy globally while other companies like Coca-Cola and Kellogg use a global branding strategy.

A) True
B) False

27. People around the world prefer Swiss watches over watches manufactured in other countries. In the context of product issues, which of the following best describes the customer's perception?

A) brand strategy
B) country-of-origin effect
C) quality
D) fitting the product to the culture
E) manufacturing

23. 코카콜라는 일본에서 Diet Coke라고 불리는 새로운 제품을 출시했다. 일본 여성들이 다이어트라는 단어를 허약함이라는 단어와 연관지었기 때문에 이 제품의 초기 판매는 저조했지만, Diet Coke에서 Coke Light로 제품 이름을 바꾼 것은 효과적이었다. 이 시나리오에서 Diet Coke의 판매에 영향을 미친 제품은 무엇인가?

A) 브랜드 전략   B) 원산지 효과

C) 품질   D) 제품과 문화의 맞춤

E) 제조

24. Mr. Coffee가 일본 주방에 잘 맞는 커피 메이커를 출시했을 때, 그 회사는 일본 문화를 잘 이해하고 있었다.

A) 맞음   B) 틀림

25. Ford Motor사는 멕시코에서 Nova라고 불리는 자동차를 출시했다. 스페인어로 "Nova"는 "가지 않는다"는 것을 의미하기 때문에 자동차 판매에 어려움을 겪었다 이것은 _____의 문제를 설명한다.

A) 브랜드 전략   B) 원산지 효과

C) 품질   D) 제품과 문화의 맞춤

E) 제조

26. 코카콜라와 켈로그와 같은 다른 회사들이 글로벌 브랜딩 전략을 사용하는 동안 네슬레는 전 세계적으로 로컬 브랜딩 전략을 채택하고 있다.

A) 맞음   B) 틀림

27. 전 세계 사람들은 다른 나라에서 제조된 시계보다 스위스 시계를 더 좋아한다. 다음 중 제품 이슈의 맥락에서 이러한 고객의 인식을 가장 잘 설명한 것은 무엇인가?

A) 브랜드 전략   B) 원산지 효과

C) 품질   D) 제품과 문화의 맞춤

E) 제조

28. Steve wants to gift a box of chocolates to his best friend. He walks into a store and buys Belgian chocolates because his friend once mentioned that they are the best in the world. This is an example of how consumers respond to _____.

A) brand strategy
B) country-of-origin effect
C) quality
D) fitting the product to the culture
E) price

29. The strategic objective of channel strategy known as "coverage" relates to how much the global market distribution systems cost.

A) True
B) False

30. Well-established distributors in a marketing channel often have relationships with competitors. In the context of market channels, which of the following channel strategies corresponds to this issue?

A) capital
B) coverage
C) character
D) continuity
E) control

31. Most global marketers rely on local distribution networks in foreign markets. This is because it is very expensive to build a company's own distribution network in a foreign market. This issue can be identified in the channel strategy of _____.

A) change
B) coverage
C) character
D) continuity
E) control

32. The global market advertising approach in which distinct ads are built around several marketing messages, and local marketers select the ads that best fit their specific market situation, is known as global marketing with local content.

A) True
B) False

28. 스티브는 그의 가장 친한 친구에게 초콜릿 한 상자를 선물하고 싶어한다. 그의 친구가 벨기에 초콜릿이 세계 최고라고 말한 적이 있기 때문에 그는 가게에 들어가서 벨기에 초콜릿을 산다. 이것은 소비자들이 _____에 어떻게 반응하는지 보여주는 사례이다.

A) 브랜드 전략   B) 원산지 효과

C) 품질   D) 제품과 문화의 맞춤

E) 가격

29. "커버리지"로 알려진 채널 전략의 전략적 목표는 글로벌 시장 유통 시스템의 비용과 관련이 있다.

A) 맞음   B) 틀림

30. 마케팅 채널에서 잘 안착된 유통업자들은 종종 경쟁업체들과 관계를 맺고 있을 수 있다. 다음 중 시장 채널의 맥락에서 이 이슈에 해당하는 채널 전략은 무엇인가?

A) 자본   B) 커버리지

C) 특성   D) 지속성

E) 통제

31. 대부분의 글로벌 마케팅 담당자는 해외 시장의 현지 유통망에 의존한다. 해외 시장에서 기업의 자체 유통망을 구축하는 데는 비용이 매우 많이 들기 때문이다. 이 이슈는 채널 전략 중 _____에서 확인할 수 있다.

A) 변화   B) 커버리지

C) 캐릭터   D) 지속성

E) 통제

32. 몇몇 마케팅 메시지들을 중심으로 서로 다른 광고들을 만들어 놓고, 로컬 마케터들이 자신의 특정 시장 상황에 가장 적합한 광고를 선택하는 글로벌 마켓 광고 접근법은 "로컬 콘텐츠를 사용한 글로벌 마케팅"으로 알려져 있다.

A) 맞음   B) 틀림

33. Jason went to an automobile dealership to buy a car, and he spent two hours talking to an employee about options. This element of marketing communications is called _____.

A) advertising
B) personal selling
C) promotion
D) public relations
E) direct marketing

34. PepsiCo and Coca-Cola sponsor traveling carnivals in rural Latin America to encourage product trial. This element of marketing communications is called _____.

A) advertising
B) personal selling
C) sales promotion
D) public relations
E) direct marketing

35. Delxen Inc., a multinational company, uses the same prices for all its products globally. This type of pricing is called _____.

A) going-rate price
B) one world price
C) local market condition price
D) transfer price
E) cost-based price

36. Farah's Fabrics Inc. prices its products for the global market by using cost plus markup to arrive at a final price. This is known as cost-based pricing.

A) True
B) False

33. 제이슨은 자동차를 사기 위해 자동차 딜러 매장에 갔고, 그는 직원과 옵션에 대해 이야기하는 데 두 시간을 보냈다. 마케팅 커뮤니케이션 중 이러한 요소를 _____(이)라고 한다.

A) 광고   B) 인적 판매

C) 프로모션   D) PR

E) 직접 마케팅

34. PepsiCo와 Coca-Cola는 제품 체험(product trial)을 장려하기 위해 라틴 아메리카 시골에서 열리는 이동식 놀이공원을 후원하고 있다. 마케팅 커뮤니케이션 중 이러한 요소를 _____(이)라고 한다.

A) 광고   B) 인적 판매

C) 세일즈 프로모션   D) PR

E) 직접 마케팅

35. 다국적 기업인 Delxen사는 전 세계 모든 제품에 대해 동일한 가격을 매긴다. 이러한 유형의 프라이싱을 ____(이)라고 한다.

A) 시장 가격   B) 전세계 단일 가격

C) 로컬 시장 컨디션 가격   D) 이전 가격

E) 비용 기반 가격

36. Farah's Fabrics사는 최종 가격에 도달하기 위해 비용과 마크업을 사용하여 세계 시장을 위한 제품의 가격을 책정한다. 이를 비용 기반 가격 책정이라고 한다.

A) 맞음   B) 틀림

TOPIC 2-2. Ethics in Marketing Management

1. Engaging in ethical business practices generally has little impact on marketing strategy and implementation.

A) True   B) False

2. Perdue found that one of its chicken products may have been contaminated with bacteria, so it pulled it off the shelves and instituted a recall. This potential ethical issue was associated with which element of the marketing mix?

A) product   B) price

C) distribution   D) marketing communications

E) promotion

3. Latosha was thrilled when she found a low-cost airfare to Moscow, but she was not happy when she bought the tickets and realized there were hundreds of dollars in added fees. Which element of the marketing mix was impacted?

A) product   B) price

C) distribution   D) marketing communications

E) promotion

TOPIC 2-2. Ethics in Marketing Management

1. 윤리적 비즈니스 관행에 참여하는 것은 일반적으로 마케팅 전략 및 실행에 거의 영향을 미치지 않는다.

A) 맞음　　　　　　　　　　　　　　B) 틀림

2. Perdue는 자사의 치킨 제품 중 하나가 박테리아에 오염되었을 수 있다는 것을 발견했고, 그래서 그것을 매대에서 철수시켜 회수를 시작했다. 이 잠재적인 윤리적 문제는 마케팅 믹스의 어떤 요소와 관련이 있는가?

A) 제품　　　　　　　　　　　　　　B) 가격

C) 유통　　　　　　　　　　　　　　D) 마케팅 커뮤니케이션

E) 프로모션

3. Latosha는 모스크바로 가는 저렴한 항공료를 발견했을 때 환호했지만, 표를 구입한 후 수백 달러의 추가 요금이 있다는 것을 알았을 때 실망스러웠다. 이는 마케팅 믹스의 어떤 요소가 영향을 미친 것인가?

A) 제품　　　　　　　　　　　　　　B) 가격

C) 유통　　　　　　　　　　　　　　D) 마케팅 커뮤니케이션

E) 프로모션

TOPIC 2-3. Sustainability in Marketing Strategy

1. Starbucks has been successful in developing "ethically sourced" coffee that is socially responsible and environmentally safe. This demonstrates which element of TBL?

A) people   B) planet

C) product   D) profit

E) promotion

2. The triple bottom line metric is used for measuring the financial results of the company, but does not take into account equity, economic or environmental considerations.

A) True   B) False

TOPIC 2-3. Sustainability in Marketing Strategy

1. 스타벅스는 사회적으로 책임 있고 환경적으로 안전한 "윤리적으로 공급되는" 커피를 개발하는 데 성공했다. 다음은 트리플 버텀라인의 어떤 요소를 보여주는 것인가?

A) people

B) planet

C) product

D) profit

E) promotion

2. 트리플 버텀라인 측정치는 회사의 재무적 결과를 측정하는 데 사용되지만, 공평성, 경제적, 또는 환경적 고려 사항은 따지지 않는다.

A) 맞음

B) 틀림

DOMAIN 3. MANAGING INFORMATION FOR MARKETING INSIGHTS
TOPIC 3-1. Market Research Fundamentals

1. The information needs of all marketing managers are essentially the same.

A) True   B) False

2. Which of the following is one of the three factors a company needs to consider when creating a market information system?

A) information needs   B) technology needs

C) flexibility   D) diversity

E) demographics

3. Which of the following is an internal source of collecting information for making marketing decisions?

A) demographics   B) ethnic groups

C) technology transformations   D) economic conditions

E) customer orders

4. The marketing manager for Ned's Bar and Grill notices that his typical customer is a male college student. In the context of external information sources, he is using _____ to define his market.

A) stereotypes   B) estimations

C) visual cues   D) demographics

E) instincts

5. Which of the following is an external source of collecting information for making marketing decisions?

A) customer orders   B) marketing plans

C) salesperson information systems   D) customer inquiries

E) ethnic groups

DOMAIN 3. MANAGING INFORMATION FOR MARKETING INSIGHTS
TOPIC 3-1. Market Research Fundamentals

1. 모든 마케팅 매니저들이 필요로 하는 정보는 본질적으로 동일하다.

A) 맞음   B) 틀림

2. 다음 중 기업이 시장 정보 시스템을 구축할 때 고려해야 할 세 가지 요소 중 하나는 무엇인가?

A) 정보에 대한 니즈   B) 테크놀로자에 대한 니즈

C) 유연성   D) 다양성

E) 인구통계학

3. 다음 중 마케팅 의사 의사결정을 위한 정보 수집의 내부 소스는 무엇인가?

A) 인구통계적 정보   B) 인종 집단

C) 테크놀로지 변화   D) 경제적 조건

E) 고객 주문

4. Ned's Bar and Grill의 마케팅 매니저는 그 식당의 전형적인 고객이 성별이 남자인 대학생이라는 것을 알게 되었다. 외부 정보 출처의 맥락에서, 그는 _____(을)를 사용하여 시장을 정의하고 있다.

A) 고정관념   B) 어림짐작

C) 시각적 단서   D) 인구통계학

E) 본능

5. 다음 중 마케팅 의사 의사결정을 위한 정보 수집의 외부 소스는 무엇인가?

A) 고객 주문   B) 마케팅 플랜

C) 영업사원 정보 시스템   D) 고객 문의

E) 인종 집단

6. Jan Smith, the marketing manager of Big Wheel Autos, has noticed that in many European countries more of the population is moving into urban centers. This has resulted in an increased demand for subcompact cars that can maneuver through these congested streets rather than full-size automobiles. In the context of external information sources, this is an example of how _____ can influence marketing management decisions.

A) technology transformations　　　　B) geographic changes

C) marketing plans　　　　D) customer inquiries

E) internal factors

7. A shoe manufacturing company is interested in selling its products in a new country. Before entering the marketplace, the company wishes to gather information about how the country's citizens set priorities and make buying decisions. For this purpose, the company is most likely to analyze the country's _____.

A) political environment　　　　B) economic conditions

C) technological transformations　　　　D) natural world

E) geographic changes

8. Concerned by recent negative trends in economic indicators such as the consumer price index, gross domestic product, and inflation, the marketing manager of Kevin's Kayaks recommends that the company reduce its advertising spending. His recommendation is based on _____ data.

A) microeconomic　　　　B) macroeconomic

C) qualitative　　　　D) observational

E) subjective

9. Small portable computers, powerful statistical software packages, and Internet-enabled supply chain management systems are all examples of how _____ influences marketing.

A) competition　　　　B) the legal environment

C) the natural world　　　　D) technology

E) training

6. Big Wheel Autos의 마케팅 매니저인 Jan Smith는 많은 유럽 국가에서 더 많은 인구가 도시 중심지로 이동하고 있다는 것을 알아챘다. 이로 인해 대형차보다는 혼잡한 도로를 주행할 수 있는 소형차에 대한 수요가 증가했다. 외부 정보 출처의 맥락에서, 이것은 _____(이)가 마케팅 관리 의사결정에 어떻게 영향을 미칠 수 있는지 보여주는 사례이다.

A) 테크놀로지의 변화

B) 지리적인 변화

C) 마케팅 플랜

D) 고객 문의

E) 내부적 요인

7. 한 신발 제조 회사에서 새로운 국가에서 제품을 판매하는 데 관심이 있다. 시장에 진입하기 전에, 회사는 그 국가의 시민들이 어떻게 우선순위를 정하고 구매 의사결정을 내리는지에 대한 정보를 수집하기를 원한다. 이러한 목적을 위해 이 회사는 그 국가의 _____(을)를 분석할 가능성이 가장 높다.

A) 정치적 환경

B) 경제적 조건

C) 테크놀로지 변화

D) 자연환경적 세계

E) 지리적 변화

8. Kevin's Kayaks의 마케팅 매니저는 소비자 물가 지수, 국내 총생산, 인플레이션과 같은 경제 지표의 최근 부정적인 추세를 우려하여 회사가 광고 지출을 줄일 것을 권고한다. 그의 추천은 _____ 데이터를 기반으로 한다.

A) 미시경제적

B) 거시경제적

C) 정성적

D) 관찰된

E) 주관적인

9. 소형 휴대용 컴퓨터, 강력한 통계 소프트웨어 패키지, 그리고 인터넷으로 운영되는 공급망 관리 시스템은 모두 _____(이)가 마케팅에 미치는 영향의 사례이다.

A) 경쟁

B) 법적 환경

C) 자연환경적 세계

D) 테크놀로지

E) 트레이닝

10. The marketing manager of Big Wheel Motors notices an increased demand for "green" cars that use less fossil fuel and emit fewer pollutants. Under which of the following external information sources for making marketing decisions will this information be included?

A) legal environment

B) technology transformations

C) natural world

D) competition

E) economic conditions

11. The marketing manager for Dream Weaver Textiles reads in a trade magazine that the Federal Trade Commission is in the process of revising content labeling requirements for textiles that claim to be natural. In the context of external forces affecting marketing decisions, this represents the _____.

A) economic conditions

B) geographic changes

C) technological transformations

D) political/legal environment

E) natural world

12. Since there are so many other companies that operate in the food service industry, the marketing manager of Gourmet Dining pays detailed attention to what other restaurants that offer similar meals, prices, and services are doing. In the context of external forces affecting marketing decisions, the marketing manager's focus is on _____.

A) demographics

B) competition

C) the political/legal environment

D) technological transformations

E) the natural world

13. Good marketing research looks to develop answers to fit a predecided outcome.

A) True

B) False

10. Big Wheel Motors의 마케팅 매니저는 화석 연료를 덜 사용하고 오염 물질을 덜 배출하는 "친환경" 자동차에 대한 수요가 증가하고 있음을 알아차렸다. 다음 중 마케팅 의사결정을 위한 외부 정보 출처는 무엇인가?

A) 법적 환경   B) 테크놀로지 변화

C) 자연환경   D) 경쟁

E) 경제적 조건

11. Dream Weaver Textiles의 마케팅 매니저는 해당 산업 관련 잡지에서 연방거래위원회(FTC)가 "천연"이라고 주장하는 섬유에 대한 내용물 표시 요건을 개정하는 프로세스에 있다고 밝혔다. 마케팅 의사결정에 영향을 미치는 외부의 힘의 맥락에서, 이것은 ____(을)를 나타낸다.

A) 경제적 조건   B) 지리적 변화

C) 테크놀로지 변화   D) 정치적/법적 환경

E) 자연환경적 세계

12. 요식 서비스업을 하는 다른 회사들이 너무 많기 때문에, Gourmet Dining의 마케팅 매니저는 비슷한 식사, 가격, 서비스를 제공하는 다른 식당들이 어떤 일을 하고 있는지에 대해 세심한 주의를 기울인다. 마케팅 의사결정에 영향을 미치는 외부적 영향력의 맥락에서 볼 때 마케팅 매니저는 _____에 초점을 맞추고 있다.

A) 인구통계학   B) 경쟁

C) 정치적/법적 환경   D) 테크놀로지 변화

E) 자연환경 세계

13. 좋은 마케팅 리서치는 이미 결정된 결과와 일치하는 응답을 만들어 내는 것을 목표로 한다.

A) 맞음   B) 틀림

14. The marketing manager for Brand A Razors, a strong national brand, believes he knows how customers will react to a new product offering, but he conducts market research so that he can provide justification for this new product. This cannot be considered quality market research because it _____.

A) fails to prejudge the outcome

B) enhances the validity of the information

C) is not impartial and objective

D) enhances good decision making

E) is a result of the methodical analysis of data

15. Which of the following is NOT a part of the market research process?

A) defining the problem

B) implementing the recommendations

C) establishing the research design

D) collecting the data

E) searching secondary sources

16. Apex Jerseys, a manufacturer of sports apparel and sports equipment, has experienced a sharp drop in sales over the last quarter. The marketing manager asks the marketing research department to investigate this alarming development. The first step taken by the researchers in their process should be to _____.

A) design a questionnaire to gather pertinent data

B) decide which statistical procedure to use

C) determine sources of internal secondary data

D) identify the sample of customers to survey

E) formulate a specific research problem

14. 강력한 내셔널 브랜드인 Brand A Razors의 마케팅 매니저는 고객들이 신제품에 대해 어떻게 반응할지 알고 있다고 생각하지만, 그는 이 신제품 개발에 대한 정당성을 제공하기 위해 마켓 리서치를 수행한다. 이는 _____ 때문에 좋은 품질의 시장 리서치라고 볼 수 없다.

A) 결과를 예단하는 데 실패하기

B) 정보의 타당성을 높이기

C) 공정하지 않고 객관적이지도 않기

D) 좋은 의사 결정을 개선하기

E) 데이터의 체계적인 분석의 결과이기

15. 다음 중 마켓 리서치 프로세스의 일부가 아닌 것은 무엇인가?

A) 문제의 정의   B) 권장 사항의 실행

C) 리서치 설계 실행   D) 데이터 수집

E) 2차 원천 탐색

16. 스포츠 의류 및 장비 제조업체인 Apex Jerseys는 지난 분기 동안 매출이 급감했다. 마케팅 매니저는 마케팅 리서치 부서에 이 놀라운 현상에 대해 조사해 달라고 요청한다. 리서처들이 그들의 프로세스 내에서 취하는 첫번째 단계는 _____ 하는 것이어야 한다.

A) 관련성 있는 데이터를 수집하기 위해 질문지를 설계

B) 어떤 통계적 절차를 사용할지에 대한 의사결정

C) 내부적 2차 데이터의 출처를 확인

D) 서베이 실시할 고객의 샘플 정하기

E) 특정한 리서치 문제를 정립하기

17. B&B Co. is conducting market research to determine if a new beverage will be successful. The company is in the process of determining the kind of research that needs to be done, the information needed, and the sampling plan—including the research participants. B&B is in which stage of the market research process?

A) collecting the data

B) searching secondary sources

C) establishing the research design

D) analyzing the research data

E) reporting the research findings

18. Reasons for conducting exploratory research include _____.

A) discovering the cause and effect between variables

B) discovering differences across demographic characteristics

C) identifying characteristics of the target market

D) assessing competitors' actions in the marketplace

E) answering the research question

19. Brand X diapers, a national brand, has been declining in absolute level of sales for the last four consecutive months. The product manager asks the market research department to do a study to determine why sales have declined. The most appropriate research type would be _____.

A) a laboratory experiment   B) a field experiment

C) a descriptive study   D) an exploratory research

E) a causal research

20. Causal research is useful for identifying characteristics of a target market or determining how customers use a product.

A) True   B) False

17. B&B 사는 새로운 음료가 성공적일지 결정하기 위해 마켓 리서치를 실시하고 있다. 이 회사는 수행해야 할 리서치의 종류, 필요한 정보, 그리고 샘플링 플랜(리서치 참가자를 포함시키는 일)을 결정하는 프로세스에 있다. B&B는 마켓 리서치 프로세스의 어느 단계에 있는가?

A) 데이터 수집

B) 2차 소스 검색

C) 리서치 설계 수행

D) 리서치 데이터 분석

E) 리서치 결과 보고

18. 탐색적 리서치를 수행하는 이유는 _____(을)를 포함한다.

A) 변수들 간의 원인과 결과 발견

B) 인구통계학적 특성 간의 차이 발견

C) 타겟 시장의 특성 확인

D) 시장에서 경쟁업체 행동의 평가

E) 리서치 질문에 대한 답변

19. 내셔널 브랜드인 X브랜드 기저귀는 지난 4개월 연속 매출의 절대치가 감소하고 있다. 제품 매니저는 마켓 리서치 부서에 매출이 감소한 이유를 파악하기 위한 리서치를 의뢰한다. 이 때 가장 적절한 리서치 유형은 _____이다.

A) 실험실 실험 　　　　　　　　　　B) 필드 실험

C) 서술적 리서치 　　　　　　　　　D) 탐색적 리서치

E) 인과적 리서치

20. 인과적 리서치는 타겟 시장의 특성을 파악하거나 고객이 제품을 사용하는 방법을 알아내는 데 유용하다.

A) 맞음 　　　　　　　　　　　　　B) 틀림

21. A restaurant's marketing manager is interested in finding out if reducing the price of food items will lead to increased sales. For this purpose, the manager should conduct _____ research.

A) causal
B) exploratory
C) descriptive
D) secondary
E) longitudinal

22. Sheena, marketing manager for Yaard-Vark Lawn Tractors, is interested in the relationship between the prices of lawn tractors and the level of sales. To test whether increasing prices will lead to a change in sales and, if so, how much of a change, she should use _____ research.

A) causal
B) descriptive
C) random
D) academic
E) exploratory

23. The sole proprietor of Sam's Swings is interested in gaining a better understanding of his current customers in terms of certain demographic and lifestyle characteristics so he may better serve their needs. For this purpose, he should most appropriately conduct _____ research.

A) causal
B) descriptive
C) random
D) academic
E) exploratory

24. The owners of Tyrell's Tattoo Shop are interested in determining the nature of the relationship between their clients' professional occupation and the number of tattoos that individuals have. In this case, which research will result in the most appropriate way to explain the nature of this relationship?

A) descriptive
B) exploratory
C) longitudinal
D) clinical
E) random

21. 한 음식점의 마케팅 매니저가 음식 가격을 낮추는 것이 매출 증가로 이어질지 여부를 확인하려고 한다. 이를 위해 매니저는 _____ 리서치를 수행해야 한다.

A) 인과적   B) 탐구적

C) 서술적   D) 2차

E) 종단적

22. Yaard-Vark Lawn Tractors사의 마케팅 매니저인 Sheena는 잔디 트랙터 가격과 판매 실적 간의 관계에 관심이 있다. 가격 인상이 매출의 변화로 이어질까, 그리고 매출이 변화한다면 얼마나 크게 변화할까에 대해 검증하기 위해서는 _____ 리서치를 사용해야 한다.

A) 인과적   B) 서술적

C) 무작위적   D) 학문적

E) 탐색적

23. Sam's Swings의 소유주는 특정 인구 통계학적 및 라이프스타일적 특성과 관련하여 현재 고객을 더 잘 이해하여 고객의 니즈에 더 잘 부응할 수 있도록 하는 데 관심이 있다. 이러한 목적을 위해, 그는 _____(을)를 가장 적절하게 수행해야 한다.

A) 인과적   B) 서술적

C) 무작위적   D) 학문적

E) 탐구적

24. Tyrell's Tattoo Shop의 오너들은 고객의 직업과 개인이 가지고 있는 문신의 수 사이의 관계의 본질을 파악하는 데 관심이 있다. 이 경우, 어떤 리서치가 이 관계의 본질을 설명하는 가장 적절한 방법일까?

A) 서술적   B) 탐구적

C) 종단적   D) 임상적

E) 무작위적

25. Brand Electronics' marketing manager would like to know about the typical consumer who purchases handheld computers. He begins by searching online and in databases for this information, but soon discovers that a product is too new for the sources to be of help. In this instance he will need _____ data to solve his research problem.

A) secondary   B) governmental

C) experimental   D) primary

E) subjective

26. Burger Bistro recently experienced a decline in hamburger sales after salmonella was discovered during a health inspection at one of the restaurants. The marketing manager was interested in how other restaurants had dealt with similar situations. Which of the following types of data would be the most appropriate way to find answers related to this marketing problem?

A) secondary   B) subjective

C) experimental   D) primary

E) quantitative

27. A marketing manager is considering a new advertising campaign for Guzzle Beverages. She purchases six months of scanner data for Cruncheez Snack Foods, a company that recently ran a similar campaign. She wants to use this information to determine the campaign's effectiveness before implementing it for Guzzle. In this case, the marketing manager is using _____ to collect the needed information for research.

A) mechanical observation   B) unstructured interviews

C) observational data   D) secondary data

E) behavioral data

25. Brand Electronics의 마케팅 매니저가 휴대용 컴퓨터를 구입하는 일반적인 소비자에 대해 알고 싶어 한다. 그는 온라인과 데이터베이스 내에서 이 정보를 검색하는 것으로 시작하지만, 곧 제품이 너무 새로 나온 것이어서 도움이 되지 않는다는 것을 알게 된다. 이 경우 리서치 문제를 해결하기 위해 _____ 데이터가 필요하다.

A) 2차   B) 정부의
C) 실험적   D) 1차
E) 주관적

26. Burger Bistro는 최근 한 식당에서 건강 검사(위생 검사) 중에 살모넬라균이 발견된 후 햄버거 매출이 감소했다. 마케팅 매니저는 다른 식당들이 비슷한 상황에 어떻게 대처했는지에 대해 관심이 있었다. 다음 중 이 마케팅 문제와 관련된 답변을 찾는 데 가장 적합한 데이터 유형은 무엇인가?

A) 2차   B) 주관적
C) 실험적   D) 1차
E) 정량적

27. 한 마케팅 매니저가 Guzzle Beverages의 새로운 광고 캠페인을 고려하고 있다. 그녀는 최근 유사한 캠페인을 운영한 회사인 Cruncheez Snack Foods의 6개월 분량의 스캐너 데이터(매장 내 판매 데이터)를 구입한다. 그녀는 Guzzle을 위해 캠페인을 실행하기 전에 이 정보를 사용하여 캠페인의 효과를 확인하려고 한다. 이 경우 마케팅 매니저는 _____(을)를 사용하여 리서치에 필요한 정보를 수집하는 것이다.

A) 기계적 관찰   B) 비구조화된 인터뷰
C) 관찰 데이터   D) 2차 데이터
E) 행동적 데이터

28. The account manager of a market research firm is conducting secondary research on consumer preferences in energy drinks for his clients. His client's drink is 100 percent organic, but all of the secondary data he has found contains only beverages that contain a majority of artificial ingredients. This scenario illustrates the fact that secondary data _____.

A) can alone provide specific answer to a research problem

B) are more expensive than primary data

C) are always updated and current

D) will not fit the research problem exactly

E) has high validity regardless of the methodology used

29. The owner of Joe's Pool Hall found some secondary data online that measured consumer reactions to certain amenities in bars and nightclubs. However, he is concerned about how these data were collected and from whom it was collected. This represents the concerns associated with the _____ of secondary data.

A) validity   B) cost

C) speed   D) aptness

E) availability

30. The marketing managers of Brand Z Shoes have clearly defined their research problem as "If we increase our promotions expenditures, by what percentage will it increase sales?" They have also decided that they need primary data to answer this question. To collect these data, it is best for them to use _____ research.

A) qualitative   B) mechanical

C) exploratory   D) quantitative

E) case-based

28. 한 마켓 리서치 회사의 고객 담당자가 고객을 위해 에너지 음료에 대한 소비자 선호도에 대한 2차 리서치를 실시하고 있다. 그의 고객의 음료는 100% 유기농이지만, 그가 발견한 모든 2차 데이터에는 대부분 인공 성분이 포함된 음료만 포함되어 있다. 이 시나리오는 2차 데이터가 _____(이)라는 사실을 보여준다.

A) 리서치 문제에 대한 구체적인 답을 제공할 수 있는 유일한 방법

B) 1차 데이터보다 비용이 더 많이 필요

C) 항상 업데이트되고 최신 상태

D) 리서치 문제에 정확히 들어맞지 않는다는 것

E) 사용된 방법론에 관계없이 타당성이 높다

29. Joe's Pool Hall의 오너는 온라인에서 술집과 나이트클럽의 부대시설에 대한 소비자 반응을 측정한 몇 가지 2차 데이터를 발견했다. 그러나 그는 이 데이터들이 어떻게 수집되었고 누구로부터 수집되었는지에 대해 우려하고 있다. 이는 2차 데이터의 _____(와)과 관련된 우려 사항을 나타낸다.

A) 타당성 B) 비용

C) 스피드 D) 적절성

E) 가용성

30. 브랜드 Z 슈즈의 마케팅 담당자들은 자신들의 리서치 문제를 "만약 우리가 프로모션 비용을 늘린다면, 매출이 몇 퍼센트 증가할 것인가?"라고 분명히 정의했다 그들은 또한 이 질문에 답하기 위해 1차 데이터가 필요하다고 결정했다. 이러한 데이터를 수집하려면 _____ 리서치를 사용하는 것이 가장 좋다.

A) 정성적인 B) 기계적인

C) 탐색적인 D) 정량적인

E) 케이스 기반의

31. Vegan Videos has decided to conduct exploratory research to clarify its marketing-related research problem. The company needs to collect primary data using qualitative research, and it needs to collect this data from 10 customers with only one researcher. In this case, Vegan Videos would most likely use a(n) _____ to collect the data and meet its short deadline.

A) in-depth interview
B) experimental design
C) statistical method
D) case-study research
E) focus group

32. The marketing manager for Joe's Shoe-Mart has decided to conduct descriptive research using primary data. Based on some preliminary research of trade journals and interviews with customers, she knows what questions to ask. However, the customers she wants information from are spread out over many stores in several states. The best technique for her to collect this data would be _____.

A) in-depth interviews
B) case studies
C) focus groups
D) experiments
E) surveys

33. An in-depth interview is a structured conversation with an individual who was selected at random.

A) True
B) False

34. The marketing manager of Low Cost Retailer wants to conduct descriptive research to gather information on what customers purchase, when they purchase, and how often they purchase certain products. For this purpose, the marketing manager should use _____.

A) an in-depth interview
B) a focus group
C) behavioral data
D) causal data
E) a laboratory experiment

31. Vegan Videos는 자사의 마케팅 관련 리서치 문제를 명확히 하기 위해 탐색적 리서치를 진행하기로 했다. 그 회사는 정성적 리서치를 이용하여 1차 데이터를 수집해야 하며, 리서처 한 명만으로 10명의 고객으로부터 이 데이터를 수집해야 한다. 이 경우, Vegan Videos는 데이터를 수집하고 짧은 마감일자를 맞추기 위해 _____(을)를 사용할 가능성이 높다.

A) 심층 인터뷰   B) 실험적 설계

C) 통계적 방법   D) 케이스 스터디 리서치

E) 포커스 그룹

32. Joe's Shoe-Mart의 마케팅 매니저는 1차 데이터를 사용하여 서술적인 리서치를 수행하기로 결정했다. 업계 전문지를 통한 예비 조사와 고객 인터뷰를 바탕으로 그녀는 어떤 질문을 해야 할지 알고 있다. 하지만, 그녀가 정보를 원하는 고객들은 여러 주(州)에 있는 많은 상점들에 퍼져 있다. 그녀가 이 데이터를 수집하는 가장 좋은 방법은 _____일 것이다.

A) 심층 인터뷰   B) 케이스 스터디

C) 포커스 그룹   D) 실험

E) 서베이

33. 심층 인터뷰는 무작위로 선택된 개인과의 구조화된 대화이다.

A) 맞음   B) 틀림

34. Low Cost Retailer의 마케팅 매니저는 고객들 무엇을 구입하고, 언제 구입하며, 특정 제품을 얼마나 자주 구입하는지에 대한 정보를 수집하기 위해 서술적인 리서치를 수행하려고 한다. 이를 위해 마케팅 매니저는 _____(을)를 사용해야 한다.

A) 심층 인터뷰   B) 포커스 그룹

C) 행동적 데이터   D) 인과적 데이터

E) 실험실 실험

35. The manager of Gina's Groceries wanted to see how customers would react to some new displays. To collect this information, she posted employees where they could see the display and had them record how long customers looked at it, whether they picked up the item, and if they took the item with them. In this case, she is using _____ for her market research.

A) situation analysis
B) secondary data
C) in-depth interviews
D) observational data
E) focus groups

36. Core Market Research is testing how customers react to a proposed advertising campaign for Go Fast Sports Cars. The researchers scan consumers' brains using an fMRI machine while the consumers view a series of advertisements so that they can monitor the blood flow in different areas of the brain. In this case, Core is using _____ for its market research.

A) in-depth interviews
B) mechanical devices
C) behavioral measures
D) structured surveys
E) focus groups

37. Dan is creating a survey for his company. The question he is currently working on asks his business-to-business customers to describe the ideal purchasing transaction. Dan is utilizing a(n) _____ question.

A) hypothetical
B) open-ended
C) observational
D) closed-ended
E) statistical

38. While writing a customer satisfaction survey, the marketing director for Brand X Bank created a set of questions that customers would answer by circling a number between 1 and 7. The number 1 meant that the customers were very dissatisfied by that aspect of the experience, whereas 7 meant that they were very satisfied. The director is using _____ questions to collect this information.

A) behavioral
B) open-ended
C) observational
D) closed-ended
E) qualitative

35. Gina's Groceries의 매니저는 고객들이 새로운 디스플레이(매대)에 어떻게 반응하는지 보고 싶었다. 이 정보를 수집하기 위해, 그녀는 디스플레이를 볼 수 있는 곳에 직원들을 배치하고 고객들이 디스플레이를 얼마나 오래 봤는지, 물건을 집었는지, 그리고 그 물건을 (카트에 싣고) 가지고 갔는지를 기록하도록 했다. 이 경우, 그녀는 마켓 리서치를 위해 _____(을)를 사용하고 있다.

A) 상황 분석

B) 2차 데이터

C) 심층 인터뷰

D) 관찰 데이터

E) 포커스 그룹

36. Core Market Research는 Go Fast 스포츠카 광고 캠페인 제안에 대해 고객이 어떻게 반응하는지 테스트하고 있다. 리서처들은 소비자들이 뇌의 다른 부분의 혈류를 모니터링할 수 있도록 일련의 광고를 보는 동안 fMRI 기계를 사용하여 소비자들의 뇌를 스캔한다. 이 경우, Core는 _____(을)를 마켓 리서치에 사용하고 있다.

A) 심층 인터뷰

B) 기계적 장치

C) 행동적 측정치

D) 구조화된 리서치

E) 포커스 그룹

37. Dan은 그의 회사를 위해 서베이를 만들고 있다. 그가 현재 진행 중인 질문은 B2B 고객에게 이상적인 구매 거래에 대해 설명하도록 하는 것이다. Dan은 _____ 질문을 활용하고 있다.

A) 가설적인

B) 개방형의

C) 관찰의

D) 폐쇄형인

E) 통계적인

38. 고객 만족도 서베이를 작성하는 동안 Brand X Bank의 마케팅 디렉터는 1에서 7 사이의 숫자에 동그라미를 쳐서 고객이 답할 수 있는 일련의 질문을 작성했다. 숫자 1은 고객이 이러한 경험에 대해 매우 만족하지 못했다는 것을 의미하는 반면, 7은 매우 만족한다는 것을 의미한다. 이 디렉터는 이 정보를 수집하기 위해 _____ 질문을 사용하고 있는 것이다.

A) 행동적

B) 개방형의

C) 관찰적의

D) 폐쇄형인

E) 정성적인

39. Juan Martinez, a researcher for ABC Research Group, is working on crafting a survey for a client. He is concentrating on framing the questions, selecting response choices, refining the wording, and determining how many questions to ask. In the context of establishing the research design, Juan is focusing on the _____.

A) type of research
B) nature of data
C) nature of data collection
D) information content
E) sampling plan

40. The marketing manager of a firm has hired a market research team. Together, the manager and the researchers decide that they need data from current customers and noncustomers who fit a specific demographic and lifestyle profile. In the context of research design activities, the selection of these individuals as targets for data collection represents the _____.

A) type of research
B) nature of data
C) nature of data collection
D) information content
E) sampling plan

41. The marketing director of Bank Y decides to conduct a survey of 5, current customers to gather information to answer the research problem of what the bank can do to improve its services and customer satisfaction. She starts with a database of 50, current customers and randomly picks a name on the list to start. She then selects every tenth person as she goes down the list to receive a survey. She is using a _____ sampling method to select the participants for the study.

A) probability
B) quota
C) convenience
D) observational
E) judgment

39. ABC Research Group의 리서처인 Juan Martinez는 고객을 위한 서베이를 작성하고 있다. 그는 질문을 구성하고, 응답 초이스를 정하고, 워딩을 가다듬고, 질문을 몇 개 할지 결정하는 데 집중하고 있다. 리서치 설계를 개발하는 맥락에서 Juan은 _____에 초점을 맞추고 있다.

A) 리서치의 유형   B) 데이터의 본질

C) 데이터 수집의 본질   D) 정보 콘텐츠

E) 샘플링 플랜

40. 어떤 회사의 마케팅 매니저가 마켓 리서치 팀을 고용했다. 매니저와 리서처는 함께 특정 인구통계적 특징과 라이프스타일 프로파일을 갖는 현재 고객 및 비고객으로부터의 데이터가 필요하다고 결정했다. 리서치 설계를 개발하는 맥락에서, 이러한 사람들을 데이터 수집의 타겟으로 선택하는 것은 _____(을)를 나타낸다.

A) 리서치의 유형   B) 데이터의 본질

C) 데이터 수집의 본질   D) 정보 콘텐트

E) 샘플링 플랜

41. Bank Y의 마케팅 디렉터는 현재 5,000명의 고객을 대상으로 서베이를 실시하여 은행이 서비스와 고객 만족도를 향상시키기 위해 무엇을 할 수 있는지에 대한 리서치 문제에 답하기 위해 정보를 수집하기로 결정했다. 그녀는 현재 50,000명의 고객 데이터베이스로 시작을 하는데, 목록에서 무작위로 이름을 선택해 나가는 방식으로 시작한다. 그런 다음 그녀는 서베이 답변을 받기 위해 목록 아래로 내려가면서 10명 중 한 명을 선택한다. 그녀는 _____ 샘플링 방법을 사용하여 리서치 참가자를 선택하고 있는 것이다.

A) 확률   B) 할당량

C) 편의성   D) 관찰적

E) 판단

42. The manager of Big Brand Clothing wants to determine what items consumers are looking for this Christmas so that he can plan his orders. He decides to collect data for the purpose by stationing employees outside the store on a particular Saturday with a list of questions to ask willing shoppers to answer as they pass by. In this case, the manager is using a _____ sampling method to select respondents.

A) probability
B) random
C) systematic
D) nonprobability
E) stratified

43. While researching the possible impact of economic conditions on a proposed new product introduction on the Internet, you find an article in Bloomberg Business Week online that reviews how new products have fared during times of rising inflation. Which of the following sources of secondary data does this scenario exemplify?

A) market research organizations
B) general knowledge sites
C) government sources
D) focus groups
E) in-depth interviews

44. The CEO of Big Wheel Automotive is concerned about declining sales. He has identified his research problem as the fact that his competitors are drawing away his business. He purchases access to J. D) Power's automobile rankings to learn about possible reasons for the shift in consumer purchasing. In this case, the CEO is using _____ to collect secondary data for his research problem.

A) a survey questionnaire
B) a market research organization
C) government sources
D) focus groups
E) unstructured interviews

42. Big Brand Clothing의 매니저는 주문을 계획할 수 있도록 소비자들이 이번 크리스마스 때 어떤 품목을 찾고자 하는지 결정하려고 한다. 그는 특정 토요일에 매장 밖에 직원들을 배치하여 쇼핑객들이 길을 지날 때 그들 중 기꺼이 대답하려고 하는 사람들에게 질문 목록을 제공함으로써 데이터를 수집하기로 결정한다. 이 경우 매니저는 _____ 샘플링 방법을 사용하여 응답자를 선택하는 것이다.

A) 확률

B) 무작위

C) 체계적

D) 비확률

E) 층화된

43. 인터넷에서 제안된 신제품 출시에 경제 상황이 미칠 수 있는 영향을 조사하는 동안, 온라인 Bloomberg Business Week에서 인플레이션이 상승하는 시기에 신제품이 어떻게 성장해 왔는지 리뷰한 기사를 발견할 수 있다. 다음 중 이 시나리오에서 예시하는 2차 데이터 원천은 무엇인가?

A) 시장 리서치 기관

B) 일반 지식 사이트

C) 정부 기관 출처

D) 포커스 그룹

E) 심층 인터뷰

44. Big Wheel Automotive의 CEO는 판매량 감소를 우려하고 있다. 그는 자신의 리서치 문제를 경쟁자들이 자신의 비즈니스를 빼앗고 있다는 사실로 파악했다. 그는 소비자 구매 변화의 이유를 알아보기 위해 J.D. Power의 자동차 순위에 대한 구독권을 구입한다. 이 경우 CEO는 _____(을)를 사용하여 자신의 리서치 문제에 대한 2차 데이터를 수집하는 것이다.

A) 서베이 질문지

B) 시장 리서치 기관

C) 정부 기관 출처

D) 포커스 그룹

E) 비구조화된 인터뷰

45. The marketing manager for Brand K retail stores is in the process of getting primary data from customers to learn which current products need improvement. She is using a probability sampling method, but is having trouble figuring out how to contact customers and get them to participate. She is also debating alternative ways to record the responses so that they can be analyzed. She is concerned with the _____ part of the market research process.

A) problem definition
B) research design
C) data collection
D) data analysis
E) reporting

46. Mark Jones, the marketing manager for Big Brand Furniture, is conducting an analysis of internal sales data. These data are collected and stored electronically on site by each store. He is able to access the data on his computer at the corporate headquarters. He is gathering this information via a(n) _____.

A) CRM system
B) information broker
C) market research organization
D) online database
E) sales force automation system

47. The manager of an automotive after-market specialties firm is interested in collecting secondary data. He is concerned with the future of the industry and his competition. He would like to find industry research reports along with industry and company analysis of his competitors. His best sources of this information would be _____.

A) independent online databases
B) research studies
C) CRM systems
D) online focus groups
E) sales force automation systems

45. Brand K 소매점의 마케팅 매니저는 고객으로부터 개선이 필요한 현 제품을 파악하기 위한 1차 데이터를 수집하는 중이다. 그녀는 확률 샘플링 방법을 사용하고 있지만 고객에게 컨택하고 참여시키는 방법을 찾는 데 어려움을 겪고 있다. 그녀는 또한 그 데이터가 분석될 수 있도록 응답을 기록할 수 있는 대안적인 방법을 논의하고 있다. 그녀는 마켓 리서치 프로세스의 _____ 부분에 관심이 있다.

A) 문제 정의 　　　　　　　　　　　B) 리서치 설계

C) 데이터 수집 　　　　　　　　　　D) 데이터 분석

E) 신고

46. Big Brand Furniture의 마케팅 매니저인 Mark Jones가 내부 영업 데이터를 분석하고 있다. 이러한 데이터는 각 매장에서 현장에서 전자적으로 수집되고 저장된다. 그는 회사 본사에 있는 자신의 컴퓨터에 있는 데이터에 액세스할 수 있다. 그는 _____(을)를 통해 이 정보를 수집하고 있다.

A) CRM 시스템 　　　　　　　　　　B) 정보 브로커

C) 시장 리서치 기관 　　　　　　　　D) 온라인 데이터베이스

E) 영업 조직 자동화 시스템

47. 한 자동차 애프터마켓 전문 회사의 매니저가 2차 데이터 수집에 관심이 있다. 그는 업계의 미래와 경쟁에 대해 관심이 있다. 그는 경쟁사들에 대한 업계 및 회사 분석과 더불어, 업계 리서치 리포트를 찾고자 한다. 이 정보의 가장 좋은 출처는 _____일 것이다.

A) 독립적 온라인 데이터베이스 　　　B) 리서치 연구

C) CRM 시스템 　　　　　　　　　　D) 온라인 포커스 그룹

E) 영업 인력 자동화 시스템

48. As the marketing manager for National Household Cleaner Co., you are interested in collecting some qualitative primary data about what outcomes consumers want from your products. You would like the customers you study to react to each other's ideas. However, you want information from a wide range of customers from across the country. The best way to achieve this is to use a(n) _____.

A) online database B) survey study

C) market research organization D) online focus group

E) CRM system

49. Health+ is conducting an online focus group to learn more about the nutritional habits of senior citizens and the underlying causes of these behaviors. They are having problems because many of the members of their target market do not own computers. Which of the following disadvantages of online focus groups does this scenario illustrate?

A) limited access B) identity verification

C) environmental control D) family issues

E) qualification

50. A disadvantage of online focus groups is that _____.

A) they require someone to transcribe the spoken words into a transcript

B) they provide data in a format that is usually difficult to read and analyze

C) participants can become distracted and environmental factors can affect their concentration

D) they create an environment where participants are required to focus on the questions

E) participants cannot respond from a remote location such as from home or workplace

48. National Household Cleaner Co.의 마케팅 매니저는 소비자가 제품에서 원하는 결과에 대한 몇 가지 정성적 1차 데이터를 수집하는 데 관심이 있다. 그는 그가 연구하는 고객들이 서로의 아이디어에 반응하기를 원한다. 하지만, 그는 전국적으로 퍼져 있는 다양한 고객들의 정보를 원한다. 이를 달성하는 가장 좋은 방법은 _____(을)를 사용하는 것이다.

A) 온라인 데이터베이스
B) 서베이 연구
C) 시장 리서치 기관
D) 온라인 포커스 그룹
E) CRM 시스템

49. Health+는 노인들의 영양 섭취 습관과 이러한 행동의 근본적인 원인에 대해 더 알아보기 위해 온라인 포커스 그룹을 실시하고 있다. 그들은 타겟 시장에 속한 많은 사람들이 컴퓨터를 갖고 있지 않기 때문에 문제를 겪고 있다. 이 사례에서 설명하는 온라인 포커스 그룹의 단점은 다음 중 무엇인가?

A) 제한된 접근
B) 개인 신상 검증
C) 환경적 통제
D) 가족 관련 이슈
E) 자격 검증

50. 온라인 포커스 그룹의 단점 중 하나는?

A) 말을 글로 바꾸어 줄 사람이 필요하다.
B) 읽고 분석하기 어려운 포맷의 데이터가 제공된다.
C) 참여자들이 산만해 질 수 있고, 주변 환경적인 요인들이 집중에 영향을 줄 수 있다.
D) 참여자들이 질문에 집중하는데 필요한 환경을 만들어낸다.
E) 참여자들이 집이나 직장 같은 원격적인 장소로부터 응답할 수 없다.

51. The marketing management team of Brand Z Toys is looking at the possibility of opening a new plant in one of several developing countries. Before they decide on which country they want to build in, they want to conduct some preliminary research including local population demographics and lifestyle characteristics. However, they have discovered that the governments in several of these countries do not have a department that collects these data and no independent research firm has measured any of these areas. This demonstrates which issue with secondary data in global markets?

A) extendibility
B) accessibility
C) dependability
D) compatibility
E) comparability

52. When examining some secondary data from Uzbekistan, the marketing manager of RS Chemicals notices that the income figures seem high even after conversion to U.S. dollars. He later learns that the government agency that collects this information records total household income rather than per capita income as in most other countries. This demonstrates which issue with secondary data in global markets?

A) extendibility
B) accessibility
C) dependability
D) compatibility
E) comparability

53. The recent controversy over the age of Chinese Olympic gymnasts because of differing ages on their passports and in government files exemplifies the difficulty with the _____ of secondary data in global markets.

A) extendibility
B) accessibility
C) dependability
D) compatibility
E) comparability

51. Brand Z Toys의 마케팅 관리팀은 여러 개발도상국 중 하나에 새로운 공장을 열 가능성을 검토하고 있다. 그들은 어느 나라에 짓고 싶은지 결정하기 전에, 지역 인구통계와 라이프스타일 특징을 포함한 몇 가지 사전 리서치를 수행하기를 원한다. 하지만, 그들은 이러한 국가들 중 몇몇의 정부가 이러한 데이터를 수집하는 부서를 가지고 있지 않으며 어떠한 독립적 리서치 회사도 이러한 분야를 측정하지 않는다는 것을 발견했다. 글로벌 시장에서 2차 데이터와 관련된 이슈들 중 이 사례가 나타내는 것은 무엇인가?

A) 확장성   B) 접근가능성
C) 신뢰성   D) 호환성
E) 비교가능성

52. 우즈베키스탄의 2차 데이터를 살펴보면, RS Chemicals의 마케팅 관리자는 미국 달러로 환산해도 소득 금액이 높아 보이는 것을 알 수 있다. 그는 나중에 이 정보를 수집하는 정부의 기관이 대부분의 다른 나라들처럼 1인당 소득을 기록하는 게 아니라 총 가구 소득을 기록한다는 것을 알게 된다. 이것이 나타내는 글로벌 시장에서 2차 데이터와 관련된 문제는 무엇인가?

A) 확장성   B) 접근가능성
C) 신뢰성   D) 호환성
E) 비교가능성

53. 최근 중국 올림픽 체조 선수들의 여권과 정부 서류의 나이가 다르다는 이유로 논란이 되고 있는 것은 세계 시장에서 _____(와)과 관련된 2차 데이터의 어려움을 보여준다.

A) 확장성   B) 접근가능성
C) 신뢰성   D) 호환성
E) 비교가능성

54. The marketing management team of Superior Foods Inc. hired a research firm to collect preference data from consumers in several former Soviet Bloc countries. However, the researchers struggled to get these data, especially from older citizens who were afraid that the information would be used against them, as it had been when they were under a Communist government. Which of the following problems associated with collecting primary data in global markets does this scenario exemplify?

A) unwillingness to respond

B) limited access

C) unreliable sampling procedures

D) inaccurate language translation

E) Insufficient comprehension

55. To ensure the primary data they collected about consumer reactions to their product were accurate, the makers of Classic Toiletries hired a single research firm to visit certain cities in various countries. In the past, the company had used mail and telephone surveys by local companies in each country to gather data, but it was concerned about whom these companies were surveying and if they actually fit the demographic and lifestyle profiles of Classic's target market. Classic hired a new research firm to overcome the problem of _____ that can occur when collecting primary data in global markets.

A) unwillingness to respond

B) limited access

C) unreliable sampling procedures

D) inaccurate language translation

E) insufficient comprehension

56. A manufacturer of food products is looking at entering several new markets in developing countries. Before it does this, the company wants to collect data on item and flavor preferences in these markets. It sends out a survey that has been accurately translated into the local language, but it still receives inconsistent results. In talking with a consulting firm, the manufacturer is informed that several of these countries have extremely high illiteracy rates and the survey answers may be only random guesses by the respondents. Which of the following problems associated with collecting primary data in global markets does this scenario exemplify?

A) unwillingness to respond

B) limited access

C) unreliable sampling procedures

D) inadequate demographic information

E) insufficient comprehension

54. Superior Foods사의 마케팅 관리팀은 몇몇 구소련 블록 국가의 소비자들로부터 선호도 데이터를 수집하기 위해 리서치 회사를 고용했다. 하지만, 리서처들은 특히 그들이 공산주의 정부 하에 있었을 때 그랬던 것처럼, 그 정보가 그들에게 불리하게 사용될 것을 두려워하는 나이든 시민들로부터 이러한 데이터를 얻기 위해 어려움을 겪었다. 다음 중 글로벌 시장에서 1차 데이터를 수집하는 것과 관련된 문제는 무엇인가?

A) 응답을 꺼림
B) 제한된 접근
C) 신뢰할 수 없는 샘플링 절차
D) 부정확한 언어 번역
E) 불충분한 이해

55. Classic Toiletries는 그들의 제품에 대한 소비자 반응에 대해 수집한 1차적인 데이터가 정확한지 확인하기 위해, 다양한 국가의 특정 도시를 방문하기 위한 한 개의 리서치 회사를 고용했다. 과거에는 각국 현지 기업들의 우편 및 전화 서베이를 활용해 데이터를 수집했지만, 이들 기업이 누구를 대상으로 서베이를 하고 있는지, Classic 의 타깃 시장 인구 및 라이프스타일 프로필에 실제로 부합하는지가 관심사였다. Classic은 글로벌 시장에서 1차 데이터를 수집할 때 발생할 수 있는 _____의 문제를 해결하기 위해 새로운 그 리서치 회사를 고용한 것이다.

A) 응답을 꺼림
B) 제한된 접근
C) 신뢰할 수 없는 샘플링 절차
D) 부정확한 언어 번역
E) 불충분한 이해

56. 한 식품 제조업체가 개발도상국의 다수의 새로운 시장에 진출하려고 한다. 이를 수행하기 전에 이 회사에서는 이러한 시장의 아이템 및 맛 선호도에 대한 데이터를 수집하려고 한다. 현지 언어로 정확하게 번역된 서베이를 보내지만 여전히 일관되지 않은 결과를 받는다. 컨설팅 회사와 이야기할 때, 제조업체는 이들 국가 중 일부가 문맹률이 매우 높으며 (서베이 질문도 알지 못한 채)설문 응답자가 무작위로 찍었을 수도 있다는 사실을 알게 된다. 다음 중 글로벌 시장에서 1차 데이터를 수집하는 것과 관련된 문제는 무엇인가?

A) 응답을 꺼림
B) 제한된 접근
C) 신뢰할 수 없는 샘플링 절차
D) 불충분한 인구통계적 정보
E) 불충분한 이해

TOPIC 3-2. CRM

1. The marketing manager of Zenith Corp. is interested in ranking clients on the basis of their profitability, and accesses a database that tells him about the frequency and size of each client's order along with the actual costs per order. This database is part of the _____ system.

A) sales information

B) customer relationship management (CRM)

C) financial information

D) employee management

E) promotion management

2. One major objective of CRM is customer replacement.

A) True

B) False

3. Which of the following major objectives of customer relationship management relates to increased individual customer margins, while offering the right products at the right time?

A) customer retention

B) customer service

C) customer acquisition

D) customer profitability

E) customer loyalty

4. Customer touch points and data mining are related to which element of the process cycle for customer relationship management?

A) analysis and refinement

B) supplier interface

C) customer interaction

D) knowledge discovery

E) marketing planning

5. The Juice and Java company uses information from customers who write on its Twitter feed about its products. This is an example of a(n) _____ touchpoint.

A) interactive

B) direct interface

C) noninteractive

D) personal

E) nonpersonal

TOPIC 3-2. CRM

1. Zenith Corp의 마케팅 매니저는 수익성을 기준으로 고객의 순위를 매기는 데 관심이 있으며, 각 고객의 주문 빈도와 규모, 그리고 주문당 실제 비용을 알려주는 데이터베이스에 액세스한다. 이 데이터베이스는 _____ 시스템의 일부이다.

A) 영업 정보
B) 고객관계관리
C) 재무 정보
D) 직원 관리
E) 프로모션 관리

2. CRM의 주요 목표 중 하나는 고객 교체이다.

A) 맞음
B) 틀림

3. 다음 중 고객관계관리(CRM)의 주요 목표 중 적절한 제품을 적시에 제공하는 동시에 개별 고객으로부터 마진을 증가시키는 것과 관련된 것은 무엇인가?

A) 고객 유지
B) 고객 서비스
C) 고객 획득
D) 고객 수익성
E) 고객 로열티

4. 고객 터치포인트 및 데이터 마이닝은 고객관계관리(CRM)를 위한 프로세스 사이클의 어떤 요소와 관련이 있는가?

A) 분석 및 정제
B) 공급자 인터페이스
C) 고객 상호 작용
D) 지식 발견
E) 마케팅 플래닝

5. Juice and Java사는 자사 제품에 대한 트위터 피드에 글을 쓰는 고객의 정보를 사용한다. 이것은 _____ 터치 포인트의 사례이다.

A) 상호작용적
B) 직접적 인터페이스
C) 비상호작용적
D) 개인적
E) 비개인적

6. To maximize the use of touchpoints, a firm needs to do all of the following EXCEPT_____.

A) identify all potential touchpoints

B) inform customers that you will be using their information

C) develop objectives for what to collect at each touchpoint

D) determine how information will be collected

E) develop policies on how the information will be accessed and used

7. Marketing planning is the first phase of the customer relationship management (CRM) process cycle.

A) True   B) False

8. Which phase of the process cycle for customer relationship management represents the actual implementation of the customer strategies and programs?

A) analysis and refinement   B) supplier interface

C) customer interaction   D) knowledge discovery

E) marketing planning

9. When a customer willingly gives a company sensitive information, such as a social security number, the company is not responsible for the security of this information.

A) True   B) False

10. Ichiro is a marketing manager at a consumer products company. Ichiro's company has started selling consumer information to other sources without informing its customers that it is doing so. This is referred to as the _____ of CRM.

A) added benefit   B) dark side

C) unintended consequence   D) evolution

E) legal loophole

6. 터치포인트 사용을 극대화하기 위해 기업이 수행해야 하는 것이 아닌 것은?

A) 모든 잠재적 터치포인트들을 알아낸다.

B) 고객에게 그들의 정보를 사용할 것임을 알린다.

C) 각 터치포인트에서 무엇을 수집할 것이지에 대한 목표를 개발한다

D) 정보를 어떻게 수집해야 하는 지에 대한 방법을 결정한다.

E) 정보에 접근하고 사용하는 방법에 대한 정책을 개발한다.

7. 마케팅 플래닝은 고객관계관리 프로세스 사이클의 첫 번째 단계이다.

A) 맞음   B) 틀림

8. 고객관계관리 프로세스 사이클의 어느 단계가 고객 전략 및 프로그램의 실제적인 실행을 나타내는가?

A) 분석 및 정제   B) 공급자 인터페이스

C) 고객 상호 작용   D) 지식 발견

E) 마케팅 플래닝

9. 고객이 사회보장번호(SSN)와 같은 중요한 정보를 회사에 기꺼이 제공하는 경우, 회사는 이 정보의 보안에 대해 책임을 지지 않는다.

A) 맞음   B) 틀림

10. Ichiro는 소비재 회사의 마케팅 매니저이다. Ichiro의 회사는 고객에게 알리지 않고 소비자들의 정보를 다른 소스에 판매하기 시작했다. 이러한 상황을 CRM의 _____(이)라고 한다.

A) 부가적 혜택   B) 어두운 면

C) 의도치 않은 결과   D) 진화

E) 법률적 허점

11. When Target had a data breach that resulted in the loss of the personal information of 40 million customers, it _____.

A) postponed a campaign focused on Target's corporate citizenship

B) refunded purchases to customers made during a two-week period

C) sent all customers a gift card to Target stores

D) hid the information from its customers

E) fired the employee who caused the data breach.

12. When Lucifer joined his company as CEO, he instituted an organization-wide focus on understanding the requirements of customers, making sure that everyone in the organization understood the customer marketplace. Lucifer was practicing _____.

A) a customer orientation
B) an organizational reorganization

C) a product reflow
D) a human resources policy

E) a culture modification

11. Target이 4천만 고객의 개인정보를 유실시킨 데이터 유출 사고를 당했을 때, Target은 _____.

A) 기업 시민정신에 초점을 맞춘 캠페인을 연기했다.

B) 2주간 구매된 제품에 대해 고객에게 환불해 주었다.

C) 모든 고객에게 Target 스토어의 기프트 카드를 보냈다.

D) 고객들에게 이 정보를 숨겼다.

E) 이 데이터 유출 사고를 일으킨 종업원을 해고했다.

12. Lucifer가 그의 회사의 CEO로 입사했을 때, 그는 조직의 모든 사람들이 고객 시장을 이해할 수 있도록 하기 위해 고객의 요구사항을 이해하는 데 조직 전체에 초점을 맞췄다. Lucifer는 _____(을)를 실행하고 있었다.

A) 고객 지향성

B) 조직 재구성

C) 제품 리플로우

D) 인적 자원 정책

E) 문화 수정

TOPIC 3-3. Data and Marketing Analytics

1. When Keung received the report from the interns who conducted surveys in the mall, he was concerned that they were not properly trained because the data did not match any of his other research. Keung was primarily concerned with the _____ of the data.

A) volume   B) velocity

C) variety   D) veracity

E) value

2. Bjorn felt that the focus groups did not give him enough quantitative information to make a decision, so he directed his managers to conduct surveys online and look for secondary research. Which characteristic of Big Data is Bjorn trying to achieve?

A) volume   B) velocity

C) variety   D) veracity

E) value

3. Mr. Evans is a fan of using Big Data because of its ability to generate a large amount of data that can be organized and quantified. Mr. Evans likes the _____ characteristic of Big Data.

A) volume   B) velocity

C) variety   D) veracity

E) value

4. Fred has a sales meeting coming up and he needs to know sales figures by product and by region as quickly as possible so he can direct his managers on their presentations. Fred needs the _____ characteristic of Big Data.

A) volume   B) velocity

C) variety   D) veracity

E) value

TOPIC 3-3. Data and Marketing Analytics

1. Keung이 쇼핑몰에서 서베이를 실시한 인턴들로부터 보고서를 받았을 때, 그는 그 데이터가 그의 다른 리서치와 일치하지 않기 때문에 그들이 적절하게 훈련되지 않았다고 걱정했다. Keung은 주로 데이터의 _____에 관심이 있었다.

A) 규모   B) 속도
C) 다양성   D) 정확성
E) 가치

2. Bjorn은 포커스 그룹이 의사결정을 내리기에 충분한 정량적인 정보를 제공하지 않았다고 생각하여, 매니저들에게 온라인으로 서베이를 수행하고 2차 리서치를 하도록 지시했다. Bjorn이 달성하고자 하는 빅 데이터의 특징은 무엇인가?

A) 규모   B) 속도
C) 다양성   D) 정확성
E) 가치

3. Mr. Evans는 빅 데이터가 체계화하고 정량화할 수 있는 대량의 데이터를 생성할 수 있는 능력 때문에 빅 데이터를 사용하는 것을 좋아한다. Mr. Evans는 빅 데이터의 _____(이)라는 특성을 좋아한다.

A) 규모   B) 속도
C) 다양성   D) 정확성
E) 가치

4. Fred는 곧 영업 미팅을 앞두고 있는데, 가능한 한 빨리 제품별 및 지역별 판매 숫자를 알아야 매니저들에게 프레젠테이션을 지시할 수 있다. Fred에게는 빅 데이터의 _____(이)라는 특성이 필요하다.

A) 규모   B) 속도
C) 다양성   D) 정확성
E) 가치

5. The CFO of BakersMark wasn't sure about using Big Data, and he couldn't justify the expense for collecting and storing it. In this case, he was concerned about the _____ of Big Data.

A) volume
B) velocity
C) variety
D) veracity
E) value

6. After staying in a boutique hotel in Chicago, Marissa posted a picture on her Facebook feed and described how fabulous it was. This kind of information is considered _____ data.

A) unsecured
B) abstract
C) structured
D) unstructured
E) soft

7. Tamra was so upset about how she was treated when she went on the Eiffel Tower tour that she recorded a video rant and posted it on YouTube. This is an example of _____ data.

A) unsecured
B) abstract
C) structured
D) unstructured
E) soft

8. A POS system is in use when you go to a grocery store and your transaction is collected at the cash register so companies can analyze your purchase behavior.

A) True
B) False

9. Big Data from _____, such as Cartwheel from Target, can be used to assist customers in finding in-store deals and provides opportunities for retailers to maximize the value of in-store shopping experiences.

A) business systems
B) Internet-connected devices
C) mobile apps
D) commercial entities
E) government agencies

5. Bakers Mark의 CFO는 빅 데이터를 사용하는 것에 대해 확신하지 못했으며 빅 데이터를 수집하고 저장하는 데 드는 비용을 정당화할 수 없었다. 이 경우, 그는 빅 데이터의 _____에 대해 우려했다.

A) 규모
B) 속도
C) 다양성
D) 정확성
E) 가치

6. 시카고의 부티크 호텔에 머문 후, Marissa는 페이스북 피드에 사진을 올리고 그것이 얼마나 멋진지 설명했다. 이러한 종류의 정보는 _____ 데이터로 간주된다.

A) 비보안
B) 추상
C) 정형
D) 비정형
E) 소프트

7. Tamra가 에펠탑 투어를 갔을 때 자신이 어떤 대우를 받았는지에 대해 너무 화가 나서 항의 동영상을 녹화해서 유튜브에 올렸다. 이것은 _____ 데이터의 사례이다.

A) 비보안
B) 추상
C) 정형
D) 비정형
E) 소프트

8. 당신이 식료품점에 갈 때 POS 시스템이 사용되고 있으며, 당신의 거래는 회사가 당신의 구매 행동을 분석할 수 있도록 계산대에서 수집된다.

A) 맞음
B) 틀림

9. Target의 Cartwheel과 같은 _____의 빅데이터를 사용하여 고객이 매장 내 거래를 찾을 수 있도록 지원하고 소매업체가 매장 내 쇼핑 경험의 가치를 극대화할 수 있는 기회를 제공한다.

A) 비즈니스 시스템
B) 인터넷에 연결된 장치
C) 모바일 앱
D) 상업적 실체
E) 정부 기관

10. Which of the six key sources of Big Data is being used when a company collects Big Data on customers in order to sell it to other organizations?

A) data from business systems

B) data from Internet-connected devices

C) data from mobile apps

D) data from commercial entities

E) data from government agencies

11. Marketing analytics is a new concept brought about by the increased use of mobile phones.

A) True   B) False

12. Kalea works for a large global corporation. Her job is to conduct market analyses and manage the computational costs associated with them. Kalea is MOST likely a(n) _____.

A) marketing manager   B) high-level executive

C) marketing analyst   D) financial manager

E) economist

13. Into the Abyss is an outdoor clothing company that is just starting to conduct analyses on new data. Which approach would be the appropriate first step before employing more complex analyses?

A) descriptive analytics   B) predictive analytics

C) prescriptive analytics   D) diagnostic analytics

E) determinant analytics

14. When the online shose store Zappos collects information on the average dollar amount a customer spends in a single transaction, it is using descriptive analytics.

A) True   B) False

10. 기업이 고객에 대한 빅데이터를 수집하여 다른 조직에 판매할 때, 이는 빅데이터의 6가지 주요 소스 중에서 무엇인가?

A) 비즈니스 시스템의 데이터

B) 인터넷에 연결된 장치의 데이터

C) 모바일 앱의 데이터

D) 상업적 실체로부터의 데이터

E) 정부 기관의 데이터

11. 마케팅 분석은 모바일폰 사용 증가로 인해 생겨난 새로운 개념이다.

A) 맞음   B) 틀림

12. Kalea는 글로벌 대기업에서 일한다. 그녀의 직무는 시장 분석을 수행하고 이와 관련된 계산 비용을 관리하는 것이다. Kalea는 _____(이)라고 할 수 있다.

A) 마케팅 매니저   B) 고위 간부

C) 마케팅 분석가   D) 재무 관리자

E) 이코노미스트

13. Into the Abyss는 새로운 데이터에 대한 분석을 막 시작한 아웃도어 의류 회사이다. 보다 복잡한 분석을 사용하기 전에, 어떤 접근법이 가장 적절한 첫 번째 단계인가?

A) 서술적 분석   B) 예측적 분석

C) 처방적 분석   D) 진단적 분석

E) 의사결정적 분석

14. 온라인 신발 가게 Zappos가 고객이 한 번의 거래에서 소비하는 평균 달러 금액에 대한 정보를 수집할 때, 그것은 서술적 분석을 사용하고 있다.

A) 맞음   B) 틀림

15. Jeremiah wants to find out if the new advertising campaign is positively impacting sales. He is likely to use diagnostic analytics.

A) True   B) False

16. Of the four marketing analytics approaches, diagnostic analytics is the most complex.

A) True   B) False

17. What type of marketing analytics is being used when data is used from likes for posts on Facebook?

A) Web analytics   B) social media analytics

C) retail analytics   D) CRM analytics

E) demographic analytics

18. About the only thing you know for certain about your first version of a marketing dashboard is that it will likely look the same in a year or two.

A) True   B) False

19. What is NOT an element of a great marketing dashboard?

A) earnings report   B) tools for customer insights

C) goals and objectives   D) predictive value

E) forecasting

20. Investment decisions in marketing must consider the following elements EXCEPT _____.

A) level of investment   B) returns

C) risks   D) human resources

E) hurdle rates

15. Jeremiah는 새로운 광고 캠페인이 매출에 긍정적인 영향을 미치고 있는지 알고 싶어 한다. 그는 진단적 분석을 사용할 것이다.

A) 맞음   B) 틀림

16. 네 가지 마케팅 분석 방법 중 진단적 분석이 가장 복잡하다.

A) 맞음   B) 틀림

17. 페이스북 게시물의 좋아요와 관련된 데이터를 사용할 때 어떤 유형의 마케팅 분석이 사용되고 있는가?

A) 웹 분석   B) 소셜 미디어 분석

C) 소매 분석   D) CRM 분석

E) 인구통계학적 분석

18. 마케팅 대시보드의 첫 번째 버전에 대해 확실하게 알고 있는 것은 그것이 1~2년 내에는 동일하게 보일 것이라는 것이다.

A) 맞음   B) 틀림

19. 훌륭한 마케팅 대시보드의 요소가 아닌 것은 무엇인가?

A) 수익 보고서   B) 고객 인사이트를 위한 도구

C) 목표와 세부목표   D) 예상 값

E) 예측

20. 마케팅에 대한 투자 의사결정을 내릴 때 고려하지 않는 요소는?

A) 투자 수준   B) 수익률

C) 리스크   D) 인적 자원

E) 허들 비율

21. If a low-risk marketing program has a return on marketing investment (ROMI) of 4.0, this means that any marketing program must generate at a minimum $4.00 in revenue for every _____ in marketing expenditure.

A) $1   B) $20

C) $100   D) $200

E) $5

22. When your boss, Fernando, says that you need a ROMI of 5.0, he is describing the _____ for the marketing investment.

A) risk factor   B) suitability factor

C) total rate   D) hurdle rate

E) bounce rate

21. 저위험 마케팅 프로그램의 ROMI가 4.0인 경우, 이는 모든 마케팅 프로그램이 마케팅 지출에서 _____마다 최소 4달러의 매출을 창출해야 한다는 것을 의미한다.

A) 1달러

B) 20달러

C) 100달러

D) 200달러

E) 5달러

22. 당신의 상사인 Fernando가 당신이 5.0의 ROMI가 필요하다고 말했을 때, 그는 마케팅 투자를 위한 _____에 대해 설명하고 있다.

A) 위험 요인

B) 적합성 요인

C) 총 비율

D) 허들 비율

E) 이탈 비율

DOMAIN 4. BUYERS AND MARKETS
TOPIC 4-1. Consumer Behavior

1. According to the model of the consumer decision process, the environmental forces that affect the consumer decision process include the value proposition, distribution, and marketing communications.

A) True   B) False

2. Men and women vary in the products they require, but not in the marketing communications they are receptive to.

A) True   B) False

3. James is highly influenced by his work environment. He will most likely _____.

A) go for a vacation at the same places as his coworkers

B) avoid vacationing at the same places as his coworkers

C) make different purchase decisions from his coworkers

D) shop in locations that are not preferred by his coworkers

E) wear clothes that set him apart from his coworkers

4. Gender roles do not change over time and maintain uniformity across cultures.

A) True   B) False

5. Maslow's hierarchy of needs theory suggests that individuals are interested in luxuries even if their basic needs have not been met.

A) True   B) False

6. Bella is exposed to around 2,500 messages daily. Since she cannot process, let alone retain, all those messages, she focuses on what is relevant and eliminates what is not. What psychological tool does she employ?

A) selective attention   B) selective distortion

C) selective awareness   D) selective retention

E) selective hearing

DOMAIN 4. BUYERS AND MARKETS
TOPIC 4-1. Consumer Behavior

1. 소비자 의사결정 프로세스의 모델에 따르면, 소비자 의사결정 프로세스에 영향을 미치는 환경적 영향력에는 가치 제안, 유통, 그리고 마케팅 커뮤니케이션이 포함된다.

A) 맞음   B) 틀림

2. 남성과 여성은 그들이 필요로 하는 제품에는 차이가 있지만, 그들이 받아들이는 마케팅 커뮤니케이션에는 차이가 없다.

A) 맞음   B) 틀림

3. James는 그의 업무 환경에 큰 영향을 받는다. 그는 아마 _____ 것이다.

A) 그의 동료들과 같은 장소로 휴가를 갈

B) 그의 동료들과 같은 장소에서 휴가를 보내는 것을 피할

C) 그의 동료들과 다른 구매 의사결정을 내릴

D) 그의 동료들이 선호하지 않는 장소에서 쇼핑을 할

E) 그가 동료들과 차별되는 옷을 입을

4. 성 역할은 시간이 지남에 따라 변하지 않고 문화 전반에 걸쳐 균일성을 유지한다.

A) 맞음   B) 틀림

5. Maslow의 욕구 위계 이론은 개인이 기본적인 니즈가 충족되지 않았더라도 사치품에 관심이 있다는 것을 시사한다.

A) 맞음   B) 틀림

6. Bella는 매일 약 2,500개의 (광고)메시지에 노출된다. 그녀는 이러한 모든 메시지를 기억하기는 커녕 처리할 수도 없기 때문에 관련성 높은 것에만 초점을 맞추고 관련성 낮은 것은 제거한다. 그녀는 어떤 심리적 도구를 사용하는가?

A) 선택적 주목   B) 선택적 왜곡

C) 선택적 인지   D) 선택적 유지

E) 선택적 청취

7. Alma and Tarvares see an ad for a new Sony LCD flat-panel television. Alma sees the ad as a high-quality television worth the money while Tarvares sees the ad as an overpriced television that does not warrant a premium price. What makes them see the same ad so differently?

A) acceleration factors
B) degrees of affiliation
C) cognitive dissonance
D) perception
E) formalization

8. When baby boomers hear music that connects them with positive memories and the product and brand that is being advertised, it demonstrates the idea of _____.

A) conditioned learning
B) operant conditioning
C) cognitive learning
D) organizational learning
E) operant memory

9. Cognitive learning involves creating an association between two stimuli.

A) True
B) False

10. Frito-Lay is using _____ when offering free in-store samples of Doritos for the express purpose of getting people to try the product, enjoy the product, and finally purchase a bag of Doritos.

A) operant conditioning
B) cognitive learning
C) behavioral mining
D) database marketing
E) classical conditioning

11. When Bob was asked to describe Sherry, he didn't describe her based on her age or education; rather, he talked about her easy-going manner, which reflected her "personality".

A) True
B) False

7. Alma와 Tarvares는 새로운 소니 LCD 평면 텔레비전 광고를 보고 있다. Alma는 이 광고를 돈 값어치를 하는 높은 품질의 TV를 위한 것이라고 보고 있는 반면 Tarvares는 이 광고를 프리미엄 가격에 걸맞지 않는 지나치게 비싼 텔레비전을 위한 것으로 보고 있다. 무엇이 그들이 같은 광고를 그렇게 다르게 보이게 하는가?

A) 가속 요인   B) 제휴도

C) 인지부조화   D) 지각

E) 공식화

8. 베이비부머들이 긍정적인 기억과 광고되고 있는 제품과 브랜드를 연결하는 음악을 들을 때, 그것은 _____의 아이디어를 보여준다.

A) 조건적 학습   B) 조작적 조건화

C) 인지적 학습   D) 조직 학습

E) 조작적 메모리

9. 인지적 학습은 두 자극 사이에 연관성을 만드는 것이다.

A) 맞음   B) 틀림

10. Frito-Lay는 사람들이 제품을 시식해보고, 제품을 좋아하고, 마지막으로 Doritos 한 봉지를 구매할 수 있도록 하는 분명한 목적으로 Doritos의 무료 매장 샘플을 제공할 때, _____(을)를 사용하고 있는 것이다.

A) 조작적 조건화   B) 인지적 학습

C) 행동적 마이닝   D) 데이터베이스 마케팅

E) 고전적 조건화

11. Bob에게 Sherry에 대해 말해 달라는 요청을 받았을 때, 그는 그녀의 나이나 학벌에 근거하여 그녀를 묘사하지 않았다. 오히려, 그는 그녀의 편안한 태도에 대해 이야기했는데, 이것은 그녀의 개성을 나타낸다.

A) 맞음   B) 틀림

12. Research on brand personality identified five brand personality traits. These include honesty, enthusiasm, skill, hardiness, and sense of humor.

A) True B) False

13. Bob, a Pittsburgh native, thinks of his family as his wife, children, siblings, and parents. Marco, a Mexican immigrant, thinks of his family as a larger network including cousins and grandparents. This reflects a difference in cultural values.

A) True B) False

14. Keeping your hands in your pockets and looking at the clock are examples of positive nonverbal communication.

A) True B) False

15. Americans value hard work and achievement while Japanese citizens value harmony and hierarchy. This shows a difference in "cultural" factors.

A) True B) False

16. In the United States, most business conversations occur between three and five feet, which is a greater distance than in Latin American cultures. This is an example of differences in _____.

A) situational factors B) personal space
C) cultural factors D) time perception
E) value equity

17. Maria identifies with a specific religious group, which is a smaller division of her culture. Maria's religious group is an example of a(n) _____.

A) institution B) social group
C) support network D) subculture
E) society

412

12. 브랜드 개성에 대한 리서치는 5가지 브랜드 성격 특성을 확인했다. 이것들은 정직, 열정, 스킬, 근면함, 그리고 유머 감각을 포함한다.

A) 맞음   B) 틀림

13. 피츠버그 출신인 Bob은 가족을 아내, 아이, 형제자매, 부모로 생각한다. 멕시코 이민자인 Marco는 그의 가족을 사촌과 조부모를 포함한 더 큰 네트워크로 생각한다. 이것은 문화적 가치의 차이를 반영한다.

A) 맞음   B) 틀림

14. 주머니에 손을 넣고 시계를 보는 것은 긍정적인 비언어적 의사소통의 사례이다.

A) 맞음   B) 틀림

15. 미국인들은 근면과 성취를 중요시하는 반면 일본인들은 조화와 위계질서를 중요시한다. 이것은 "문화적" 요인의 차이를 보여준다.

A) 맞음   B) 틀림

16. 미국에서는 대부분의 비즈니스 대화가 3피트에서 5피트 사이에서 이루어지는데, 이는 라틴 아메리카 문화권에서보다 더 큰 거리이다. 이것은 _____의 차이의 사례이다.

A) 상황적 요인   B) 개인적 공간
C) 문화적 요인   D) 시간에 대한 인식
E) 가치 형평성

17. Maria는 자신의 문화의 작은 부분인 특정 종교 집단과 동일시한다. 마리아의 종교 집단은 _____의 사례이다.

A) 제도   B) 사회적 그룹
C) 지원 네트워크   D) 하위 문화
E) 사회

18. A person shops differently when the line at the checkout is long. This is due to _____.

A) aspirational purchases
B) personal circumstances
C) physical placement
D) social factors
E) cultural values

19. John's beliefs, attitudes, and behaviors are influenced by his friends. His friends can be identified as a(n) "reference" group.

A) True
B) False

20. Ammon works at Max's Pizza shop. He is a single father and makes only minimum wages. However, by utilizing the new financial terms available, he recently leased a BMW automobile; this is an example of a(n) _____ purchase.

A) demographic
B) organizational
C) aspirational
D) concentrated
E) objective

21. Jill is considered a(n) _____ when it comes to wine because she has information about many kinds of wines, places to shop, and other facets of the wine market. Her friends always go to her when they need something for a special occasion.

A) social class
B) market maven
C) subculture
D) cognitive dissonance
E) cottage industry

22. Berta maintains a blog on cooking on which she shares recipes, product recommendations, and shopping tips. She has 300, followers and she regularly answers questions from them about cooking and where to find her favorite kitchen tools. Berta would be considered a market maven.

A) True
B) False

18. 계산대의 줄이 길면 사람이 다르게 쇼핑을 한다. 이는 _____때문이다.

A) 열망적 구매   B) 개인적 환경

C) 물리적 배치   D) 사회적 요인

E) 문화적 가치

19. 존의 신념, 태도, 그리고 행동은 그의 친구들에 의해 영향을 받는다. 그의 친구들은 준거 집단이라고 말할 수 있다.

A) 맞음   B) 틀림

20. Ammon은 Max's Pizza Shop에서 일한다. 그는 싱글 대디이고 최저 임금만 받는다. 하지만, 가용한 새로운 금융 조건을 활용하여, 그는 최근 BMW 자동차를 리스했다. 이것은 _____ 구매의 사례이다.

A) 인구통계학적   B) 조직적

C) 열망적   D) 집중된

E) 객관적

21. Jill은 많은 종류의 와인, 구매하는 곳, 그리고 와인 시장의 다양한 측면들에 대한 정보를 가지고 있기 때문에 와인에 관해서는 _____(으)로 여겨진다. 그녀의 친구들은 특별한 상황에서 무언가가 필요할 때 항상 그녀에게 간다.

A) 사회적 클래스   B) 시장 전문가

C) 하위 문화   D) 인지 부조화

E) 가내 공업

22. Berta는 요리에 대한 블로그를 운영하고 있으며, 이 블로그에서 요리법, 제품 추천, 그리고 쇼핑 팁을 공유하고 있다. 그녀는 300,000명의 팔로워를 가지고 있고 그녀는 정기적으로 요리와 그녀가 가장 좋아하는 주방 도구를 어디서 찾을 수 있는지에 대한 그들의 질문에 답한다. Berta는 시장 전문가로 간주될 것이다.

A) 맞음   B) 틀림

23. The reference group known as a secondary group includes people with whom one has frequent contact.

A) True   B) False

24. When people are concerned about the outcome of a process, they will spend more time acquiring information about product options and become more emotionally connected to the process and the decision by engaging in _____.

A) high-involvement purchase   B) high-involvement learning

C) low-involvement purchase   D) limited information search

E) minimal information search

25. Matthew has a new dog and is shopping for a pet grooming tool. He just picks up the first brush he sees and buys it. This is an example of _____.

A) low-involvement purchasing   B) low learning motivation

C) low level of commitment   D) low-involvement learning

E) low-importance purchasing

26. While Ting was watching her favorite program, Housewives of Kankakee, she happened to see a political ad that told about a candidate's views on health insurance, and she decided she would vote for her. This represents high-involvement learning.

A) True   B) False

27. Mia thinks about how she would like to feel or live today. She is thinking about a(n) _____ state.

A) real   B) ideal

C) preferred   D) experiential

E) complete

23. 준거 집단 중 2차 집단은 빈번하게 접촉하는 연락하는 사람들을 말한다.

A) 맞음　　　　　　　　　　　　　　B) 틀림

24. 사람들은 프로세스의 결과물에 대해 걱정할 때 제품 옵션에 대한 정보를 얻는 데 더 많은 시간을 소비하고 _____에 참여함으로써 프로세스와 의사결정에 더 많은 감정적 연결을 갖게 된다.

A) 고관여 구매　　　　　　　　　　B) 고관여 학습

C) 저관여 구매　　　　　　　　　　D) 제한된 정보 검색

E) 최소한의 정보 검색

25. Matthew는 새로운 개를 갖게 되었고 애완견 손질 도구를 구입하고 있다. 그는 처음 보는 브러시를 선택했고 결국 그걸 구입했다. 이것은 _____의 사례이다.

A) 저관여 구매　　　　　　　　　　B) 낮은 학습 동기

C) 낮은 수준의 확신　　　　　　　　D) 저관여 학습

E) 저중요 구매

26. Ting이 그녀가 가장 좋아하는 프로그램인 Housewives of Kankakee들을 보는 동안, 그녀는 우연히 한 선거 후보자의 건강 보험에 대한 견해를 담은 정치 광고를 보았고, 그녀는 그 후보자에게 투표하기로 결정했다. 이것은 고관여 학습을 나타낸다.

A) 맞음　　　　　　　　　　　　　　B) 틀림

27. Mia는 오늘 그녀가 어떻게 하루를 느끼고 어떻게 하루를 살고 싶은지에 대해 생각한다. 그녀는 _____ 상태에 대해 생각하고 있다.

A) 실제　　　　　　　　　　　　　　B) 이상적

C) 선호되는　　　　　　　　　　　　D) 경험적

E) 완전한

28. Mary pretends that she has a three-bedroom house with a minivan in the driveway, even though she lives in an apartment and takes the train to work. The three-bedroom house reflects Mary's real state.

A) True   B) False

29. Before Gabriel bought a camera, he reviewed magazines, solicited opinions from friends and families, conducted online searches, and tested out different cameras in the store. This is an example of a(n) _____.

A) extensive information search   B) end-user investigation

C) minimal information search   D) low involvement purchase

E) internal information search

30. Mike and Judy find out they are going to have a baby and realize their Infiniti G coupe has to be replaced with a more practical vehicle. They engage in a thorough information search by reviewing car magazines, soliciting opinions from friends and family, conducting online research, reading consumer reports, and test-driving a number of new cars and SUVs before making a final purchase decision. This is an example of extensive information search.

A) True   B) False

31. Josh notices the low-fuel light is on as he is driving home. Without any additional information, he stops at the local station on the way home to fill up. This is an example of a(n) _____.

A) high involvement purchase

B) end-user purchase

C) extensive information search

D) minimal information search

E) external information search

32. When Kobe decided it was time for a new car, he determined he wanted a Japanese-made four-door sedan. This represents Kobe's complete set.

A) True   B) False

28. Mary는 아파트(월세 집을 말함)에 살면서 기차를 타고 출근하는데도 차고에 미니밴이 있는 방 3개짜리 주택이 있는 척한다. 침실이 세 개인 그 집은 메리의 실제 상태를 반영한다.

A) 맞음   B) 틀림

29. Gabriel이 카메라를 사기 전에, (사진) 잡지들을 리뷰하고, 친구들과 가족들에게 의견을 청하고, 온라인 검색을 하고, 그리고 매장에서 여러 카메라들을 테스트했다. 이것은 _____의 사례이다.

A) 광범위한 정보 탐색   B) 최종 사용자 조사

C) 최소 정보 탐색   D) 저관여 구매

E) 내부 정보 탐색

30. Mike와 Judy는 그들이 곧 아기를 가질 것이라는 것을 인식하게 되면서 그들의 Infiniti G 쿠페를 더 실용적인 차량으로 교체해야 한다는 것을 깨닫게 되었다. 이들은 최종 구매 의사결정을 내리기 전에 자동차 잡지들을 리뷰하고, 친구와 가족의 의견을 구하며, 온라인 조사를 실시하고, 소비자 보고서를 읽고, 그리고 여러 종류의 신차와 SUV를 시승하는 등 철저한 정보 탐색에 임한다. 이것은 광범위한 정보 탐색의 사례이다.

A) 맞음   B) 틀림

31. Josh는 집으로 차를 몰고 가다가 연료 경고등에 불이 켜져 있는 것을 발견했다. 그는 추가적인 정보 탐색 없이, 집에 가는 길에 있는 동네 주유소에 들러 기름을 채운다. 이것은 _____의 사례이다.

A) 고관여 구매

B) 최종 사용자 구매

C) 광범위한 정보 탐색

D) 최소 정보 탐색

E) 외부 정보 검색

32. Kobe가 새 차를 살 때가 되었다고 결심했을 때, 그는 일본산 4도어 세단을 사고 싶다고 의사결정 했다. 이것은 Kobe의 전체 집합를 나타낸다.

A) 맞음   B) 틀림

33. When shopping with her friend, Kristina chooses the same products that her friend likes and buys. This is an example of _____ affecting the actual choice decision.

A) physical surroundings

B) social circumstances

C) time circumstances

D) biorhythms

E) state of mind

34. Karla bought her dress for the recital not because she liked the color and style, but because it made her feel good about herself, and she needed that confidence before performing. This represents the importance of the _____ aspect of a product.

A) instrumental performance

B) symbolic performance

C) social aptitude

D) disposability

E) use/nonuse

35. After shopping around, Janine bought a top-of-the-line Vitamix, but when she got home she was worried that she spent too much and should have bought a less expensive juicer. Janine was experiencing post-purchase dissonance.

A) True

B) False

33. 친구와 쇼핑을 할 때, 크리스티나는 친구가 좋아하고 사는 것과 같은 제품을 선택한다. 이것은 실제 선택 결정에 영향을 미치는 _____의 사례이다.

A) 물리적 환경   B) 사회적 환경

C) 시간적 환경   D) 바이오리듬

E) 마인드의 상태

34. Karla는 연주회에서 입을 그녀의 드레스를 구입했다. 색깔과 스타일이 마음에 들어서가 아니라, 그 옷이 그녀를 기분을 좋게 느끼게 해주었기 때문이다. 그녀는 공연 전에 그러한 자신감이 필요했던 것이다. 이것은 제품의 _____ 측면의 중요성을 나타낸다.

A) 도구적 성능   B) 상징적 성능

C) 사회적 재능   D) 일회성

E) 사용/미사용

35. 쇼핑을 마친 후, Janine은 최고급 Vitamix를 샀지만, 집에 돌아왔을 때 그녀는 너무 많은 돈을 썼기 때문에 덜 비싼 주스기를 샀어야 했다고 걱정했다. Janine은 구매 후 부조화를 겪고 있었다.

A) 맞음   B) 틀림

TOPIC 4-2. Organizational Buyer Behavior

1. When Ford Motor Company is familiar with a product and supplier, but decides to seek additional information on new products in the marketplace, it is in the process of a(n) _____.

A) straight rebuy   B) modified rebuy
C) new purchase   D) adapted rebuy
E) aspirational purchase

2. Johnson & Marshall, a growing producer of organic tea, creates a group to make purchase decisions that is made up of people from the purchasing department, senior management with financial knowledge, and engineers with design expertise. This group best represents a(n)

_____.

A) ad hoc group   B) gate keeping group
C) data warehouse   D) buying center
E) customer touch point

3. Paul is the groundskeeper for a golf course. He not only mows the greens and fairways but is also an expert on the grass that is used and how to care for it. The golf pro and club manager consult with him about what new equipment the club needs to maintain the greens. Paul plays the role of a(n) _____ in the buying process.

A) market maven   B) user
C) decider   D) opinion leader
E) gatekeeper

4. Maryanne noticed that one of the manufacturing teams lost productivity over a six-month period. She puts together a document that describes the productivity loss and does a study to determine the cause. She finds that one of the key machines in the process breaks down often. Maryanne asks several machine manufacturers to come in to make proposals for new machines. Maryanne is playing the role of a(n) _____.

A) influencer   B) gatekeeper
C) initiator   D) arbitrator
E) reseller

TOPIC 4-2. Organizational Buyer Behavior

1. Ford Motor Company가 제품과 공급업체에는 익숙하지만 시장에서 신제품에 대한 추가 정보를 찾기로 의사결정한 경우, 그 회사는 _____의 프로세스에 있다고 말할 수 있다.

A) 직접 재구매   B) 수정 재구매

C) 신규 구매   D) 적응형 재구매

E) 열망적 구매

2. 유기농 차를 생산하는 성장 기업인 Johnson & Marshall은 구매 부서의 사람들, 재무적 지식을 갖춘 고위 경영진, 그리고 디자인 전문 지식을 가진 엔지니어로 구성된 구매 의사결정을 내리기 위한 그룹을 만든다. 이 그룹은 _____(을)를 가장 잘 나타낸다.

A) 임시 그룹   B) 게이트 키핑 그룹

C) 데이터 웨어하우스   D) 구매 센터

E) 고객 터치포인트

3. Paul은 골프장의 관리인이다. 그는 잔디와 페어웨이의 잔디를 깎을 뿐만 아니라 사용되는 잔디와 그 관리 방법에 대한 전문가이다. 골프 프로와 클럽 매니저는 그 클럽이 그린을 관리하기 위해 어떤 새로운 장비가 필요한지에 대해서 그와 상의한다. Paul은 구매 프로세스에서 _____의 역할을 한다고 말할 수 있다.

A) 시장 전문가(market maven)   B) 사용자

C) 의사결정자   D) 오피니언 리더

E) 게이트키퍼

4. Maryanne은 제조 팀 중 하나가 6개월 동안 생산성이 떨어졌다는 것을 알게 되었다. 그녀는 생산성 저하를 설명하는 문서를 작성하고 원인을 파악하기 위한 리서치를 수행한다. 그녀는 이러한 프로세스 내에 있는 중요한 기계 중 하나가 자주 고장난다는 것을 발견했다. Maryanne은 몇몇 기계 제조업자들에게 새로운 기계에 대한 제안을 하기 위해 들어오라고 요청한다. Maryanne은 _____의 역할을 맡고 있다.

A) 영향력 행사자   B) 게이트키퍼

C) 최초제안자   D) 중재자

E) 재판매업자

5. Initiators are any individuals, both inside and outside the organization, with relevant expertise in a particular area that is used by the buying center in making the final decision.

A) True   B) False

6. Mark is trying to sell a metal-bending machine to a manufacturing firm. He decides to talk to people inside the firm who have expertise in metal bending—who can then provide this information to the buying center. The people he is targeting are known as _____.

A) influencers   B) users

C) gatekeepers   D) initiators

E) aggregators

7. The people in a company who block access to key personnel in the buying process are called goalkeepers.

A) True   B) False

8. Boris Jankowski is a salesperson for a manufacturer of beer making equipment. He learns that a regional microbrewery is going to expand into another state. It has created a buying center to purchase the needed equipment. Boris's first job is to _____.

A) discover the budget for the purchase

B) develop criteria for the purchase

C) discover the most important influencer

D) discover who is part of the buying center

E) develop a presentation for the buying center

9. Companies like Home Depot sell to the B2B market and B2C market out of the same store. This puts the company in the category of a(n) _____.

A) gatekeeper   B) reseller

C) out supplier   D) market maven

E) cottage industry

5. 최초제안자는 조직 내외부에서 구매 센터가 최종 의사결정을 내릴 때 사용하는 특정 영역에 대한 관련 전문 지식을 보유한 모든 개인을 칭하는 말이다.

A) 맞음　　　　　　　　　　　　　　B) 틀림

6. Mark는 금속을 구부리는 기계를 제조 회사에 팔려고 노력하고 있다. 그는 회사 내부에서 금속을 구부리는 것에 대한 전문 지식을 가진 사람들과 이야기를 나누기로 결정했다. 그들은 이러한 정보를 구매 센터에 제공할 수 있다. 그가 타겟으로 하는 사람들은 _____(으)로 알려져 있다.

A) 영향력 행사자　　　　　　　　　　B) 사용자

C) 게이트키퍼　　　　　　　　　　　D) 최초 제안자

E) 애그리게이터

7. 기업에서 구매 프로세스에서 핵심적인 사람에 대한 접근을 차단하는 사람들을 골키퍼라고 부른다.

A) 맞음　　　　　　　　　　　　　　B) 틀림

8. Boris Jankowski는 맥주 제조 장비 제조업체의 영업사원이다. 그는 지역별 소형 양조장(microbrewery)이 다른 주로 확장될 것이라는 것을 알게 되었다. 그 소형 양조장은 필요한 장비를 구매하기 위한 구매 센터를 만들었다. 보리스의 첫 번째 할 일은 _____이다.

A) 구매 예산을 확인하는 것

B) 구매 기준을 개발하는 것

C) 가장 중요한 영향력 행사자를 발견하는 것

D) 구매 센터에 속한 사람들이 누구인지 확인하는 것

E) 구매 센터를 위한 프레젠테이션을 개발하는 것

9. Home Depot과 같은 회사는 동일한 매장에서 B2B 시장과 B2C 시장 둘 다에 판매한다. 이러한 행위는 이 회사를 _____(이)라는 카테고리에 포함되게 한다.

A) 게이트키퍼　　　　　　　　　　　B) 재판매업자

C) 공급 배제자　　　　　　　　　　　D) 시장 전문가

E) 가내 공업 업종

10. Melony Inc., an automobile manufacturer, has created an integrated website to assist its purchasing department in purchasing and supplying products online. In this scenario, Melony's initiative best reflects a method of _____.

A) e-resource

B) e-retailing

C) e-sourcing

D) e-procurement

E) e-governance

10. 자동차 제조업체인 Melony Inc.는 온라인으로 제품을 구매하고 공급하는 구매 부서를 지원하기 위해 통합 웹 사이트를 만들었다. 이 시나리오에서, Melony의 계획은 _____의 방법을 가장 잘 반영한다.

A) 전자 자원

B) 전자 리테일링

C) 전자 소싱

D) 전자 조달

E) 전자 거버넌스

TOPIC 4-3. Segmentation, Targeting, and Positioning

1. While developing a segmentation approach, Walter, the brand manager of a soft drinks manufacturing company says that a segment has sufficient size. He means that the market _____.

A) has a large enough television audience to be worth considering

B) is reachable

C) can provide a positive return on investment

D) has many customers in it

E) is homogeneous

2. Which of the following criteria for market segmentation is least likely to enable successful segmentation?

A) It should be measurable.   B) It should be of sufficient size.

C) It should be readily identifiable.   D) It should be undifferentiated.

E) It should be reachable in terms of communication.

3. Which of the following questions about market segmentation relates to creation and execution of different marketing strategies to the different submarkets identified?

A) Can the segment be reached in terms of physical product?

B) Is the segment of sufficient size to warrant investing in a unique value-creating strategy for that segment as a target market?

C) Is the segment readily identifiable and can it be measured?

D) Can the segment be reached in order to deliver the value of the product, and subsequently can it be effectively and efficiently managed?

E) Is the segment clearly differentiated on one or more important dimensions when communicating the value of the product?

428

TOPIC 4-3. Segmentation, Targeting, and Positioning

1. 세분화 접근법을 개발하는 동안 청량 음료 제조 회사의 브랜드 매니저인 Walter는 세분시장이 충분한 크기를 가지고 있다고 말한다. 그는 시장이 _____(이)라는 것을 의미한다.

A) 고려할 가치가 있을 만큼 충분히 많은 텔레비전 시청자를 보유하고 있다

B) 도달 가능하다

C) 긍정적인 ROI를 제공할 수 있다

D) 그 안에 많은 고객이 있다

E) 균질하다

2. 다음 중 성공적인 세분화를 가능하게 하지 못할 것 같은 시장 세분화 기준은 무엇인가?

A) 측정 가능해야 한다.   B) 충분한 규모가 되어야 한다.

C) 쉽게 식별할 수 있어야 한다.   D) 차별화되지 않아야 한다.

E) 커뮤니케이션 측면에서 도달할 수 있어야 한다.

3. 시장 세분화에 관한 다음 질문 중 확인된 다양한 하위 시장에 대한 서로 다른 마케팅 전략의 수립과 실행에 관련된 것은 무엇인가?

A) 물리적 제품이라는 측면에서 이 세분시장에 도달할 수 있는가?

B) 타겟 시장으로서 해당 세분시장에 대한 고유한 가치 창출 전략에 대한 투자를 보장하기에, 그 세분시장은 충분한 규모를 갖고 있는가?

C) 세분시장을 쉽게 식별할 수 있으며 측정할 수 있는가?

D) 제품의 가치를 전달하기 위해 세분시장에 도달할 수 있으며, 그 후에 세분시장을 효과적이고 효율적으로 관리할 수 있는가?

E) 제품의 가치를 전달할 때 세분시장이 하나 이상의 중요한 차원에서 명확하게 구분되는가?

4. The ability to get secondary and/or primary data on a market being considered for segmentation relates to which of the following questions about marketing?

A) Can the segment be reached in terms of physical product?

B) Is the segment of sufficient size to warrant investing in a unique value-creating strategy for that segment as a target market?

C) Is the segment readily identifiable and can it be measured?

D) Can the segment be reached in order to deliver the value of the product, and subsequently can it be effectively and efficiently managed?

E) Is the segment clearly differentiated on one or more important dimensions when communicating the value of the product?

5. American credit card companies would like to offer their services to people in a country in East Africa. However, they are finding it difficult because of language barriers and infrastructure challenges. These issues are related to which of the following questions about market segmentation?

A) Do the people in this market segment have access to sufficient financial resources?

B) Is the segment of sufficient size to warrant investing in a unique value-creating strategy for that segment as a target market?

C) Is the segment readily identifiable and can it be measured?

D) Can the segment be reached in order to deliver the value of the product, and subsequently can it be effectively and efficiently managed?

E) Is the segment clearly differentiated on one or more important dimensions when communicating the value of the product?

6. Approaches to geographic segmentation include all of these EXCEPT _____.

A) region   B) density of population

C) size of population   D) gender of population

E) climate

4. 시장세분화를 고려 중인 시장에서 2차 그리고/또는 1차 데이터를 얻을 수 있는 능력은 다음 중 마케팅에 관한 어떠한 질문과 관련이 있는가?

A) 물리적 제품이라는 측면에서 이 세분시장에 도달할 수 있는가?

B) 타겟 시장으로서 해당 세분시장에 대한 고유한 가치 창출 전략에 대한 투자를 보장하기에, 그 세분시장은 충분한 규모를 갖고 있는가?

C) 세분시장을 쉽게 식별할 수 있으며 측정할 수 있는가?

D) 제품의 가치를 전달하기 위해 세분시장에 도달할 수 있으며, 그 후에 세분시장을 효과적이고 효율적으로 관리할 수 있는가?

E) 제품의 가치를 전달할 때 세분시장이 하나 이상의 중요한 차원에서 명확하게 구분되는가?

5. 미국 신용카드 회사들은 동아프리카의 한 국가에 있는 사람들에게 그들의 서비스를 제공하기를 원한다. 하지만 언어 장벽과 인프라 문제 때문에 어려움을 겪고 있다. 이 이슈는 시장세분화에 관한 다음 질문들 중 어떤 것과 관련되는가?

A) 이 세분시장의 사람들은 충분한 재무적 자원에 접근할 수 있는가?

B) 타겟 시장으로서 해당 세분시장에 대한 고유한 가치 창출 전략에 대한 투자를 보장하기에, 그 세분시장은 충분한 규모를 갖고 있는가?

C) 세분시장을 쉽게 식별할 수 있으며 측정할 수 있는가?

D) 제품의 가치를 전달하기 위해 세분시장에 도달할 수 있으며, 그 후에 세분시장을 효과적이고 효율적으로 관리할 수 있는가?

E) 제품의 가치를 전달할 때 세분시장이 하나 이상의 중요한 차원에서 명확하게 구분되는가?

6. 지리적 세분화에 대한 접근법에는 _____을 제외한 모든 것이 포함된다.

A) 지역   B) 인구 밀도

C) 인구의 규모   D) 인구의 성별

E) 기후

7. Marketers use geographic segmentation when _____.

A) certain geographic regions have more diverse populations

B) geography determines one's likes and dislikes

C) there is evidence that consumers respond differently to marketing strategies and programs based on where they live

D) there is a strong demand for the products and services of the company in some geographic regions

E) people in some regions are richer than people in other regions

8. When a retail chain sells winter coats, it sends them to different stores at different times of the year. Which of the following approaches to geographic segmentation in the United States does this scenario exemplify?

A) by region   B) by climate

C) by size of population   D) by growth in population

E) by density of population

9. Which of the following statements is True of geographic segmentation?

A) It divides consumer groups based on a variety of readily measurable descriptive factors about the group.

B) In most instances, it is an insufficient criterion in and of itself.

C) It does not consider climate while segmenting markets.

D) It does not consider the size of population while segmenting markets.

E) It is useful because the demand for all kinds of products is determined by where a person lives.

10. The largest generation is the Silent Generation.

A) True   B) False

7. 마케터들은 _____일 때 지리적 세분화를 사용한다.

A) 특정한 지리적 지역이 더 다변화된 인구를 가질 때

B) 지리가 누군가의 선호와 비선호를 결정할 때

C) 소비자들이 사는 곳에 따라 마케팅 전략과 프로그램에 다르게 반응한다는 증거가 있을 때

D) 일부의 지리적 지역에서 회사의 제품과 서비스에 대한 강력한 수요가 있을 때

E) 어떤 지역의 사람들이 다른 지역의 사람들보다 더 부자일 때

8. 한 소매 체인이 겨울 코트를 팔 때, 그 매장은 일년 중 상이한 시기에 상이한 매장으로 의류를 보낸다. 미국의 지리적 세분화에 대한 다음 중 이 시나리오의 사례는 무엇인가?

A) 지역별로   B) 기후에 따라

C) 인구 규모별로   D) 인구증가에 따라

E) 인구밀도에 따라

9. 다음 중 지리적 세분화에 대한 설명으로 옳은 것은 무엇인가?

A) 소비자 그룹을 그 그룹을 쉽게 측정할 수 있는 다양한 서술적 요인을 기반으로 나눈다.

B) 대부분의 경우, 지리적 세분화 그 자체만으로는 불충분한 기준이다.

C) 시장을 세분화할 때 기후는 고려하지 않는다.

D) 시장을 세분화할 때 인구 규모를 고려하지 않는다.

E) 사람이 사는 곳에 따라 모든 종류의 제품에 대한 수요가 결정되기 때문에 유용하다.

10. 가장 인구가 많은 세대는 침묵의 세대이다.

A) 맞음   B) 틀림

11. Katherine was born in 1970. She is environmentally conscious and media-savvy. She is most likely to be a member of which generational group?

A) baby boomer generation

B) GI generation

C) silent generation

D) Generation X

E) Generation Y

12. Cateleya was born in 2001. She is a member of _____.

A) the baby boomer generation

B) the millennial generation

C) Generation Y

D) Generation X

E) Generation Z

13. Catalina was born in 1940. She is a member of _____.

A) the baby boomer generation

B) the silent generation

C) Generation Y

D) Generation X

E) the Millennial generation

14. Which of the following would NOT be a good product for using gender segmentation?

A) Nail polish

B) Perfume

C) Toothpaste

D) Cigars

E) Pregnancy tests

15. The razor is an example of a product that appeals to both men and women, but companies figured out that _____.

A) the same product class cannot be used to attack different gender markets

B) grooming equipment may be needed by men but certainly not by women

C) there are different needs and wants for the same product category among different genders

D) markets should not be segmented based on gender

E) all products are clearly marketed for the primary consumption of both men and women

434

11. Katherine은 1970년에 태어났다. 그녀는 환경을 의식하고 미디어에 정통하다. 그녀는 어느 세대의 일원인가?

A) 베이비 붐 세대

B) GI 세대

C) 침묵의 세대

D) X세대

E) Y세대

12. Catelya는 2001년에 태어났다. 그녀는 _____의 일원이다.

A) 베이비 붐 세대

B) 밀레니얼 세대

C) Y세대

D) X세대

E) Z세대

13. Catalina는 1940년에 태어났다. 그녀는 _____의 일원이다.

A) 베이비 붐 세대

B) 침묵의 세대

C) Y세대

D) X세대

E) 밀레니얼 세대

14. 다음 중 성별 세분화를 사용하기에 적합하지 않은 제품은 무엇인가?

A) 매니큐어

B) 향수

C) 치약

D) 시가 담배

E) 임신 테스트기

15. 면도기는 남성과 여성 모두에게 매력적인 제품의 사례이지만, 기업들은 _____을 알아냈다.

A) 동일한 제품 클래스를 다른 성별 시장을 공격하는 데 사용할 수 없다

B) 그루밍 기기는 남자들에게 필요할지 모르지만 확실히 여자들에게는 필요하지 않는다

C) 성별에 따라 동일한 제품 카테고리에 대한 다양한 니즈와 원츠가 있다

D) 시장은 성별에 따라 나뉘어져서는 안 된다

E) 모든 제품은 남성과 여성 모두에 해당하는 주된 소비를 위해 분명하게 마케팅된다

16. At one time, specialized companies catered to markets segmented by race. Today _____.

A) the segments are indistinguishable

B) the segments have declined in size

C) the segments have become targets of mainstream businesses that offer specialized products

D) the segments consist of such people who tend to buy the same type of products

E) the segments lack differentiation

17. Occupation segmentation and income segmentation are essentially the same thing.

A) True   B) False

18. Offering credit cards to high school seniors is an example of "educational segmentation".

A) True   B) False

19. Which of the following is NOT true of the VALS framework?

A) The VALS framework is a tool used to measure psychographics

B) VALS segments US. Adults age 18 and older into eight consumer groups on the basis of a standardized questionnaire and proprietary algorithm.

C) VALS has shown consistently weak evidence of reliability and validity

D) Participants are grouped into categories based on low resources (survivors) and high resources (innovators) and ideals, achievement, and self-expression.

E) None of the above

20. Advertisements with messages like "Orange juice—It's not just for breakfast anymore!" or "Soup can be a delicious way to start a cold winter's day" are using _____ segmentation.

A) benefits sought   B) lifestyle

C) psychographic   D) usage patterns

E) geographic

16. 한 때, 전문화된 기업들이 인종별로 나뉘어진 시장들을 겨냥했다. 오늘날은 _____.

A) 이러한 세분시장들을 구분할 수 없다

B) 이러한 세분시장들의 크기가 줄어들었다

C) 이러한 세분시장들이 특화된 제품들을 제공하는 주류 비즈니스의 타겟이 되었다

D) 이러한 세분시장들이 같은 유형의 제품을 사는 경향이 있는 사람들로 구성된다

E) 이러한 세분시장들은 차별화가 부족하다.

17. 직업 세분화와 소득 세분화는 본질적으로 동일하다.

A) 맞음   B) 틀림

18. 고3 학생들에게 신용카드를 제공하는 것은 교육 세분화의 한 사례이다.

A) 맞음   B) 틀림

19. 다음 중 VALS 프레임워크에 대한 설명으로 틀린 것은 무엇인가?

A) VALS 프레임워크는 심리도식적 변수 측정을 위해 사용되는 도구이다

B) VALS는 미국의 18세 이상의 성인을 표준화된 설문지와 독점 알고리즘을 기반으로 8개의 소비자 그룹으로 나눈다.

C) VALS는 신뢰성과 유효성에 대한 빈약한 증거를 지속적으로 보여주었다

D) 참가자들을 낮은 자원(생존자)과 높은 자원(혁신가)으로 그룹화하고, 이상, 성취, 그리고 자기 표현을 기준으로 카테고리화 한다.

E) 틀린 내용 없음

20. "오렌지 주스"–더 이상 아침식사 때를 위한 것만이 아닙니다!" 또는 "수프는 추운 겨울날을 시작하는 맛있는 방법이 될 수 있습니다"는 메시지가 있는 광고는 _____세그먼트를 사용하고 있다.

A) 추구하는 혜택   B) 라이프스타일

C) 싸이코그래픽   D) 사용 패턴

E) 지리적

21. Target marketing is communicating one or more sources of value to customers in ways that connect needs and wants to what the product has to offer.

A) True   B) False

22. In analyzing the attractiveness of market segments, which of the following is NOT one of the most important variables?

A) segment size   B) growth potential

C) strategic fit with the firm's goals   D) location of the segment

E) competitive forces related to the segment

23. A tertiary target market has reasonable potential but is not suited for development immediately.

A) True   B) False

24. Marketing managers develop profiles of each segment and prioritize them. Which of the following is NOT one of the four basic levels of priority for development?

A) Primary target markets   B) Secondary target markets

C) Tertiary target markets   D) Quaternary target markets

E) Target markets to abandon

25. The final step in target marketing is to develop profiles of each segment under consideration for investment as a target market.

A) True   B) False

26. Customized (one-to-one) marketing is also called a niche strategy and involves targeting a large portion of a small market.

A) True   B) False

21. 타겟 마케팅은, 하나 이상의 가치 원천을 고객의 니즈와 원츠, 그리고 제품이 제공해야 하는 것을 연결하는 방식으로 커뮤니케이션하는 것이다.

A) 맞음   B) 틀림

22. 다음 중 세분 시장의 매력도를 분석할 때 가장 중요한 변수 중 하나가 아닌 것은 무엇인가?

A) 세분시장의 크기   B) 성장 잠재력

C) 회사의 목표에 맞는 전략적 적합성   D) 세분시장의 위치

E) 세분시장과 관련된 경쟁적 영향력

23. 3차 타겟 시장은 합리적인 잠재력을 가지고 있지만 즉시 개발하기에는 적합하지 않는 시장을 말한다.

A) 맞음   B) 틀림

24. 마케팅 매니저는 각 세분시장의 프로파일을 개발하고 우선 순위를 매긴다. 다음 중 프로파일을 개발을 위한 4가지 기본적인 우선순위 중 하나가 아닌 것은?

A) 1차 타겟 시장   B) 2차 타겟 시장

C) 3차 타겟 시장   D) 4차 타겟 시장

E) 포기할 타겟 시장

25. 타겟 마케팅의 마지막 단계는 타겟 시장으로서 투자를 고려 중인 각 세분시장의 프로파일을 개발하는 것이다.

A) 맞음   B) 틀림

26. 맞춤형(일대일) 마케팅은 틈새 전략이라고도 하며 소규모 시장의 대부분을 공략하는 것을 포함한다.

A) 맞음   B) 틀림

27. Effective positioning is not affected by competitive forces

A) True   B) False

28. Once market segments have been defined and analyzed and target markets have been selected for development, the firm must turn its attention to creating, communicating, delivering, and exchanging offerings that have value to the target markets. This process is known as _____.

A) positioning   B) target marketing

C) niche marketing   D) outsourcing

E) selling

29. The local sandwich shop has always sold calorie-laden sandwiches and recently introduced six new sandwiches featuring vegetables and lower-calorie meats and cheeses to appeal to health-conscious customers. What strategy is the sandwich shop pursuing?

A) repositioning   B) one-to-one marketing

C) concentration   D) tertiary target marketing

E) 80/20 rule

30. Marcia wanted a car she could drive for 10 years, so she bought a Toyota because they are known for their reliability and longevity. This BEST demonstrates the product leadership source of differentiation.

A) True   B) False

31. When a company tries to constantly develop the "next new thing," it is trying to establish _____ leadership as a source of differentiation.

A) service   B) image

C) price   D) personnel

E) innovative

27. 효과적인 포지셔닝은 경쟁적 영향력의 영향을 받지 않는다.

A) 맞음

B) 틀림

28. 시장 세분시장이 정의되고, 분석되고, 그리고 개발될 타겟 시장이 선택되면, 기업은 타겟 시장에 가치가 있는 제품을 만들고, 전달하고, 교환하는 데 관심을 돌려야 한다. 이러한 프로세스를 _____(이)라고 한다.

A) 포지셔닝

B) 타겟 마케팅

C) 틈새 마케팅

D) 아웃소싱

E) 판매

29. 이 지역 샌드위치 가게는 항상 칼로리가 높은 샌드위치를 판매해 왔는데, 최근 건강을 염려하는 고객들에게 어필하기 위해 야채와 저칼로리 고기와 치즈를 특징으로 하는 6개의 새로운 샌드위치를 선보였다. 이 샌드위치 가게는 어떤 전략을 추구하고 있는가?

A) 리포지셔닝

B) 일대일 마케팅

C) 집중

D) 3차 타겟 마케팅

E) 80/20 법칙

30. Marcia는 10년 동안 운전할 수 있는 차를 원했다. 따라서 그녀는 신뢰성과 수명으로 유명하기 때문에 Toyota를 샀다. 이는 차별화의 원천 중 제품 리더십을 설명하는 것이다.

A) 맞음

B) 틀림

31. 기업이 끊임없이 "다음의 새로운 것"을 개발하려고 할 때, 차별화의 원천으로서 _____ 리더십을 확립하려고 한다.

A) 서비스

B) 이미지

C) 가격

D) 사람

E) 혁신적

32. When a company only hires employees who are competent, reliable, courteous, credible, responsive, and able to communicate clearly, it achieves _____ leadership as a source of differentiation.

A) personnel

B) convenience

C) image

D) price

E) service

33. Michael believes that the only motorcycle anyone should ever buy is a Harley-Davidson. Whenever he sees the Harley Davidson logo on a product, he knows that product is a leader in the market. What source of differentiation has Harley Davidson achieved?

A) personnel

B) convenience

C) image

D) price

E) service

34. Pamela only bought her cars from Lexis because they made it so easy to get them serviced by picking her car up and bringing it back to her. Lexis shows _____ leadership.

A) innovative

B) image

C) price

D) personnel

E) service

35. Harold buys most of his groceries at Aldi because it has the cheapest groceries even though he has to bring his own bags and bag his own groceries. Aldi demonstrates _____ leadership.

A) innovative

B) image

C) price

D) personnel

E) service

32. 기업이 유능하고, 신뢰할 수 있고, 예의 바르고, 신뢰할 수 있고, 반응성이 높고, 명확하게 커뮤니케이션할 수 있는 직원만을 고용할 때, 차별화의 원천으로 _____ 리더십을 달성한다.

A) 인적
B) 편리성
C) 이미지
D) 가격
E) 서비스

33. Michael은 누구나 사야 할 유일한 모터사이클은 할리 데이비슨이라고 믿고 있다. 그는 제품에 Harley-Davidson 로고를 볼 때마다 이 제품이 시장의 리더라는 것을 알고 있다. Harley-Davidson이 달성한 차별화 요소는 무엇인가?

A) 사람
B) 편리성
C) 이미지
D) 가격
E) 서비스

34. Pamela는 Lexis로부터 그녀의 차를 구입했다. 왜냐하면 Lexis는 그녀의 차를 픽업해서 그녀에게 되가져다 줌으로써 서비스를 쉽게 받을 수 있게 해 주었기 때문이다. Lexis는 _____ 리더십을 보여준다.

A) 혁신적인
B) 이미지
C) 가격
D) 사람
E) 서비스

35. Harold는 Aldi에서 자주 식료품을 사는데, 비록 자신의 가방을 가져와야 하고 식료품을 직접 포장해야 하지만 그곳이 제일 싸기 때문이다. Aldi는 _____ 리더십을 보여주고 있다.

A) 혁신적
B) 이미지
C) 가격
D) 사람
E) 서비스

36. Millie prefers to stay at the Omni Hotel rather than the Embassy Suites because she knows the Omni provides high-end bedding, luxurious robes and toiletry products for every customer. What differentiation factor is affecting Millie's decision?

A) innovative
B) convenience
C) price
D) personnel
E) service

37. In overpositioning, consumers have a very broad understanding of the company, product, or brand.

A) True
B) False

38. McDonald's fell victim to confused positioning in the 1990s after introducing too many new products which caused customers to lose track of what the core brand was.

A) True
B) False

39. Firms that engage in unethical business practices are always aware of the magnitude of damage being done to their brand.

A) True
B) False

40. NovoTech Inc. is a manufacturer of PCs, and most of its revenue is generated by selling PCs to consumers. However, the company is struggling to extend the brand into other lucrative product lines such as tablets and smartphones. In this scenario, NovoTech is suffering from the error of _____.

A) underpositioning
B) doubtful positioning
C) overpositioning
D) confused positioning
E) repositioning

36. Millie는 Omni Hotel이 모든 고객에게 고급 침구류와 고급 로브, 세면용품을 제공한다는 것을 알고 있기 때문에 Embassy Suites보다는 Omni Hotel에 묵는 것을 선호한다. Millie의 의사결정에 영향을 미치고 있는 차별화 요소는 무엇인가?

A) 혁신적   B) 편리성

C) 가격   D) 사람

E) 서비스

37. 오버포지셔닝에서 소비자는 회사, 제품 또는 브랜드에 대해 매우 광범위한 이해를 갖는다.

A) 맞음   B) 틀림

38. 맥도날드는 1990년대에 고객들이 핵심 브랜드가 무엇인지 헷갈리게 만든 너무 많은 신제품을 출시한 후 혼란스러운 포지셔닝의 희생양이 되었다.

A) 맞음   B) 틀림

39. 비윤리적인 비즈니스 관행에 참여하는 기업들은 항상 브랜드에 가해진 피해의 크기를 인식하고 있다.

A) 맞음   B) 틀림

40. NovoTech사는 PC 제조업체이며 매출의 대부분은 PC를 소비자에게 판매함으로써 발생한다. 하지만, 그 회사는 그 브랜드를 태블릿과 스마트폰과 같은 다른 수익성이 좋은 제품군으로 확장하기 위해 고군분투하고 있다. 이 시나리오에서 NovoTech는 _____의 오류로 인해 어려움을 겪고 있다.

A) 언더포지셔닝   B) 의심스런 포지셔닝

C) 오버포지셔닝   D) 혼란스러운 포시셔닝

E) 리포지셔닝

41. In the 1970s, Michelob beer changed its advertising messages frequently and saw sales plummet. Slogans like "Weekends were made for Michelob," "Put a little weekend into your weekday," and "Special times deserve a special beer" had consumers checking their calendars to find the right time to drink a Michelob. Michelob was suffering from the positioning error of

_____.

A) underpositioning

B) doubtful positioning

C) overpositioning

D) confused positioning

E) repositioning

42. HerboCare, a company that sells herbal soaps, has failed to increase its sales, as consumers could not understand how soaps made by HerboCare were different or better than other herbal soaps available in the market. In this scenario, HerboCare is suffering from the positioning error of

_____.

A) underpositioning

B) doubtful positioning

C) overpositioning

D) confused positioning

E) repositioning

41. 1970년대에, Michelob 맥주는 광고 메시지를 자주 바꾸었고 판매량이 급감했다. "주말은 Michelob을 위해 만들어졌다", "평일에 주말을 조금씩 포함시켜라", "특별한 시간에는 특별한 맥주를 마실 자격이 있다"와 같은 슬로건은 소비자들이 Michelob을 마실 적절한 시간을 찾기 위해 달력을 확인하도록 했다. Michelob은 포지셔닝 오류 중 _____(으)로 고통받고 있었다.

A) 언더포지셔닝   B) 의심스런 포지셔닝

C) 오버포지셔닝   D) 혼란스러운 포시셔닝

E) 리포지셔닝

42. 허브 비누를 판매하는 회사인 HerboCare는 소비자들이 HerboCare가 만든 비누가 시장에서 판매되는 다른 허브 비누와 어떻게 다른지 또는 더 나은지 이해할 수 없었기 때문에 매출을 늘리지 못했다. 이 시나리오에서 HerboCare는 포지셔닝 오류 중 _____(으)로 인해 어려움을 겪고 있다.

A) 언더포지셔닝   B) 의심스런 포지셔닝

C) 오버포지셔닝   D) 혼란스러운 포시셔닝

E) 리포지셔닝

DOMAIN 5. THE OFFERING: PRODUCT AND SERVICE
TOPIC 5-1. Product Strategy

1. The failure of Apple Newton, the first PDA, highlights the fact that _____.

A) the essential benefit is not the fundamental need met by a product

B) people look for products that are technically superior

C) the best product technically is not always the most successful product

D) the essential component in delivering value is product pricing

E) intense marketing communications can even make a wrong product successful

2. The essential component in delivering value is the product price.

A) True   B) False

3. When the product is wrong, skilled marketing communication and pricing sophistication can correct the problems.

A) True   B) False

4. A stock-keeping unit (SKU) is a unique identification number used to track a product in the consumer's home.

A) True   B) False

5. Today, many tangible products include aspects that impact the customer's satisfaction before and after the purchase. These aspects that complement the tangible features of a product are called _____.

A) physical aspects   B) core competencies

C) monetary characteristics   D) intangible characteristics

E) essential benefits

DOMAIN 5. THE OFFERING: PRODUCT AND SERVICE
TOPIC 5-1. Product Strategy

1. 최초의 PDA인 Apple Newton의 실패는 _____(이)라는 사실을 강조한다.

A) 필수적 혜택은 제품에 의해 충족되는 근본적인 니즈가 아니다

B) 사람들은 기술적으로 더 우수한 제품을 찾는다

C) 기술적으로 최고의 제품이 항상 가장 성공적인 제품은 아니다

D) 가치를 제공하는 데 필수적인 구성요소는 제품 가격이다

E) 강력한 마케팅 커뮤니케이션은 잘못된 제품도 성공적으로 만들 수 있다

2. 가치를 제공하는 데 있어 필수적인 요소는 제품 가격이다.

A) 맞음   B) 틀림

3. 잘못된 제품이라도 숙련된 마케팅 커뮤니케이션과 프라이싱의 정교함으로 문제를 해결할 수 있다.

A) 맞음   B) 틀림

4. SKU(Stock-keeping unit)는 소비자의 가정에서 제품을 추적하는 데 사용되는 고유 식별 번호이다.

A) 맞음   B) 틀림

5. 오늘날 많은 유형의 제품에는 구매 전후 고객의 만족도에 영향을 미치는 측면이 포함되어 있다. 제품의 유형적 특성을 보완하는 이러한 측면을 _____(이)라고 한다.

A) 물리적 측면   B) 핵심 역량

C) 금전적 특성   D) 무형적 특성

E) 필수적 혜택

6. Companies often use features to differentiate themselves from competitors. However, a company must balance the features customers want with _____.

A) what the competition offers

B) the ability to manufacture the feature in a timely way

C) what customers will pay

D) the configurations that make a positive brand look stylish

E) the resources available for production

7. Reliability is a product's ability to deliver on features and performance characteristics promised in marketing communications.

A) True   B) False

8. Luxury cars such as the Chevrolet Corvette are available with tires that enable a driver to continue driving even after the tire has been damaged. This is an example of Corvette using style as a product discriminator.

A) True   B) False

9. More than any other discriminator, style has the disadvantage of being difficult to copy.

A) True   B) False

10. Barbara's Bakery sells custom cakes, cookies, and other pastries. These represent Barbara's Bakery's product line.

A) True   B) False

11. Product life cycle (PLC) includes four basic stages: introduction, growth, maturity, and delay.

A) True   B) False

450

6. 기업은 종종 특징(feature)이라는 속성을 사용하여 경쟁자와 차별화한다. 그러나 기업은 고객이 원하는 특징과 _____의 균형을 맞춰야 한다.

A) 경쟁사가 제공하는 것

B) 적시에 그 특징을 만들어 낼 수 있는 능력

C) 고객이 지불할 금액

D) 긍정적인 브랜드를 스타일리쉬하게 보여지도록 하는 구성

E) 생산을 위해 가용한 자원

7. 신뢰성은 마케팅 커뮤니케이션에서 약속한 특징과 성능 특성을 제공하는 제품의 능력이다.

A) 맞음   B) 틀림

8. Chevrolet Corvette과 같은 럭셔리 자동차에는 타이어가 손상된 후에도 운전자가 계속 운전할 수 있는 타이어가 장착되어 있다. 이것은 Corvette이 스타일을 제품 차별화 요소로 사용한 사례이다.

A) 맞음   B) 틀림

9. 다른 어떤 차별화 요인보다도 스타일은 따라하기 어렵다는 단점이 있다.

A) 맞음   B) 틀림

10. Barbara's Bakery는 맞춤형 케이크, 쿠키, 그리고 다양한 페스트리를 판매한다. 이것들은 Barbara's Bakery의 제품 라인을 나타낸다.

A) 맞음   B) 틀림

11. 제품수명주기(PLC)는 도입기, 성장기, 성숙기, 그리고 지연기라는 네 가지 기본 단계를 포함한다.

A) 맞음   B) 틀림

12. Which of the following is not a stage in the product life cycle?

A) Introduction   B) Growth

C) Maturity   D) Decline

E) Retrenchment

13. The product life cycle (PLC) generally refers to a product item rather than a product category.

A) True   B) False

14. The targeted consumers during the maturing phase of a product life cycle are innovators and early adopters.

A) True   B) False

12. 다음 중 제품수명주기의 단계가 아닌 것은 무엇인가?

A) 도입기　　　　　　　　　　　　　B) 성장기

C) 성숙기　　　　　　　　　　　　　D) 쇠퇴기

E) 축소기

13. 제품수명주기는 일반적으로 제품 카테고리가 아닌 제품 아이템에 대한 것이다.

A) 맞음　　　　　　　　　　　　　　B) 틀림

14. 제품수명주기의 성숙기에서 타겟이 되는 소비자는 이노베이터와 얼리 어답터이다.

A) 맞음　　　　　　　　　　　　　　B) 틀림

TOPIC 5-2. New Product Development

1. The three major activities in new-product development are to (generate new ideas, (screen and evaluate ideas, and (define and test product concept.

A) True   B) False

2. A go-to-market mistake happens when a good idea is prematurely eliminated during the screening process.

A) True   B) False

3. Which of the following is an overall evaluation of a product and usually assesses the product's probability of success?

A) business case analysis   B) portfolio review

C) trend prediction   D) situation analysis

E) SWOT analysis

4. Which of the following helps clarify the basic operationalization of a product during product testing, such as the physical characteristics and features?

A) alpha testing   B) beta testing

C) business case analysis   D) innovation diffusion process

E) concept testing

5. Which of the following is not a key decision that must be made when consumer product market tests are created?

A) Where   B) How long

C) Data   D) Decision criteria

E) Product

TOPIC 5-2. New Product Development

1. 신제품 개발의 세 가지 주요 활동은 1) 새로운 아이디어 창출, 2) 아이디어 선별 및 평가, 그리고 3) 제품 개념의 테스트 정의이다.

A) 맞음   B) 틀림

2. "시장 진입 실수"는 좋은 아이디어가 심사 프로세스에서 조기에 제거될 때 발생한다.

A) 맞음   B) 틀림

3. 다음 중 제품에 대한 전반적인 평가를 말하며, 일반적으로 제품의 성공 확률을 평가하는 것은 무엇인가?

A) 비즈니스 케이스 분석   B) 포트폴리오 리뷰

C) 트렌드 예측   D) 상황 분석

E) SWOT 분석

4. 다음 중 물리적 특성 및 기능과 같이 제품 테스트 중에 제품의 기본적인 작동성을 확인하는 데 도움이 되는 것은 무엇인가?

A) 알파 테스트   B) 베타 테스트

C) 비즈니스 사례 분석   D) 혁신 확산 프로세스

E) 개념 테스트

5. 다음 중 소비자 제품 시장 테스트를 작성할 때 반드시 결정해야 하는 핵심 사항이 아닌 것은 무엇인가?

A) 어디서   B) 얼마나 오래

C) 데이터   D) 의사결정기준

E) 제품

6. An individual moves through five stages before adopting a product, including awareness, notice, trial, testing, and feedback.

A) True   B) False

7. An individual purchases a product for the purpose of making a value decision. He or she is in the _____ stage of the product adoption process.

A) awareness   B) interest

C) trial   D) evaluation

E) adoption

8. Early adopters are product watchers who seek out new products but are price-sensitive.

A) True   B) False

9. Which group of adopters include prime candidates for beta testing and represent a good source of feedback late in the product development process or early in the product launch phase?

A) innovators   B) laggards

C) early adopters   D) late majority

E) early majority

6. 개인은 제품을 수용하기 전에 인지, 공지, 첫 구매, 테스트, 그리고 피드백을 포함한 5단계를 거친다.

A) 맞음　　　　　　　　　　　　　　B) 틀림

7. 한 개인은 가치 의사결정을 내릴 목적으로 제품을 구매한다. 그는 지금 제품 수용 프로세스의 ＿＿＿＿＿＿＿ 단계에 있는 것이다.

A) 인지　　　　　　　　　　　　　　B) 관심
C) 첫 구매　　　　　　　　　　　　　D) 평가
E) 수용

8. 얼리 어답터는 신제품을 구매하고자 하지만 가격에 민감한 제품 관찰자이다.

A) 맞음　　　　　　　　　　　　　　B) 틀림

9. 베타 테스트의 주요 후보자이며, 제품 개발 프로세스 후반 또는 제품 출시 단계 초반에 피드백의 좋은 출처를 나타내는 수용자 그룹을 무엇이라고 부르는가?

A) 혁신가　　　　　　　　　　　　　B) 지체 수용자
C) 얼리 어답터　　　　　　　　　　　D) 후기 다수자
E) 조기 다수자

TOPIC 5-3. Branding Strategy

1. A good branding strategy can overcome a product that fails to deliver on the value proposition by infusing it with the brand image.

A) True   B) False

2. When customers see the logo of McDougal's restaurant, they think of food served quickly in a clean, family-friendly environment. Which customer brand role does this exemplify?

A) providing competitors with a benchmark against which to compete

B) helping reassure the customer in the purchase decision

C) conveying information about a product

D) offering an effective and efficient methodology for categorizing products

E) offering legal protection for the product through a trademark

3. The owner of Sorios Lawn Service is looking to buy a new lawn tractor, a major purchase and significant financial investment. The owner decides to purchase a Dixie Chopper because of its reputation for dependability and excellent customer service which made him feel more secure and less anxious about choosing this product. Which customer brand role does this scenario exemplify?

A) providing competitors with a benchmark against which to compete

B) helping reassure the customer in the purchase decision

C) offering an effective and efficient methodology for categorizing products

D) offering legal protection for a product through a trademark

E) enabling competitors to build products targeted specifically at the market leader

4. A company's brand offers a methodology for distributing products.

A) True   B) False

TOPIC 5-3. Branding Strategy

1. 좋은 브랜드 전략은, 브랜드 이미지에 가치 제안을 주입함으로써, 가치 제안을 제대로 전달하지 못하는 제품을 극복할 수 있다.

A) 맞음   B) 틀림

2. 고객들은 McDougal의 레스토랑 로고를 보면 깨끗하고, 가족 친화적인 환경에서, 빠르게 제공되는 음식을 떠올린다. 이는 어떤 고객 브랜드 역할을 예시하는가?

A) 경쟁자들에게 경쟁할 벤치마크(기준점)를 제공함

B) 구매 의사결정에 있어 고객을 안심시키는 데 도움을 줌

C) 제품에 대한 정보를 전달함

D) 제품 분류를 위한 효과적이고 효율적인 방법론을 제공함

E) 트레이드마크를 통해 제품에 대한 법적 보호를 제공함

3. Sorios Lawn Service의 소유주는 새로운 잔디 트랙터를 구입하려고 하는데, 이는 이 회사의 주요 구매품이며 상당한 재무적 투자가 필요한 제품이다. Dixie Chopper라는 제품은 신뢰성과 우수한 고객 서비스로 명성이 자자하여, 이 제품을 선택하는 것이 그에게 더 안심이 되고 불안감을 덜 느끼게 해 주었다. 이 시나리오에서 사례를 든 고객 브랜드 역할은 무엇인가?

A) 경쟁자들에게 경쟁할 벤치마크(기준점)를 제공함

B) 구매 의사결정에 있어 고객을 안심시키는 데 도움을 줌

C) 제품 분류를 위한 효과적이고 효율적인 방법론을 제공함

D) 트레이드 마크를 통해 제품에 대한 법적 보호를 제공함

E) 경쟁업체가 특히 시장 선두업체를 겨냥한 제품을 만들(build) 수 있도록 함

4. 브랜드는 제품을 "유통하는" 방법론을 제공한다.

A) 맞음   B) 틀림

5. A brand does not allow a company to defend essential product elements such as patentable ideas in manufacturing or product design.

A) True   B) False

6. When a competitor used its logo in a disparaging way in an advertisement, Max Corp. sued. It won the suit on the basis that the competitor violated its trademark. Which company brand role does this scenario exemplify?

A) providing competitors with a benchmark against which to compete

B) offering an effective and efficient methodology for categorizing products

C) offering legal protection for a product

D) helping reassure the customer in the purchase decision

E) educating the customer about a product

7. Because Sony has so many different product offerings in various types of electronics, management has found that it is helpful to use brands to keep track of products in each type. Thus, it has different brand names for its televisions, DVD players, and portable music players. Which company brand role does this example illustrate?

A) educating the customer about a product

B) providing competitors with a benchmark against which to compete

C) offering legal protection for a product through trademark

D) helping reassure the customer in the purchase decision

E) offering an effective and efficient methodology for categorizing products

8. One advantage unbranded products have over branded products is that customers will infer a level of quality from the unbranded product that facilitates their purchase decision.

A) True   B) False

5. 브랜드는 회사가 제조나 제품 디자인에서 특허를 받을 수 있는 아이디어와 같은 필수적인 제품 요소를 방어할 수 있도록 해 주지 않는다.

A) 맞음   B) 틀림

6. 경쟁사가 광고에서 로고를 비하하는 방식으로 사용했을 때, Max Corp는 소송을 제기했다. Max는 경쟁자가 상표를 침해했다는 이유로 소송에서 이겼다. 이 시나리오는 회사의 브랜드 역할 중 무엇을 나타내는가?

A) 경쟁자들에게 경쟁할 벤치마크를 제공함

B) 제품 분류를 위한 효과적이고 효율적인 방법론을 제공함

C) 제품에 대한 법적 보호를 제공함

D) 구매 의사결정에 있어 고객을 안심시키는 데 도움을 줌

E) 고객에게 제품에 대해 교육함

7. Sony는 다양한 전자 제품 유형 중 매우 다양한 제품들을 제공하기 때문에 경영진은 각 유형별로 제품을 추적하기 위해 브랜드를 사용하는 것이 도움이 된다는 것을 발견했다. 따라서, SONY는 텔레비전, DVD 플레이어, 그리고 휴대용 음악 플레이어에 각각 다른 브랜드 이름을 가지고 있다. 이 사례는 회사의 브랜드 역할 중 무엇을 설명하고 있는가?

A) 고객에게 제품에 대해 교육함

B) 경쟁자들에게 경쟁할 벤치마크를 제공함

C) 트레이드 마크를 통해 제품에 대한 법적 보호를 제공함

D) 구매 의사결정에 있어 고객을 안심시키는 데 도움을 줌

E) 제품 분류를 위한 효과적이고 효율적인 방법론을 제공함

8. 브랜드가 붙지 않은 제품이 브랜드가 붙은 제품에 비해 갖는 한 가지 장점은 고객이 브랜드화되지 않은 제품으로부터 품질 수준을 추론하여 구매 의사결정을 용이하게 한다는 것이다.

A) 맞음   B) 틀림

9. The strongest form of brand equity that reflects a commitment to repeat purchases is brand association.

A) True   B) False

10. The owners of NK Medical Equipment have been developing the brand equity of their MRI and CAT scan equipment. Now, on the mention of NK's machines, radiologists and hospital purchasing agents usually say that they have heard of NK's offerings and are interested in learning more about them. This response signals a familiarity and potential commitment to the brand. In this case, which dimension of brand equity has been achieved by NKMedical Equipment?

A) brand assets   B) brand association

C) brand awareness   D) brand loyalty

E) perceived quality

11. Gerry always purchases clothing made by S&G Clothing. He tells others about how much he likes their clothes and the high levels of quality maintained by S&G. When a shirt he purchased turned out to be defective, instead of switching to another clothing company, he gave S&G a chance to fix the problem and still shops there. Which dimension of brand equity does Gerry demonstrate?

A) brand assets   B) brand association

C) brand awareness   D) brand loyalty

E) perceived quality

12. Since Maytag's appliances have earned a reputation as being reliable and durable, John decided to buy a new Maytag washing machine, and was willing to buy it despite the fact that it was more expensive than other brands. Which dimension of brand equity does this example illustrate?

A) brand assets   B) brand association

C) brand awareness   D) specific warranty

E) perceived quality

462

9. 반복 구매에 대한 결심을 나타내는 브랜드 에쿼티의 가장 강력한 형태는 브랜드 연상이다.

A) 맞음　　　　　　　　　　　　　　　　B) 틀림

10. NK Medical Equipment의 소유자들은 MRI와 CAT 스캔 장비의 브랜드 에쿼티를 개발해 왔다. 이제, NK의 기계에 대한 언급에 대해, 방사선 전문의와 병원의 구매 담당자들은 NK의 제품에 대해 들어본 적이 있고 그것에 대해 더 알고 싶어한다고 주로 말한다. 이러한 반응은 브랜드에 대한 친숙함(familiarity)과 잠재적인 확신을 의미한다. 이 경우 NK Medical Equipment가 달성한 브랜드 에쿼티의 차원은 무엇인가?

A) 브랜드 자산　　　　　　　　　　　　B) 브랜드 연상
C) 브랜드 인지　　　　　　　　　　　　D) 브랜드 로열티
E) 지각된 품질

11. Gerry는 항상 S&G Clothing에서 만든 옷을 구매한다. 그는 다른 사람들에게 그가 얼마나 그들의(S&G) 옷을 좋아하는지, 그리고 S&G에 의해 유지되는 높은 수준의 품질에 대해 이야기한다. 그가 구입한 셔츠가 불량으로 판명되었을 때, 그는 다른 의류 회사로 바꾸는 대신 S&G에게 문제를 해결할 기회를 주었고 아직도 여전히 그곳에서 쇼핑을 한다. Gerry가 보여주는 브랜드 에쿼티의 차원은?

A) 브랜드 자산　　　　　　　　　　　　B) 브랜드 연상
C) 브랜드 인지　　　　　　　　　　　　D) 브랜드 로열티
E) 지각된 품질

12. Maytag의 가전제품들이 신뢰할 수 있고 내구성이 높다는 평판을 얻었기 때문에, John은 새로운 Maytag 세탁기를 사기로 결심했고, 다른 브랜드들보다 비싸다는 사실에도 불구하고 기꺼이 그것을 샀다. 이 사례는 브랜드 에쿼티의 어떤 차원을 설명하는가?

A) 브랜드 에쿼티　　　　　　　　　　　B) 브랜드 연상
C) 브랜드 인지　　　　　　　　　　　　D) 구체적 워런티
E) 지각된 품질

13. Paedro's Pasta has developed a strong brand name in the dry pasta marketplace based on its texture and taste. Through its strong brand, Paedro's Pasta was able to introduce a successful line of sauces under the same brand name. Which of the following dimensions of brand equity does this example illustrate?

A) perceived quality

B) brand strategy

C) brand connections

D) perceived bonuses

E) brand loyalty

14. Because of its reputation for excellent flavor and increasing energy, DBM Beverages is able to charge a price premium for its products. Which of the following dimensions of brand equity does this example illustrate?

A) perceived quality

B) brand strategy

C) brand connections

D) perceived bonuses

E) brand loyalty

15. Hiroaki bought a bicycle from a well-known brand without even considering the other equally good, unbranded bicycles. This shows the advantage that branded products have over unbranded ones in terms of _____.

A) price efficiency

B) actual performance

C) perceived quality

D) physical features

E) product variety

16. Even though a national brand pain reliever and a store brand pain reliever both contain the same amount of ibuprofen per capsule and are both gel coated, Cho chooses to purchase the national brand because she thinks it will work better based on the brand name alone. Which dimension of brand equity does this example illustrate?

A) perceived quality

B) brand strategy

C) brand connections

D) perceived value

E) brand loyalty

13. Paedro's Pasta는 식감과 맛을 바탕으로 건조 파스타 시장에서 강력한 브랜드 이름을 개발해 왔다. 강력한 브랜드를 통해, Paedro's Pasta는 같은 브랜드 이름으로 소스들의 성공적인 라인을 출시할 수 있었다. 다음 중 이 사례가 나타내는 브랜드 에쿼티의 차원은 무엇인가?

A) 지각된 품질
B) 브랜드 전략
C) 브랜드 관계
D) 인식된 보너스
E) 브랜드 로열티

14. DBM 음료는 우수한 맛과 에너지 증대 효과로 명성이 자자하기 때문에 제품에 대해 가격 프리미엄을 부과할 수 있다. 다음 중 이 사례가 나타내는 브랜드 에쿼티의 차원은 무엇인가?

A) 지각된 품질
B) 브랜드 전략
C) 브랜드 연결
D) 인식된 보너스
E) 브랜드 로열티

15. Hiroaki는 브랜드가 없는 다른 자전거들을 똑같이 좋게 생각하지 않고 유명 브랜드의 자전거를 샀다. 이는 브랜드가 붙은 제품이 브랜드가 붙지 않은 제품에 비해 _____의 측면에서 우위에 있다는 것을 보여준다.

A) 가격 효율성
B) 실제 성능
C) 지각된 품질
D) 물리적 특징
E) 제품의 다양성

16. 비록 내셔널 브랜드 진통제와 스토어 브랜드 진통제 둘 다 캡슐 당 같은 양의 이부프로펜을 함유하고 있고 둘 다 겔 코팅이 되어 있지만, Cho는 브랜드 이름만 봐도 효과가 더 좋을 것이라고 생각하기 때문에 내셔널 브랜드 제품을 구매하기로 결심했다. 이 사례는 브랜드 에쿼티의 어떤 차원을 설명하는가?

A) 지각된 품질
B) 브랜드 전략
C) 브랜드 연결
D) 지각된 가치
E) 브랜드 로열티

17. José has been to Farm Fresh Ice Cream Shops several times. Being a loyal customer, he has developed certain emotional and psychological connections with the brand. For instance, he links the brand with higher levels of customer service. Which dimension of brand equity does this example illustrate?

A) brand assets

B) brand association

C) brand awareness

D) brand strategy

E) perceived quality

18. When Maria purchases laundry detergent, she is able to easily recall and process information about Tide, but not the other brands. Which benefit of brand equity for customers does this exemplify?

A) generalized warranty

B) brand strategy

C) brand associations

D) perceived bonuses

E) specific warranty

19. KFC is very protective of its "Seven Herbs and Spices" recipe, which, in the view of the company, gives it a significant competitive advantage over other restaurants, and will use any legal resource available to protect its patented formula. Which dimension of brand equity does this example illustrate?

A) brand assets

B) brand association

C) brand awareness

D) brand loyalty

E) perceived quality

20. Z brand is the market leader in small appliances. Its brand is also the strongest in the category and customers identify with the brand. Because of the strength of its brand, other competitors are finding it difficult to successfully enter the marketplace. Which of the following benefits of brand equity for brand sponsors does this exemplify?

A) generalized warranty

B) brand image

C) brand connections

D) perceived bonuses

E) brand awareness

17. José는 Farm Fresh 아이스크림 매장에 여러 번 방문했다. 로열한 고객으로서, 그는 브랜드와 특정한 감정적 그리고 심리적 연결을 만들어 냈다. 예를 들어, 그는 그 브랜드를 더 높은 수준의 고객 서비스와 연결시킨다. 이 사례는 브랜드 에쿼티의 어떤 차원을 설명하는가?

A) 브랜드 에쿼티

B) 브랜드 연상

C) 브랜드 인지

D) 브랜드 전략

E) 지각된 품질

18. Maria는 세탁 세제를 구입할 때 Tide에 대한 정보를 쉽게 떠올릴 수 있고 처리할 수 있지만 다른 브랜드는 기억하지 못한다. 이것은 고객에게 브랜드 에쿼티의 어떤 이점을 사례로 보여 주는 것인가?

A) 일반적 워런티

B) 브랜드 전략

C) 브랜드 연상

D) 인식된 보너스

E) 구체적 워런티

19. KFC는 "7가지 허브와 향신료"라는 레시피를 철저하게 보호하고 있다. 이 레시피는 회사의 관점에서 다른 레스토랑에 비해 상당한 경쟁 우위를 제공하며, KFC는 특허받은 이 배합을 보호하기 위해 이용 가능한 모든 법적 자원을 사용할 것이다. 이 사례는 브랜드 에쿼티의 어떤 차원을 설명하는가?

A) 브랜드 자산

B) 브랜드 연상

C) 브랜드 인지

D) 브랜드 로열티

E) 지각된 품질

20. Z 브랜드는 소형 가전제품 시장의 선두주자이다. 이 회사의 브랜드는 또한 이 부문에서 가장 강력하며, 고객들은 이 브랜드와 동일시한다(특별하게 가까운 감정을 느낀다). 이러한 브랜드의 강점 때문에, 다른 경쟁사들은 성공적으로 시장에 진입하는 것이 어렵다는 것을 깨닫고 있다. 다음 중 브랜드 스폰서들에 대한 브랜드 에쿼티의 혜택들 중 여기서 사례로 든 것은 무엇인가?

A) 일반적 워런티

B) 브랜드 이미지

C) 브랜드 연결

D) 인식된 보너스

E) 브랜드 인지

21. Courtney always prefers Coca-Cola products. She does not consider other beverages, even when they are cheaper than Coca-Cola. Which of the following benefits of brand equity for customers does this exemplify?

A) brand strategy

B) brand awareness

C) brand assets

D) perceived bonuses

E) brand loyalty

22. A key advantage of a brand sponsor is that loyalty is transferred from the well-known sponsor brand to the less-known brand.

A) True

B) False

23. Intel makes a product most people never see; however, it spends a great deal of money building its brand and now people ask for "Intel Inside." This is an example of linking the benefit of _____ to marketing strategy.

A) brand standards

B) brand image

C) brand connections

D) perceived bonuses

E) brand loyalty

24. Lever Brothers, a worldwide leader in consumer products, follows a brand strategy in its personal care division with nine brands (AXE, Dove, Lifebuoy, Lux, Ponds, Rexona, Sunsilk, Signal, and Vaseline) that operate independently of one another. This is an example of _____ branding.

A) family

B) store

C) stand-alone

D) co-

E) national

25. Family branding separates the company from the brand, which insulates the company if there is a problem with the brand.

A) True

B) False

21. Courtney는 항상 코카콜라 제품을 선호한다. 그녀는 코카콜라보다 가격이 저렴할 때에도 다른 음료 구입을 고려하지 않는다. 고객들을 위한 브랜드 에쿼티의 혜택 중 이 사례가 나타내는 것은 무엇인가?

A) 브랜드 전략   B) 브랜드 인지

C) 브랜드 에쿼티   D) 인식된 보너스

E) 브랜드 로열티

22. 브랜드 스폰서의 주요 장점 하나는 로열티가 "잘 알려진 스폰서 브랜드"에서 "덜 알려진 브랜드"로 이동한다는 것이다.

A) 맞음   B) 틀림

23. Intel은 대부분의 사람들이 절대 보지 못하는 제품을 만든다. 하지만 브랜드를 구축하는 데 많은 돈을 지출하고 이제 사람들은 "Intel Inside" 제품을 사겠다고 요청한다. 이것은 _____의 혜택을 마케팅 전략과 연계한 사례이다.

A) 브랜드 표준   B) 브랜드 이미지

C) 브랜드 연결   D) 인식된 보너스

E) 브랜드 로열티

24. 소비자 제품의 세계적인 선도업체인 Lever Brothers는 서로 독립적으로 운영되는 9개 브랜드(AXE, Dove, Lifebuoy, Lux, Ponds, Rexona, Sunsilk, Signal, 그리고 Vaseline)를 보유한 퍼스널 케어 부문의 브랜드 전략을 따르고 있다. 이것은 _____ 브랜드의 사례이다.

A) 패밀리   B) 스토어

C) 독립   D) 공동

E) 내셔널

25. 패밀리 브랜딩은 회사와 브랜드를 분리하여 브랜드에 문제가 있을 경우 회사를 격리시킨다.

A) 맞음   B) 틀림

26. The marketing manager for DRNK Spirits decided that all of the products his company produced would carry the same brand name of Nightlife. As a result, there is Nightlife Ale, Nightlife Lager, Nightlife Vodka, Nightlife Tequila, and Nightlife Whiskey. This is an example of _____ branding.

A) family   B) store

C) stand-alone   D) cooperative

E) national

27. International Delight coffee creamers frequently adds new flavors to its product offerings. This would be an example of a _____ extension.

A) natural   B) line

C) service   D) category

E) basic

28. Dell used its brand to expand into new areas including printers and consumer electronics such as LCD and plasma televisions. Dell engaged in a _____ extension.

A) natural   B) line

C) random   D) category

E) basic

29. Products such as Crest, Tide, and Gillette that are sold under the same brand throughout the country are known as store brands.

A) True   B) False

30. RB Soaps, the market leader in body wash, sells its products in every state under the same brand. This is an example of _____ branding.

A) category   B) store

C) stand-alone   D) co-

E) national

26. DRNK Spirits의 마케팅 매니저는 그의 회사가 생산하는 모든 제품에 Nightlife라는 동일한 브랜드 이름을 붙이기로 결정했다. 그 결과 Nightlife Ale, Nightlife Lager, Nightlife Vodka, Nightlife Tequila, Nightlife Whiskey 등이 생겨 났다. 이것은 _____ 브랜드의 사례이다.

A) 패밀리   B) 스토어

C) 독립   D) 협동

E) 내셔널

27. International Delight 커피 크리머는 종종 새로운 맛을 제품에 추가한다. 이것은 _____ 확장의 사례이다.

A) 자연적   B) 라인

C) 서비스   D) 카테고리

E) 기본적

28. Dell은 프린터와, LCD, 플라스마 텔레비전 같은 소비자 가전제품을 포함한 새로운 영역으로 확장하기 위해 Dell 브랜드를 사용했다. Dell은 _____확장에 관여하게 된 것이다.

A) 자연적   B) 라인

C) 랜덤   D) 카테고리

E) 기본

29. 전국에서 동일한 브랜드로 판매되는 Crest, Tide, 그리고 Gillette 등의 제품을 스토어 브랜드라고 한다.

A) 맞음   B) 틀림

30. 바디워시 시장의 선두주자인 RB Soap는 모든 주에서 동일한 브랜드로 제품을 판매하고 있다. 이것은 _____ 브랜드의 사례이다.

A) 카테고리   B) 스토어

C) 독립   D) 공동

E) 내셔널

31. Super-Mart decides to create its own brand of personal care products. It enters into an agreement with a large manufacturer of this type of product to supply Super-Mart with the products that will carry its newly formed brand's name. This is an example of _____ branding.

A) family   B) store

C) stand-alone   D) co-

E) national

32. The characters from the popular cartoon show "SpongeBob Square Pants" can be found on a variety of merchandises such as clothing, toys and video games. Yet, the original creator of the show does not produce any of the items. This is an example of licensing the brand name to other manufacturers.

A) True   B) False

33. Costco and Visa joined together to offer a Costco-Visa card that allows users to get rebates on their purchases at Costco while expanding the reach of Visa to Costco members. This is an example of _____.

A) family branding   B) store branding

C) stand-alone branding   D) cobranding

E) licensing

34. Pierre Cardin partnered with several other product manufacturers and attached its name to a wide assortment of products including clothing, housewares, and even cosmetics. Eventually, its brand image became diluted and lost its influence as a luxury manufacturer. Which of the following disadvantages of cobranding does this example illustrate?

A) loss of control   B) overexposure

C) lack of perceived quality   D) lack of brand awareness

E) accommodation

31. Super-Mart는 자체 브랜드의 퍼스널 케어 제품을 만들기로 결정했다. 이 회사는 이런 종류의 제품을 생산하는 대형 제조업체와 계약을 맺고 Super-Mart에 새로 만든 브랜드 이름이 붙은 제품을 공급한다. 이것은 _____ 브랜드의 사례이다.

A) 패밀리　　　　　　　　　　　　B) 스토어

C) 독립　　　　　　　　　　　　　D) 공동

E) 내셔널

32. 인기 만화 쇼 "SpongeBob Square Pants"의 등장인물들은 옷, 장난감, 비디오 게임과 같은 다양한 상품에서 발견할 수 있다. 하지만, 이 쇼를 만든 회사는 어떤 상품 아이템도 직접 생산하지 않는다. 이것은 다른 제조업체에 브랜드 이름을 라이선스 하는 사례이다.

A) 맞음　　　　　　　　　　　　　B) 틀림

33. Costco와 Visa는 Costco회원들에게로 Visa의 범위를 넓히는 동시에 Costco에서 구매한 것에 대해 리베이트를 받을 수 있는 Costco-Visa Card를 제공하기 위해 함께 협력했다. 이것은 _____의 사례이다.

A) 패밀리 브랜딩　　　　　　　　　B) 스토어 브랜딩

C) 독립적 브랜딩　　　　　　　　　D) 공동 브랜딩

E) 라이센싱

34. Pierre Cardin은 여러 다른 제품 제조업체들과 파트너 관계를 맺고 의류, 가정용품, 심지어 화장품을 포함한 다양한 제품군에 이름을 붙였다. 결국 브랜드 이미지가 희석되고 명품 제조사로서의 영향력을 상실했다. 공동 브랜딩의 단점들 중 이 사례가 나타내는 것은 무엇인가?

A) 통제력 상실　　　　　　　　　　B) 과도한 노출

C) 인식된 품질의 부족　　　　　　　D) 브랜드 인지도의 부족

E) 협상

35. Nickelodeon and Marriott partnered to create a kid-friendly chain of vacation-oriented hotels. Which of the following types of cobranding relationships does this exemplify?

A) colocation

B) multiple company venture

C) joint venture

D) internal brand combination

E) merger

36. The Symbian operating system came about from the cobranding effort of Nokia, Ericsson, Sony, Panasonic, Siemens, and Samsung. They license Symbian to a number of wireless manufacturers including LG and Fujitsu. Which of the following types of cobranding relationships does this exemplify?

A) partnering with a variety of third-party financial institutions

B) bringing multiple companies together to form a new branded product

C) retailers sharing the same retail location

D) combining two of a company's own products

E) merging with the industry leader

37. All of these are package objectives EXCEPT _____.

A) to protect

B) to communicate

C) to promote usage

D) to provide a layer of security and verification

E) to entertain

38. The most important role of the package is to sell the product to the consumer.

A) True

B) False

35. Nickelodeon과 Marriott는 어린이 친화적인 휴가에 특화된 호텔 체인을 만들기 위해 파트너십을 맺었다. 이 사례는 다음 중 어떤 유형의 공동 브랜드 관계 유형을 나타내는가?

A) 병치

B) 여러 회사의 벤처 비즈니스

C) 조인트 벤처

D) 내부 브랜드 조합

E) 합병

36. 심비안 Symbian 운영체제는 Nokia, Ericsson, Sony, Panasonic, Siemens, 그리고 Samsung의 공동 브랜딩 노력에서 비롯되었다. 그들은 LG와 Fujitsu를 포함한 많은 무선 단말기 제조업체에 Symbian을 라이센스한다. 이 사례는 어떤 유형의 공동 브랜드 관계를 나타내는가?

A) 다양한 타사 금융 기관과의 파트너십

B) 여러 회사를 하나로 묶어 새로운 브랜드 제품을 만들기

C) 동일한 소매 위치를 공유하는 소매 업체

D) 회사 자체 제품 중 두 개를 결합하기

E) 업계 선두 업체와의 합병

37. 다음 중 패키지의 목표가 아닌 것은?

A) 보호하기

B) 커뮤니케이트 하기

C) 사용성 촉진하기

D) 보안 및 확인 단계를 제공하기

E) 즐겁게 하기

38. 패키지의 가장 중요한 역할은 소비자에게 제품을 판매하는 것이다.

A) 맞음

B) 틀림

39. When a company encases its product in a blister pack to protect the item, it is using the packaging to communicate its benefits.

A) True   B) False

40. The marketing manager of a store brand pain reliever is designing the package for its new gel-coated capsules. Her main concerns are to design a package that prevents tampering with its contents and keeps children from accessing the product without adult assistance. On which of the following objectives of packaging is the marketing manager focusing?

A) protection   B) aesthetics

C) communication   D) harmony

E) usage promotion

41. In an attempt to reduce product thefts in retail stores, companies include antitheft methodology, such as bar coding or magnetic stripes, in the package design that discourages shoplifting. Which of the following package objectives does this exemplify?

A) harmony   B) aesthetics

C) communication   D) protection

E) usage promotion

42. Mrs. Butterworth's syrup comes in a bottle shaped like a woman. The intent of this type of packaging is to transfer critical brand messages quickly through design cues since many competitor syrup brands come in teardrop-shaped bottles. The unique shape of the Mrs. Butterworth's bottle fulfils which objective of packaging?

A) usage promotion   B) quality

C) communication   D) harmony

E) protection

39. 한 회사가 제품을 보호하기 위해 블리스터 팩에 제품을 넣을 때, 그것은 혜택을 알리기 위해 패키지를 사용하는 것이다.

A) 맞음   B) 틀림

40. 한 스토어 브랜드 진통제의 마케팅 매니저가 새로운 겔 코팅 캡슐을 위한 패키지를 설계하고 있다. 그녀의 주요 관심사는 내용물의 조작을 방지하고 어른의 도움 없이 아이들이 제품을 꺼내지 못하게 하는 패키지를 설계하는 것이다. 마케팅 매니저는 다음 패키징의 목표 중 어느 것에 초점을 맞추고 있는 것인가?

A) 보호   B) 심미성
C) 커뮤니케이션   D) 조화
E) 사용성 촉진

41. 소매점에서의 제품 도난을 줄이기 위해 기업들은 바코드나 마그네틱 스트라이프와 같은 도난 방지 장치를 소매점에서 도난 방지를 위한 패키지 디자인에 포함시킨다. 다음 패키지 목표들 중 이 사례가 나타내는 것은 무엇인가?

A) 조화   B) 심미성
C) 커뮤니케이션   D) 보호
E) 사용성 촉진

42. Mrs. Butterworth's 시럽은 여성 신체 모양의 병에 담겨 나온다. 이러한 유형의 패키징의 의도는 많은 경쟁사 시럽 브랜드가 눈물 방울 모양의 병으로 나오기 때문에 디자인 단서들을 통해 중요한 브랜드 메시지를 신속하게 전달하는 것이다. Mrs. Butterworth's의 독특한 모양은 패키징의 어떤 목적을 충족시켜 주는가?

A) 사용 촉진   B) 품질
C) 커뮤니케이션   D) 조화
E) 보호

43. Procter & Gamble wanted Crest Vivid White Toothpaste to stand out from competitor brand toothpastes on store shelves, so it created a stand-up package and used a graphics-heavy box. In the context of objectives of packaging, the company focuses on _____.

A) usage promotion
B) quality
C) protection
D) harmony
E) communication

44. The packaging for a Nerf product shows kids playing with it. This best demonstrates the protect function of packaging.

A) True
B) False

45. Heinz revolutionized the industry when it introduced its inverted bottle because consumers had complained for years about how hard it was to get out that last bit of ketchup. The company spent three years designing the convenient container, which is equipped with a vacuum cap that stops dry ketchup from forming around the lid. Which of the following packaging objectives does this exemplify?

A) promote usage
B) aesthetic
C) communication
D) harmony
E) protection

46. Barb's Butters recently changed the shape of its packages from a pouch to a tub because product testing revealed that the tubs created less mess for consumers. Which of the following package objectives does the change in shape exemplify?

A) usage promotion
B) aesthetic
C) communication
D) harmony
E) protection

43. Procter & Gamble은 Crest Vivid White Toothpaste이 매장 진열대에 있는 경쟁사 브랜드 치약보다 돋보이기를 원했기 때문에 세워 놓을 수 있는 패키지를 만들고 그래픽이 많이 들어간 박스를 사용했다. 패키징의 목적이라는 맥락에서, 이 회사는 _____에 초점을 맞춘 것이다.

A) 사용성 촉진   B) 품질

C) 보호   D) 조화

E) 커뮤니케이션

44. Nerf 제품의 패키징은 아이들이 그것을 가지고 노는 모습을 보여준다. 이는 패키징의 기능 중 "보호"라는 기능을 가장 잘 보여준다.

A) 맞음   B) 틀림

45. Heinz가 거꾸로 된 용기를 출시했을 때 업계에 혁명을 일으켰다. 소비자들이 수년 동안 케첩을 나오게 하는 것이 얼마나 어려운지에 대해 불평했기 때문이다. 그 회사는 뚜껑 주위에 마른 케첩이 생기는 것을 막는 진공 캡이 장착된 이 편리한 용기를 설계하는 데 3년을 들였다. 다음 패키징 목표 중 이 사례가 나타내는 것은 무엇인가?

A) 사용성 촉진   B) 심미성

C) 커뮤니케이션   D) 조화

E) 보호

46. Barb's Butters는 최근 제품 테스트에서 그릇형 모양이 소비자들에게 덜 혼란을 주는 것으로 밝혀졌기 때문에 포장의 모양을 파우치형에서 그릇형 모양으로 바꿨다. 다음 패키지 목표 중 모양의 변화를 예시하는 것은 무엇인가?

A) 사용성 촉진   B) 심미성

C) 커뮤니케이션   D) 조화

E) 보호

47. The marketing manager of Easy Peasy Vegetables is working on the package for a new line of self-steaming microwaveable vegetables. She wants the package to show a physically fit individual happily eating the product in order to connect the product to the customer. In this case, on which objective of packaging is the marketing manager focusing?

A) usage promotion   B) aesthetic

C) safety   D) harmony

E) protection

48. Tiffany & Company's blue-colored box is widely recognized by consumers. Which of the following roles of packaging does this exemplify?

A) promotions   B) aesthetics

C) communication   D) harmony

E) protection

49. Feather Tissues Inc. decided to change the color of its tissue box from red to blue because blue was thought to be visually pleasing to consumers at the time of purchase. The change in color represents the _____ aspect of packaging.

A) utility   B) aesthetic

C) communicative   D) innovative

E) protective

50. The marketing manager of Toddles Baby Food is redesigning the package for her product. She is trying to select a color that is visually appealing and is distinctive so that her brand is easy to identify. In the context of effective packaging, the marketing manager of Toddles is focusing on _____.

A) usage promotion   B) aesthetics

C) quality   D) harmony

E) protection

47. Easy Peasy Vegetables의 마케팅 매니저는 직접 데워 먹는 전자레인지용 야채의 새로운 라인을 위한 패키지를 준비하고 있다. 그녀는 제품을 고객과 연결하기 위해 제품을 행복하게 먹는 신체적으로 건강한 사람을 보여주기를 원한다. 이 경우 마케팅 매니저는 패키징의 어떤 목표에 초점을 맞추고 있는 것인가?

A) 사용성 촉진   B) 심미성

C) 안전성   D) 조화

E) 보호

48. Tiffany & Company의 푸른색 상자는 소비자들에게 널리 인정받고 있다. 다음 중 이 사례가 나타내는 패키징의 역할은 무엇인가?

A) 프로모션   B) 심미성

C) 커뮤니케이션   D) 조화

E) 보호

49. Feather Tissues Inc는 구매 당시 파란색이 시각적으로 소비자들을 편하게 하는 것으로 여겨졌기 때문에 티슈 박스의 색상을 빨간색에서 파란색으로 바꾸기로 결정했다. 색상의 변화는 패키징의 _____ 측면을 나타낸다.

A) 효용의   B) 심미적인

C) 커뮤니케이션의   D) 혁신적인

E) 보호의

50. Toddles Baby Food의 마케팅 매니저는 그녀의 제품을 위한 패키지를 재설계하고 있다. 그녀는 자신의 브랜드를 쉽게 식별할 수 있도록 시각적으로 매력적이고 독특한 색상을 선택하려고 노력하고 있다. 효과적인 패키징의 맥락에서, Toddles의 마케팅 매니저는 _____에 초점을 맞추고 있다.

A) 사용성 촉진   B) 심미성

C) 품질   D) 조화

E) 보호

51. Hazardous materials such as cleaning products, pesticides, and many other items require 14 different pieces of information be included on the label. This is an example of the _____ requirements of labeling.

A) aesthetic

B) marketing

C) legal

D) industry

E) consumer

52. The Food and Drug Administration requires all processed-food companies to provide detailed nutritional information clearly identifying calories, fats, carbohydrates, and other information. This is an example of the _____ requirements of labeling.

A) aesthetic

B) marketing

C) legal

D) industry

E) consumer

53. Food product manufacturers are required to list the number of calories at the top of the nutrition panel. Posting calorie information is an example of meeting the _____ requirements of labeling.

A) industry

B) aesthetic

C) legal

D) marketing

E) customer

54. In 1914, the federal government, through the Federal Trade Commission, first ruled misleading or blatantly phony labels were illegal and represented unfair competition. This demonstrates a _____ requirement of labeling.

A) industry

B) aesthetic

C) legal

D) marketing

E) customer

51. 세정 제품, 살충제, 그리고 다른 많은 품목의 위험 물질은 레이블에 14개의 다른 정보를 포함해야 한다. 이것은 레이블링의 _____ 요구사항의 사례이다.

A) 심미성   B) 마케팅
C) 법적   D) 산업
E) 소비자

52. 미국 식품의약국(FDA)은 모든 가공 식품 회사들이 칼로리, 지방, 탄수화물, 그리고 기타 정보를 명확하게 식별하는 상세한 영양 정보를 제공할 것을 요구한다. 이것은 레이블링의 _____ 요구사항의 사례이다.

A) 심미성   B) 마케팅
C) 법적   D) 산업
E) 소비자

53. 식품 제조업체들은 영양 성분 표시란의 맨 위에 칼로리를 나열해야 한다. 칼로리 정보 게시는 레이블링의 _____ 요구사항을 충족시키는 사례이다.

A) 산업   B) 심미성
C) 법적   D) 마케팅
E) 고객

54. 1914년, 연방 정부는 연방거래위원회(FTC)를 통해 처음으로 오해의 소지가 있거나 노골적으로 가짜로 만든 레이블이 불법이며 불공정한 경쟁을 나타낸다고 판결했다. 이는 레이블링의 _____ 요구사항을 나타낸다.

A) 산업   B) 심미성
C) 법적   D) 마케팅
E) 고객

55. Veronica, the marketing manager of QRS Children's Furniture, is designing a new label for the company's line of highchairs. The two key aspects of the label that she is working on are the assembly instructions and the simple usage instructions. These are examples of the _____ requirements of labeling.

A) legislative B) marketing

C) legal D) industry

E) consumer

56. Robitussin redesigned its packaging to provide specific product use information to help buyers make a purchase decision and to inform them about proper product usage. The package lists four key pieces of information: the product's formulation, its possible side effects, the symptoms it treats, and the recommended age for usage. This is an example of meeting the _____ requirements of labeling.

A) legislative B) marketing

C) legal D) industry

E) consumer

57. On a box of Procter & Gamble's Bounce fabric softener sheets, the brand name "Bounce" is approximately 50 percent of the space on the front panel and the rest of the space is a bright color (orange) with clean fresh images of a sun rising and a green field. This is an example of the _____ requirements of labeling.

A) legislative B) marketing

C) legal D) industry

E) consumer

55. QRS Children's Furniture의 마케팅 매니저인 Veronica는 회사의 하이체어 라인에 대한 새로운 레이블을 디자인하고 있다. 그녀가 작업하고 있는 레이블의 두 가지 주요 측면은 조립 지침과 간단한 사용 지침이다. 다음은 레이블링의 _____ 요구사항의 사례이다.

A) 입법의   B) 마케팅

C) 합법적   D) 산업

E) 소비자

56. Robitussin은 구매자가 구매 의사결정을 내리는 데 도움이 되는 구체적인 제품 사용 정보를 제공하고 적절한 제품 사용에 대해 알리기 위해 포장을 재설계했다. 패키지에는 제품의 제형, 가능한 부작용, 치료하는 증상, 권장 사용 연령 등 네 가지 주요 정보가 나열되어 있다. 이것은 레이블링의 _____ 요구사항을 충족하는 사례이다.

A) 입법적   B) 마케팅

C) 법적   D) 산업

E) 소비자

57. Proctor & Gamble의 Bounce 섬유 유연제 시트 한 박스에 브랜드 이름 "Bounce"는 전면 패널 공간의 약 50%이고 나머지 공간은 해가 떠오르는 깨끗하고 신선한 이미지와 녹색 들판이 함께 보이는 밝은 색상(오렌지)이다. 이것은 레이블링의 _____ 요구사항의 사례이다.

A) 입법의   B) 마케팅

C) 법적   D) 산업

E) 소비자

58. The manager of NRG Beverage Company is revamping a product's label to carry a better product image to help the consumer recognize it quickly. He is focusing on the _____ requirements of labeling.

A) legislative   B) marketing
C) legal   D) industry
E) consumer

59. The owner of NOP Detergents is working with an art designer on the label for a new line of naturally- scented detergents. They are trying to come up with the best way to place the brand and logo along with the other required information on the label. They are working on the _____ requirements of labeling.

A) legislative   B) marketing
C) legal   D) industry
E) consumer

60. The warranty on a bottle of store brand pain relievers says that consumers may return this product if they are dissatisfied with it for any reason. This is an example of a(n) _____ warranty.

A) specific   B) additional
C) extended   D) general
E) basic

61. The manufacturer of Fast Peddle Bikes offers a warranty that states that the gear-shifting mechanism for its product will work consistently and be free of mechanical defects for five years. This is an example of a(n) _____ warranty.

A) specific   B) additional
C) extended   D) general
E) basic

58. NRG 음료 회사의 매니저는 소비자가 제품을 빨리 인식할 수 있도록 더 나은 제품 이미지를 전달하기 위해 제품의 레이블을 변경하고 있다. 그는 레이블링의 _____ 요구사항에 초점을 맞추고 있는 것이다.

A) 입법의　　　　　　　　　　　　　　B) 마케팅

C) 법적　　　　　　　　　　　　　　　D) 산업

E) 소비자

59. NOP Detergents의 주인은 자연 향이 나는 세제의 새로운 라인을 위해 예술 디자이너와 함께 레이블을 만들고 있다. 그들은 다른 필수 정보와 함께 브랜드와 로고를 레이블에 배치하는 최선의 방법을 생각해 내려고 노력하고 있다. 그들은 레이블링의 _____ 요구사항에 대해 대응하고 있다.

A) 입법의　　　　　　　　　　　　　　B) 마케팅

C) 법적　　　　　　　　　　　　　　　D) 산업

E) 소비자

60. 스토어 브랜드 진통제 한 병에 대한 워런티에는 소비자가 어떤 이유로든 이 제품에 불만이 있으면 반품할 수 있다고 적혀 있다. 이것은 _____ 워런티의 사례이다.

A) 특정　　　　　　　　　　　　　　　B) 추가

C) 확장　　　　　　　　　　　　　　　D) 일반

E) 기본

61. Fast Peddle Bike의 제조업체는 자사 제품의 기어 변속 메커니즘이 5년 동안 지속적으로 작동하고 기계적 결함이 없을 것이라는 워런티를 제공한다. 이것은 _____ 워런티의 사례이다.

A) 특정　　　　　　　　　　　　　　　B) 추가

C) 확장　　　　　　　　　　　　　　　D) 일반

E) 기본

62. Companies should not be concerned with whether the benefits of the warranty exceed the costs.

A) True   B) False

63. Recently, Mercedes-Benz quietly reduced its warranty coverage by eliminating some free scheduled maintenance because the expense for the firm was too high. At the same time, Hyundai and others have expanded their warranties to build consumer confidence in their cars. They realize that extending the period of warranty coverage demonstrates they are making better cars in a very tangible way. These are examples of firms considering the _____ of product warranty.

A) storage and handling   B) costs versus benefits
C) message   D) product differentiation
E) persuasiveness

64. Mercedes-Benz offers a lifetime roadside assistance warranty on all of its vehicles, which shows that Mercedes is committed to customer service. This is an example of the ability of a warranty to _____.

A) provide a cost to customers   B) provide a service to customers
C) convey a message to customers   D) build brand awareness
E) build brand identity

62. 기업은 워런티의 혜택이 비용을 초과하는지 여부에 대해 걱정하지 말아야 한다.

A) 맞음   B) 틀림

63. 최근 Mercedes-Benz는 회사의 비용이 너무 많이 든다는 이유로 일부 무상 예약 유지보수를 없애면서 조용히 워런티 적용 범위를 줄였다. 동시에 현대자동차 등은 자사 자동차에 대한 소비자 신뢰도를 높이기 위해 워런티를 확대했다. 그들은 워런티 기간을 연장하는 것이 자신들이 매우 구체적인 방법으로 더 나은 차를 만들고 있다는 것을 보여준다는 것을 알고 있다. 이러한 것들은 기업이 제품 워런티의 _____을 고려하는 것의 사례이다.

A) 보관 및 취급   B) 비용 대 편익

C) 메시지   D) 제품 차별화

E) 설득력

64. Mercedes-Benz는 모든 차량에 대해 긴급출동(roadside assistance) 워런티를 평생 제공하며, 이는 Mercedes가 고객 서비스에 전념하고 있음을 보여준다. 이것은 _____하는 워런티 능력을 보여주는 한 사례이다.

A) 고객에게 비용을 제공   B) 고객에게 서비스를 제공

C) 고객에게 메시지를 전달   D) 브랜드 인지도를 높게

E) 브랜드 아이덴티티를 구축

TOPIC 5-4. Service Strategy

1. A service is a product in the sense that it represents a bundle of benefits that can satisfy customer wants and needs with physical form.

A) True   B) False

2. Which axiom of service-dominant logic applies to this statement? Customers don't buy a car (product)—they buy the company's ability to add value through a defined set of benefits.

A) Service is the fundamental basis of exchange.

B) Value is co-created by multiple parties, including the company and the customer.

C) A unique experience is created when the customer interacts with the company's marketing efforts and product.

D) Value is defined by the customer.

E) A customer-centric approach has been supplanted by a newer service-dominant approach.

3. Which of the following is NOT a distinct characteristic of services that is different from physical goods?

A) variability   B) perishability

C) reliability   D) intangibility

E) inseparability

4. As noted in the text, Caesars Entertainment points with pride to the fact that everyone in the firm understands and can articulate its branding and values. This would be an indication that Caesars is devoted to _____.

A) creating self-actualization for management

B) providing work-focused training for valued employees

C) internal marketing to achieve the goals in the service-profit chain

D) external marketing to achieve the goals of stress-relief ergonomics

E) producing products that are similar to that of its competitors

TOPIC 5-4. Service Strategy

1. 서비스는 고객의 원츠와 니즈를 물리적인 형태로 충족시킬 수 있는 혜택 묶음을 나타낸다는 의미에서 제품이라고 할 수 있다.

A) 맞음 B) 틀림

2. 다음과 같은 문장에 적용되는 서비스 지배적 논리의 공리는 무엇인가? "고객은 자동차(제품)를 구입하는 것이 아니라 정의된 혜택의 집합을 통해 가치를 추가할 수 있는 회사의 능력을 구입한다."

A) 서비스는 교환의 기본이다.

B) 가치는 회사와 고객을 포함한 여러 당사자가 공동으로 창출한다.

C) 고객이 회사의 마케팅 노력 그리고 제품과 상호 작용할 때 독특한 경험이 만들어진다.

D) 가치는 고객에 의해 정의된다.

E) 고객 중심의 접근 방식은 새로운 서비스 중심의 접근 방식으로 대체되었다.

3. 다음 중 물리적 제품과 다른 서비스의 뚜렷한 특성이 아닌 것은?

A) 가변성 B) 소멸성

C) 신뢰성 D) 무형성

E) 불가분성

4. 본문에서 언급한 바와 같이, Caesars Entertainment는 회사의 모든 사람들이 자사의 브랜딩과 가치를 이해하고 명확하게 표현할 수 있다는 사실을 자랑스럽게 나타낸다. 이것은 Caesars가 _____에 헌신하고 있음을 나타낸다.

A) 경영진을 위한 자아실현(self-actualization) 창출

B) 가치 높은 직원들에게 업무에 특화된 트레이닝 제공

C) 서비스 수익 체인의 목표를 달성하기 위한 내부 마케팅

D) 스트레스 해소시켜주는 인체공학의 목표를 달성하기 위한 외부 마케팅

E) 경쟁사 제품과 유사한 제품 생산

5. A fundamental rule in marketing is to set high customer expectations.

A) True   B) False

6. As noted in the text, Caesars Entertainment has found that its ROI for customers in the "Zone of Defection" is considerably higher than in the other zones.

A) True   B) False

7. Research indicates that investing in indifferent customers to improve their satisfaction truly maximizes their profitability to a brand.

A) True   B) False

8. José, an employee of a company that has worked hard to have a customer mind-set, understands that _____.

A) whether internal or external to the firm, satisfying customers is central to doing his job well

B) all members of the firm must get to work on time and start their computers by 8:30 a.m.

C) it is essential to generate an understanding of the marketplace and keep that information confidential

D) products must be produced solely for loyal customers from higher socio-economic status

E) system capability must be aligned externally so that the organization can respond with competitively similar goods and services

9. In the service-profit chain, external service value leads to all of the following EXCEPT _____.

A) customer satisfaction   B) employee turnover

C) customer loyalty   D) revenue growth

E) profitability

492

5. 마케팅의 기본적인 규칙은 높은 고객 기대를 설정하는 것이다.

A) 맞음   B) 틀림

6. 본문에서 언급한 바와 같이, Caesars Entertainment는 "이탈 구간"의 고객에 대한 ROI가 다른 지역에 비해 상당히 높다는 것을 발견했다.

A) 맞음   B) 틀림

7. 리서치에 따르면 고객의 만족도를 높이기 위해 무관심한 고객에게 투자하는 것이 브랜드의 수익성을 극대화하는 것으로 나타났다.

A) 맞음   B) 틀림

8. 고객 마인드 셋을 갖추기 위해 열심히 노력한 직원인 Jose는 _____(을)를 이해할 것이다.

A) 회사의 내부에 있든 외부에 있든 고객을 만족시키는 것이 그의 일을 제대로 수행하는 데 핵심적이라는 것

B) 회사의 모든 구성원들은 제시간에 출근해서 아침 8시 30분까지 그들의 컴퓨터를 시작해야 한다는 것

C) 시장에 대한 이해를 높이고 정보를 비밀로 유지하는 것이 필수적이라는 것

D) 제품은 사회 경제적 지위가 높은 로열한 고객만을 위해 생산되어야 한다는 것

E) 조직이 경쟁적으로 유사한 상품과 서비스로 대응할 수 있도록 시스템 기능을 외부적으로 조정해야 한다는 것

9. 서비스 수익 체인에서 외부 서비스의 가치는 다음과 같은 결과를 낳는다. 거기에 속하지 않는 것은?

A) 고객 만족   B) 직원 이직

C) 고객 로열티   D) 매출 증가

E) 수익성

10. A frequent Caesars guest who serves as a strong advocate for the Caesars experience to friends and acquaintances is referred to as a(n) _____.

A) whistleblower

B) pacifier

C) apostle

D) champion

E) polemicist

11. As discussed in the text, Caesars Entertainment has found that customers who fall into the zone of _____ spend considerably more money and provide a substantially greater return on customer investment than others.

A) defection

B) affection

C) indifference

D) competition

E) retention

12. Sometimes, customers can tell if they received good service. For example, vacations, haircuts, and restaurants all have _____ attributes that allow customers to decide whether they will repeat the purchase another time.

A) purchasable

B) tangible

C) focused

D) experience

E) search

13. The assessment of which of the following attributes would require customers to have expertise not generally shared by the public?

A) search

B) credence

C) experience

D) observable

E) tangible

10. 친구들과 지인들에게 Caesars 경험을 강력하게 옹호하는 역할을 하는 Caesars 손님을
_____(이)라고 한다.

A) 내부 고발자   B) 입막음 장치

C) 사도   D) 챔피언

E) 논쟁주의자

11. 본문에서 논의한 바와 같이, Caesars Entertainment는 _____ 구간에 속하는 고객들이 다른
고객들보다 훨씬 더 많은 돈을 소비하고 고객 투자에 상당한 수익을 제공한다는 것을 발견했다.

A) 이탈   B) 애착

C) 무관심   D) 경쟁

E) 유지

12. 때때로, 고객들은 그들이 좋은 서비스를 받았는지 아닌지를 판단할 수 있다. 예를 들어, 휴가, 헤어스타일,
그리고 레스토랑에는 모두 _____ 속성이 있으므로 고객은 다음 번에도 구매를 반복할지 여부를 결정할 수
있다.

A) 구매할 수 있는   B) 유형적

C) 집중적   D) 경험

E) 탐색

13. 다음 중 일반 대중들에게 공유되지 않는 전문 지식을 고객이 보유하도록 요구하는 속성은 무엇인가?

A) 탐색   B) 신뢰

C) 경험   D) 관찰가능

E) 유형적

14. Which of the following services is MOST likely to be high in credence attributes?

A) restaurants

B) hair cuts

C) tax preparation

D) child care facilities

E) vacations

15. The basis of the gap model is the identification and measurement of differences in five key areas of the service delivery process. The model is divided by a horizontal line, with the area above the line representing the provider side of the service encounter and the area below the line representing the customer side.

A) True

B) False

16. In which of the following gaps of the Gap Model of Service Quality can a lack of the right customer data wreak havoc on service delivery?

A) Gap 1: management's perceptions of customer service expectations versus actual customer expectations of service

B) Gap 2: management's perceptions of customer service expectations versus the actual service quality specifications developed

C) Gap 3: actual service quality specifications versus actual service delivery

D) Gap 4: actual service delivery versus what the firm communicates it delivers

E) Gap 5: perceived service by customers versus actual customer expectations of service

17. In the Gap Model of Service Quality, which gap asks whether a service is provided in the manner intended?

A) Gap 1: management's perceptions of customer service expectations versus actual customer expectations of service

B) Gap 2: management's perceptions of customer service expectations versus the actual service quality specifications developed

C) Gap 3: actual service quality specifications versus actual service delivery

D) Gap 4: actual service delivery versus what the firm communicates it delivers

E) Gap 5: perceived service by customers versus actual customer expectations of service

14. 다음 중 신뢰 속성이 가장 높은 서비스는 무엇인가?

A) 식당

B) 헤어컷

C) 세무 신고

D) 어린이집

E) 휴가 상품

15. 갭 모델의 기본은 서비스 제공 프로세스의 5가지 핵심 영역의 차이를 파악하고 측정하는 것이다. 모델은 수평으로 그어진 선에 의해 둘로 구분되는데, 선 위의 영역은 서비스 제공자 측을 나타내고 선 아래의 영역은 고객 측을 나타낸다.

A) 맞음

B) 틀림

16. 다음 중 올바른 고객 데이터의 부족이 서비스 제공에 큰 영향을 미칠 수 있는 서비스 품질 갭 모델은 무엇인가?

A) 갭 1: "고객 서비스 기대치에 대한 경영진의 인식"과 "실제 고객 서비스 기대치"

B) 갭 2: "개발된 실제 서비스 품질 사양"과 비교한 "고객 서비스 기대치에 대한 경영진의 인식"

C) 갭 3: "실제 서비스 품질 스펙"과 "실제 서비스의 제공"

D) 갭 4: "실제 서비스의 제공"과 "기업이 이야기한(약속한) 서비스"의 비교

E) 갭 5: "고객이 인식한 서비스"와 "실제 고객이 기대하는 서비스" 간의 차이

17. 서비스 품질 갭 모델에서 서비스가 의도된 방식으로 제공되는지 여부를 묻는 갭은?

A) 갭 1: "고객 서비스 기대치에 대한 경영진의 인식"과 "실제 고객 서비스 기대치"

B) 갭 2: "개발된 실제 서비스 품질 사양"과 비교한 "고객 서비스 기대치에 대한 경영진의 인식"

C) 갭 3: "실제 서비스 품질 스펙"과 "실제 서비스의 제공"

D) 갭 4: "실제 서비스의 제공"과 "기업이 이야기한(약속한) 서비스"의 비교

E) 갭 5: "고객이 인식한 서비스"와 "실제 고객이 기대하는 서비스" 간의 차이

18. When Dominoes promises delivery within 30 minutes, but it actually takes 45 minutes, Dominoes is demonstrating gap 1: management's perceptions of customer service expectations versus actual customer expectations of service.

A) True   B) False

19. Which gap in the Gap Model of Service Quality fundamentally represents customer expectations management through marketing communications?

A) Gap 1: management's perceptions of customer service expectations versus actual customer expectations of service

B) Gap 2: management's perceptions of customer service expectations versus the actual service quality specifications developed

C) Gap 3: actual service quality specifications versus actual service delivery

D) Gap 4: actual service delivery versus what the firm promises it delivers

E) Gap 5: perceived service by customers versus actual customer expectations of service

20. Gap 5 in the Gap Model of Service Quality is unique in that it is the only gap that occurs

_____.

A) between management's and customers' expectations

B) between consumers' expectations and the perception of the service they receive

C) actual service quality specifications and actual service delivery

D) in small businesses but not in larger ones

E) actual service delivery and what a firm promises to deliver

21. Jonathon works in a hair salon. When a customer approaches him about a problem with a service she had purchased, he made excuses for the service provider and did not offer to help fix the problem. Jonathon demonstrated poor _____.

A) reliability   B) tangibility

C) responsiveness   D) assurance

E) empathy

18. Domino가 30분 이내에 배달을 약속하지만 실제로는 45분이 소요되는 경우, Domino는 고객 서비스 기대에 대한 경영진의 인식과 실제 고객 서비스 기대에 대한 관리자의 인식의 차이를 나타내는 갭 1을 보여주고 있다.

A) 맞음   B) 틀림

19. 서비스 품질 갭 모델에서 마케팅 커뮤니케이션을 통한 고객 기대 관리를 근본적으로 나타내는 갭은 무엇인가?

A) 갭 1: "고객 서비스 기대치에 대한 경영진의 인식"과 "실제 고객 서비스 기대치"

B) 갭 2: "개발된 실제 서비스 품질 사양"과 비교한 "고객 서비스 기대치에 대한 경영진의 인식"

C) 갭 3: "실제 서비스 품질 스펙"과 "실제 서비스의 제공"

D) 갭 4: "실제 서비스의 제공"과 "기업이 약속한 서비스"의 비교

E) 갭 5: "고객이 인식한 서비스"와 "실제 고객이 기대하는 서비스" 간의 차이

20. 서비스 품질 갭 모델의 갭5는 _____가 발생하는 유일한 갭이라는 점에서 독특하다.

A) 경영진의 기대와 고객의 기대 사이에서

B) 소비자의 기대와 그들이 받는 서비스에 대한 인식 사이에서

C) 실제 서비스 품질 스펙, 그리고 실제 서비스 제공

D) 소규모 기업 내에서는 그렇고 대규모 기업 내에서는 그렇지 않는다

E) 실제 서비스 제공과 기업이 약속하는 서비스 제공

21. Jonathon은 미용실에서 일한다. 고객이 구매한 서비스의 문제에 대해 그에게 접근할 때, 그는 서비스 제공자 핑계를 대고 문제를 해결하는 데 도움을 주기 위한 대책을 제공하지 않았다. Jonathon은 형편없는 _____을 증명했다.

A) 신뢰성   B) 유형성
C) 반응성   D) 확신성
E) 공감성

22. Mariette was highly regarded by her customers in the bakery because she was knowledgeable about the product and was always courteous to customers. Her customers' faith in her demonstrated _____.

A) reliability

B) tangibility

C) responsiveness

D) assurance

E) empathy

23. Of the five dimensions of service quality, empathy means considering things from a service provider's point of view.

A) True

B) False

24. In a service blueprint, "moments of truth" occur below the line of visibility.

A) True

B) False

22. Mariette는 그 제품에 대해 많은 지식을 갖고 있었고 항상 고객들에게 정중했기 때문에 빵집에서 그녀의 고객들에게 높은 평가를 받았다. 그녀에 대한 고객들의 믿음은 그녀의 _____을 나타냈다.

A) 신뢰성   B) 유형성

C) 반응성   D) 확신성

E) 공감성

23. 서비스 품질의 5가지 측면 중 공감은 서비스 제공자의 관점에서 무언가를 고려하는 것을 의미한다.

A) 맞음   B) 틀림

24. 서비스 블루프린트에서 "진실의 순간"은 가시성 라인 아래에서 발생한다.

A) 맞음   B) 틀림

DOMAIN 6. MANAGE PRICING DECISIONS
TOPIC 6-1. Pricing Objectives and Strategies

1. For the marketing manager, pricing is merely an economic break-even point or a cost-plus accounting calculation.

A) True   B) False

2. Since a product's price tends to be invisible, customers rarely have trouble moving past price to consider other critical benefits the product affords.

A) True   B) False

3. The internal processes at Southwest Airlines are highly efficient, giving it a competitive advantage over other airlines. Southwest has a very efficient maintenance process and also has a very simple process of booking passengers. Because of these efficiencies, the company is able to offer customers an appealing mileage-driven pricing structure while also increasing the airline's profit margin. In this scenario, Southwest's competitive advantage is based on _____.

A) price perception   B) cost leadership
C) value ratio   D) service
E) quality

4. Michael Porter has consistently advocated that firms that are able to compete based on some extraordinary efficiency in one or more internal processes bring to the market a competitive advantage based on "cost leadership"

A) True   B) False

5. How can a marketing manager increase the bottom line contribution of their product in order to meet their company's financial objectives beyond just considering a price increase?

A) Consider to increase efficiency and reduce costs.
B) Adjust product designs to reduce use of high cost materials
C) Alter product bundles to streamline functionality
D) Reduce product quality with caution regarding impact to customers
E) All of the above

DOMAIN 6. MANAGE PRICING DECISIONS
TOPIC 6-1. Pricing Objectives and Strategies

1. 마케팅 관리자에게 있어서 프라이싱은 경제적 손익분기점 또는 비용 가산 회계 계산에 불과하다.

A) 맞음   B) 틀림

2. 제품의 가격은 눈에 보이지 않는 경향이 있기 때문에, 고객은 제품이 제공하는 다른 중요한 혜택을 고려하기 위해 과거 가격으로 이동하는 데 거의 어려움을 겪지 않는다.

A) 맞음   B) 틀림

3. Southwest Airlines의 내부 프로세스는 매우 효율적이어서 다른 항공사에 비해 경쟁 우위를 제공한다. Southwest Airlines은 매우 효율적인 정비 프로세스를 갖추고 있으며 승객 예약 절차도 매우 간단하다. 이러한 효율성 덕분에 회사는 고객에게 매력적인 마일리지 기반 프라이싱 구조를 제공하는 동시에 항공사의 수익률을 높일 수 있다. 이 시나리오에서 Southwest의 경쟁 우위는 _____(을)를 기반으로 한다.

A) 가격 인식   B) 원가 리더십

C) 가치 비율   D) 서비스

E) 품질

4. Michael Porter는 하나 이상의 내부 프로세스에서 어느 정도의 탁월한 효율성을 바탕으로 경쟁할 수 있는 기업이, 원가 우위에 기반한 경쟁 우위를 시장에 제공할 수 있다고 지속적으로 주장해 왔다.

A) 맞음   B) 틀림

5. 마케팅 매니저는 단순히 가격 인상을 고려하는 것을 넘어 회사의 재무 목표를 달성하기 위해 어떻게 제품의 수익 기여도를 높일 수 있는가?

A) 효율성을 높이고 비용을 절감하는 것을 고려한다.

B) 고비용 재료 사용을 줄이기 위해 제품 설계를 조정한다.

C) 기능성을 최적화하기 위해 제품 번들을 변경한다.

D) 고객에게 미치는 영향에 대해 주의를 기울이면서 제품 품질을 떨어뜨림

E) 위의 모든 것

6. Amelia is the marketing manager at a cafe in Charleston, and is responsible for deciding the price of dishes included on the cafe's menu. The chef of the cafe introduced a new dish, which was initially priced at $20 by Amelia, but she increased its price slowly over a period of 6 months. In this scenario, Amelia utilized a _____ strategy.

A) penetration pricing   B) price skimming

C) target ROI   D) competitor-based pricing

E) value pricing

7. For most products, as long as the customer perceives the ratio of price and benefit to be at least equal, perceptions of _____ will likely be favorable.

A) market share   B) quality

C) value   D) cost

E) brand image

8. Jean Claude has just completed a new line of designer handbags. He wants the price to communicate to the customer that the handbags are high quality and exclusive, so he sets the price high. He knows that after this season, the price may need to decrease as the market evolves. Jean Claude is using a _____ strategy.

A) penetration pricing   B) price skimming

C) target ROI   D) competitor-based pricing

E) value pricing

9. Hector is opening an appliance store. He has estimated a monthly profit goal based on his anticipated expenses and earning goals and uses it to set product prices. Hector is implementing a _____ pricing strategy.

A) penetration   B) price skimming

C) target return on investment (ROI)   D) competitor-based

E) value

6. Amelia는 Charleston에 있는 한 카페의 마케팅 매니저로 카페 메뉴에 포함된 음식의 가격을 결정하는 책임을 맡고 있다. 카페의 주방장은 새로운 요리를 출시했는데, 처음에는 Amelia가 20달러로 책정했지만, 6개월 동안 천천히 가격을 올렸다. 이 시나리오에서 Amelia는 _____ 전략을 사용한 것이다.

A) 침투 가격   B) 가격 스키밍

C) 목표 ROI   D) 경쟁사 기반 프라이싱

E) 가치 프라이싱

7. 대부분의 제품에서 고객이 가격과 혜택의 비율이 적어도 동등하다고 인식하는 한 _____에 대한 인식은 호의적일 것이다.

A) 시장 점유율   B) 품질

C) 가치   D) 비용

E) 브랜드 이미지

8. Jean Claude는 디자이너 핸드백의 새로운 라인을 막 완성했다. 그는 핸드백의 품질이 우수하고 독보적이라는 것을 고객에게 알리기 위해 가격을 높게 책정한다. 그는 이번 시즌 이후에는 시장이 진화함에 따라 가격이 하락할 필요가 있다는 것을 알고 있다. Jean Claude는 _____ 전략을 사용하고 있다.

A) 침투 가격   B) 가격 스키밍

C) 목표 ROI   D) 경쟁사 기반 프라이싱

E) 가치 프라이싱

9. Hector는 가전제품 매장을 열고 있다. 그는 예상되는 지출과 수입 목표를 바탕으로 월 수익 목표를 추정하고 제품 가격을 책정하는 데 사용한다. Hector는 _____ 프라이싱 전략을 구현하고 있다.

A) 침투   B) 가격 스키밍

C) 목표 투자 수익률(ROI)   D) 경쟁자 기반

E) 가치

10. Mark owns a driving range in New York City. He has taken notice of the three competitors who are located very close to his business. Mark decides to look at his competitors' pricing and then determine his best pricing strategy based on all of the information. In this scenario, Mark is utilizing _____.

A) penetration pricing
B) price skimming
C) target ROI
D) competitor-based pricing
E) value pricing

11. Marco wants to buy a new car that is of good quality and available at an affordable price. After exploring the available options, Marco decides to purchase a car made by a popular car manufacturer, which has a high retail price but offers very low operating and maintenance costs. In this scenario, the pricing strategy employed by the car manufacturer is _____.

A) penetration pricing
B) price skimming
C) target ROI
D) competitor-based pricing
E) value pricing

10. Mark는 뉴욕시에 골프연습장을 소유하고 있다. 그는 자신의 비즈니스와 매우 가까운 곳에 위치한 세 곳의 경쟁자들을 주목했다. Mark는 경쟁자들의 프라이싱을 살펴본 다음 모든 정보를 기반으로 최적의 프라이싱 전략을 결정한다. 이 시나리오에서 Mark는 _____(을)를 활용하고 있다.

A) 침투 가격

B) 가격 스키밍

C) 목표 ROI

D) 경쟁자 기반 프라이싱

E) 가치 프라이싱

11. Marco는 좋은 품질과 적당한 가격으로 이용할 수 있는 새 차를 사고 싶어한다. 이용 가능한 옵션들을 탐색한 후에, Marco는 유명한 자동차 제조사가 만든 차를 사기로 결정한다. 이 차는 소매가는 높지만 운영비와 유지비는 매우 낮다. 이 시나리오에서 자동차 제조업체가 채택한 프라이싱 전략은 _____이다.

A) 침투 가격

B) 가격 스키밍

C) 목표 ROI

D) 경쟁사 기반 프라이싱

E) 가치 프라이싱

TOPIC 6-2. Pricing Tactics

1. Yoko is trying to explain to one of her ticket counter associates the differences in price associated with concert tickets. She explains that the lowest-priced tickets are for the least desirable seats and the highest-priced tickets are for the most desirable seats, with the rest of the ticket prices falling somewhere in between. Yoko is describing _____ pricing.

A) product line
B) captive
C) odd/even
D) reference
E) prestige

2. Marriott has branded its entire family of accommodations based on different value propositions, supported by clearly delineated pricing strategies. Its offerings include Ritz-Carlton and JW Marriott for the most discriminating patron, Marriott and Renaissance at the next level of full service, and an array of differentially positioned brands such Courtyard and Residence Inn. This is an example where _____ can occur at a level much broader in scope than individual products.

A) captive pricing
B) auction pricing
C) price lining
D) reference pricing
E) variable pricing

3. HP sells an inexpensive printer for an entry-level user, but the printer cartridges that need continual replacement are fairly expensive. This demonstrates the concept of _____.

A) product line pricing
B) captive pricing
C) price bundling
D) reference pricing
E) prestige pricing

4. Krista goes to a store to buy a new liquid soap dispenser. When she purchases a new dispenser from the store she gets two liquid soap refill packets for free, as part of a promotional offer, but she will need to purchase refills later. In this scenario, the pricing strategy used for the soap dispenser is _____ pricing.

A) product line
B) captive
C) variable
D) reference
E) prestige

TOPIC 6-2. Pricing Tactics

1. Yoko는 그녀의 티켓 카운터에 있는 신입 직원 중 한 명에게 콘서트 티켓과 관련된 가격 차이를 설명하려고 노력하고 있다. 그녀는 가장 낮은 가격의 티켓은 가장 덜 선호하는 좌석을 위한 것이고 가장 높은 가격의 티켓은 가장 선호하는 좌석을 위한 것이며, 나머지 티켓 가격은 그 사이 어딘가에서 결정된다고 설명한다. Yoko는 _____ 프라이싱을 설명하고 있다.

A) 제품 라인   B) 캡티브

C) 홀수/짝수   D) 준거

E) 프리스티지

2. Marriott는 명확하게 명시된 프라이싱 전략에 의해 지원되는 다양한 가치 제안을 기반으로 전체 숙박 시설 제품군을 브랜드화했다. 가장 차별화된 단골을 위한 Ritz-Carlton과 JW Marriott, 다음 단계의 완전한 서비스를 위한 Marriott와 Renaissance, 그리고 Courtyard와 Residence Inn과 같은 다른 방식으로 포지셔닝된 브랜드들이 제공된다. 이것은 _____가 개별 제품보다 훨씬 광범위한 수준에서 발생할 수 있는 사례이다.

A) 캡티브 프라이싱   B) 경매 프라이싱

C) 가격 라이닝   D) 준거 프라이싱

E) 변동 프라이싱

3. HP는 보급형 사용자를 위해 저렴한 프린터를 판매하지만 지속적인 교체가 필요한 프린터 카트리지는 상당히 비싸다. 이것은 _____의 개념을 보여준다.

A) 제품 라인 프라이싱   B) 캡티브 프라이싱

C) 가격 번들링   D) 준거 프라이싱

E) 프리스티지 프라이싱

4. Krista는 새로운 액체 비누 디스펜서를 사기 위해 매장에 간다. 그녀가 매장에서 새 디스펜서를 구매할 때, 그녀는 판촉 행사의 일환으로 두 개의 액체 비누 리필 패킷을 무료로 받지만, 나중에 리필을 구매해야 할 것이다. 이 시나리오에서 비누 디스펜서에 사용되는 프라이싱 전략은 _____ 프라이싱이다.

A) 제품 라인   B) 캡티브

C) 변동적   D) 준거

E) 프리스티지

5. When Claire purchased her new cell phone, she was offered an opportunity to purchase a car charger and a cover together at a reduced price. The cell phone provider was using a _____ strategy.

A) product line pricing

B) captive pricing

C) price bundling

D) reference pricing

E) prestige pricing

6. Bright House wants Madhukar to buy the full gamut of entertainment products, and the more he buys—digital television, premium channels, downloadable movies, local and long-distance phone service, cellular service, high-speed Internet—the better the deal becomes compared to the total of the individual prices of each product. Bright House is using a _____ strategy.

A) product line pricing

B) captive pricing

C) price bundling

D) reference pricing

E) prestige pricing

7. Bella is a discount furniture store. Most of the items in the store are overstock and hence tend to be more inexpensive than other furniture. Recently Bella started to display the manufacturers' suggested retail price next to the price it charges to show the savings. Bella is using a _____ strategy.

A) product line pricing

B) captive pricing

C) price bundling

D) reference pricing

E) prestige pricing

8. Edvard works at a ski shop. He has just gotten a shipment of new snowboards and realizes that the company has priced its snowboards higher than the rest of the boards in his shop. Since Edvard took a marketing class in college, he knows that the company is most likely using _____.

A) product line pricing

B) captive pricing

C) price bundling

D) reference pricing

E) prestige pricing

510

5. Claire가 새 휴대폰을 구입했을 때, 그녀는 할인된 가격으로 자동차 충전기와 커버를 함께 구입할 수 있는 기회를 제공받았다. 휴대폰 공급자는 _____ 전략을 사용한 것이다.

A) 제품 라인 프라이싱

B) 캡티브 프라이싱

C) 가격 번들링

D) 준거 프라이싱

E) 프리스티지 프라이싱

6. Bright House는 Madhukar가 모든 엔터테인먼트 제품을 구매하기를 원하며, 디지털 텔레비전, 프리미엄 채널, 다운로드 가능한 영화, 로컬 및 장거리 전화 서비스, 셀룰러 서비스, 초고속 인터넷 등을 더 많이 구매할수록 각 제품의 개별 가격 총액과 비교하여 할인이 더 제공된다. Bright House는 _____ 전략을 사용하고 있다.

A) 제품 라인 프라이싱

B) 캡티브 프라이싱

C) 가격 번들링

D) 준거 프라이싱

E) 프리스티지 프라이싱

7. Bella는 할인 가구점이다. 매장에 있는 대부분의 물건들은 재고가 너무 많아서 다른 가구들보다 더 저렴한 경향이 있다. 최근 Bella는 절감되는 금액을 보여주기 위해 매장이 매긴 가격 옆에 제조업체의 권장 소매 가격을 함께 표시하기 시작했다. Bella는 _____ 전략을 사용하고 있다.

A) 제품 라인 프라이싱

B) 캡티브 프라이싱

C) 가격 번들링

D) 준거 프라이싱

E) 프리스티지 프라이싱

8. Edvard는 스키 매장에서 일한다. 그는 방금 새 스노우보드를 한 대 입고 받았는데, 회사가 스노우보드의 가격을 자신의 매장에 있는 다른 보드보다 더 높게 책정했다는 것을 알게되었다. Edvard는 대학에서 마케팅 수업을 받았기 때문에 회사에서 _____(을)를 사용한 것이라는 것을 알았다.

A) 제품 라인 프라이싱

B) 캡티브 프라이싱

C) 가격 번들링

D) 준거 프라이싱

E) 프리스티지 프라이싱

9. Dag runs a hardware store. He learned that customers process the price of $9.99 as significantly lower than the price of $10.00 because of the reduced digit count in the price point. Accordingly, he follows this rule to set up the prices for all products. Dag uses a _____ strategy.

A) psychological pricing
B) one-price strategy
C) variable pricing
D) everyday low pricing (EDLP)
E) high/low pricing

10. Due to its use of an everyday low pricing tactic, Walmart has historically needed to make heavy investment in promotional activities.

A) True
B) False

11. Priceline.com is a firm that serves as a clearinghouse for extra capacity from airlines, hotels, and cruise lines. It is an example of a firm that uses a(n) _____ strategy.

A) cost-plus pricing
B) price war
C) reverse auction
D) average-cost pricing
E) target return pricing

12. Dyani runs Cute Cakes, a gourmet cupcake bakery. To set prices for her cupcakes, Dyani looks at the cost of making each cupcake and then adds an additional amount on top of that to arrive at her price. Dyani is using _____.

A) cost-plus pricing
B) high/low pricing
C) markup on sales price
D) average-cost pricing
E) target return pricing

13. James is trying to determine the best price for his new fishing poles and thus uses the sales price as a basis of calculating the markup percentage. He is using a _____ approach.

A) markup on cost
B) value price
C) average-cost pricing
D) markup on sales price
E) cost-plus

9. Dag는 하드웨어 상점(철물점)을 운영한다. 그는 가격 포인트의 숫자가 줄어들기 때문에 고객이 9.99달러의 가격을 10.00달러의 가격보다 상당히 낮게 처리한다는 것을 알게 되었다. 따라서 그는 모든 제품의 가격을 설정하기 위해 이 규칙을 따른다. Dag는 _____ 전략을 사용한다.

A) 심리적 프라이싱   B) 단일 가격 전략

C) 변동 프라이싱   D) 매일 낮은 프라이싱

E) 고/저 프라이싱

10. Walmart는 매일 낮은 프라이싱을 사용하기 때문에 역사적으로 판촉 활동에 많은 투자를 해야 했다.

A) 맞음   B) 틀림

11. Priceline.com 은 항공사, 호텔, 그리고 크루즈 라인의 잉여 물량을 위한 거래소(clearinghouse) 역할을 하는 회사이다. 이것은 _____ 전략을 사용하는 기업의 사례이다.

A) 원가 가산 프라이싱   B) 가격 전쟁

C) 역경매   D) 평균 원가 프라이싱

E) 목표 수익률 프라이싱

12. Dyani는 고급 컵케이크 베이커리인 Cute Cakes를 운영한다. Dyani는 컵케이크의 가격을 정하기 위해 각 컵케이크를 만드는 비용을 살펴보고 그 위에 추가 금액을 추가하여 최종 가격을 매긴다. Dyani는 _____을 사용하고 있다.

A) 원가 가산 프라이싱   B) 고/저 프라이싱

C) 판매 가격 기반 마크업   D) 평균 원가 프라이싱

E) 목표 수익률 프라이싱

13. James는 새 낚싯대의 최적 가격을 결정하기 위해 노력하고 있으며, 따라서 판매 가격을 마크업 비율을 계산하는 기준으로 사용한다. 그는 _____ 접근법을 사용하고 있다.

A) 원가 기반 마크업   B) 가치 가격

C) 평균 원가 프라이싱   D) 판매 가격 기반 마크업

E) 원가 가산

14. Average-cost pricing is a method for determining the price of an offering by adding a standardized markup on top of the costs for the offering.

A) True   B) False

15. Solid Surface, a countertop store, will give customers a 10 percent discount if they pay their bills in full in 20 days; however, after 20 days they do not receive a discount. This is an example of a _____.

A) cash discount   B) trade discount

C) quantity discount   D) seasonal discount

E) promotional allowance

16. Veggie Vitality will send retailers a check if the retailer successfully includes its vegetable-based smoothies in promotional efforts. Veggie Vitality uses _____ to incentivize retailers.

A) cash discounts   B) trade discounts

C) quantity discounts   D) seasonal discounts

E) promotional allowances

17. Giovanni's Gems is a high-quality Italian leather goods store in Manhattan. Giovanni also runs an Internet site where people can buy his products and he will charge the same delivery fee to any location within the 48 contiguous states. Giovanni utilizes _____ pricing.

A) free on board (FOB)   B) uniform delivered

C) zone   D) psychological

E) product line

14. 평균 원가 프라이싱은 제품 가격에 표준화된 마크업을 추가하여 제품 가격을 결정하는 방법이다.

A) 맞음 B) 틀림

15. 카운터탑(주방가구) 매장인 Solid Surface는 20일 이내에 전액 결제하면 10% 할인을 해주지만, 20일 이후에는 할인을 해 주지 않는다. 이것은 _____의 사례이다.

A) 현금 할인 B) 거래 할인
C) 수량 할인 D) 계절 할인
E) 판촉 얼라우언스

16. Veggie Vitality는 소매업체가 야채를 베이스로 한 스무디를 판촉 활동에 성공적으로 포함시킬지 여부를 확인할 것이다. Veggie Vitality는 _____(을)를 사용하여 소매업체에 인센티브를 제공한다.

A) 현금 할인 B) 거래 할인
C) 수량 할인 D) 계절 할인
E) 프로모셔널 얼라우언스

17. Giovanni's Gems는 맨하탄에 있는 고품질의 이탈리아 가죽 제품 매장이다. 지오반니는 또한 사람들이 그의 제품을 살 수 있는 인터넷 사이트를 운영하고 있으며, 48개의 인접한 주 내의 모든 지역에 동일한 배송비를 부과할 것이다. Giovanni는 _____ 프라이싱을 활용한다.

A) FOB B) 균등 배송 비용
C) 구역 D) 심리적
E) 제품 라인

TOPIC 6-3. Execute the Pricing Strategy

1. Jameson purchased an alarm system for his car during a promotion. He considered the price after the promotion to be very attractive. However, he later learned that the firm set an artificially high reference price for the alarm system just before the promotion to make the advertised sale price more attractive. Jameson just experienced _____.

A) price fixing   B) price discrimination

C) deceptive pricing   D) bait and switch

E) predatory pricing

2. Deceptive pricing refers to the collusion among companies to set mutually beneficial high prices and limit competition.

A) True   B) False

3. When a seller advertises an item at an unbelievably low price to lure customers into a store, and then refuses to sell the advertised item and instead pushes a similar item with a much higher price and higher margin, the seller is participating in the illegal practice of _____.

A) price fixing   B) price discrimination

C) psychological pricing   D) bait and switch

E) predatory pricing

TOPIC 6-3. Execute the Pricing Strategy

1. Jameson은 프로모션 중에 그의 차를 위한 경보 시스템을 구입했다. 그는 프로모션 후 가격이 매우 매력적이라고 생각했다. 하지만, 그는 나중에 회사가 광고된 판매 가격을 더 매력적으로 만들기 위해 프로모션 직전에 알람 시스템에 대해 인위적으로 높은 준거 가격을 설정했다는 것을 알게 되었다. Jameson은 방금 _____(을)를 경험했다.

A) 가격 담합   B) 가격 차별
C) 기만적 프라이싱   D) 미끼 및 스위치
E) 약탈적 프라이싱

2. 기만적인 프라이싱은 상호 이익이 되는 높은 가격을 설정하고 경쟁을 제한하기 위해 기업 간의 모의를 말한다.

A) 맞음   B) 틀림

3. 판매자가 믿을 수 없을 정도로 낮은 가격으로 어떤 물건을 광고하여 고객을 매장으로 유인한 후, 그 광고된 물건의 판매를 거부하고 그 대신에 훨씬 높은 가격과 높은 마진을 가진 유사한 물건을 푸시할 때, 판매자는 _____(이)라는 불법적 관행에 가담하고 있는 것이다.

A) 가격 담합   B) 가격 차별
C) 심리적 프라이싱   D) 미끼 및 전환
E) 약탈적인 프라이싱

DOMAIN 7. DELIVER THE VALUE OFFERING
TOPIC 7-1. Channels

1. Jenn, a production manager at a company, has decided to take a value network approach to create a competitive advantage over the company's competitors. In the context of network organizations, this approach will make the company's operations more _____.

A) rigid   B) costly

C) consistent   D) static

E) nimble

2. Keisha is in charge of overseeing the flow of activities among several entities for Walmart. Her main objective is to coordinate these value-adding activities in a way that maximizes value and profit. She is in charge of _____.

A) physical distribution   B) assortment creation

C) supply chain management   D) partner relationship management

E) transaction reduction

3. Agent intermediaries buy goods outright and take title product.

A) True   B) False

4. A vertical marketing system is comprised of independent entities.

A) True   B) False

DOMAIN 7. DELIVER THE VALUE OFFERING
TOPIC 7-1. Channels

1. 한 회사의 생산 매니저인 Jenn은 회사의 경쟁업체에 비해 경쟁 우위를 확보하기 위해 가치 네트워크 접근 방식을 취하기로 결정했다. 네트워크 조직의 맥락에서, 이 접근 방식은 회사의 운영을 더 _____ 만들 것이다.

A) 경직되게   B) 비싸게

C) 일관되게   D) 정적으로

E) 민첩하게

2. Keisha는 Walmart의 여러 실체(협력사)들 간의 활동 흐름을 감독하는 책임자이다. 그녀의 주요 목표는 가치와 수익을 극대화하는 방식으로 이러한 부가가치 활동을 조율하는 것이다. 그녀는 _____을 담당하고 있다.

A) 물리적 유통   B) 제품 구성

C) 공급망 관리   D) 파트너 관계 관리

E) 거래 감소

3. 에이전트 중간상은 상품을 직접 구매하고 소유권을 가져간다.

A) 맞음   B) 틀림

4. 수직적 마케팅 시스템은 독립적인 개체들로 구성된다.

A) 맞음   B) 틀림

5. Nadia works for a major soda distributor. The company decides to buy a transportation company to move its product from its own manufacturing facility to the consumer. This is an example of a(n) _____ vertical marketing system.

A) private
B) intermediated
C) corporate
D) contractual
E) administered

6. Local Farmers of Tampa Bay sell their produce in the market every day. They band together to gain cost and operating economies of scale in the market for selling their produce. This is an example of a _____.

A) retailer cooperative
B) disintermediation
C) pull strategy
D) vertical integration
E) customer community

7. Core Inc., a dealer of electronic items, enjoys economies of scale due to its large buying and selling operations and controls many aspects of the channel's operations. As a consequence of this, the company enjoys tremendous power in the market. In the context of administered vertical marketing systems, Core Inc. is a(n) _____.

A) franchise organization
B) retailer cooperative
C) channel captain
D) wholesaler cooperative
E) agent intermediary

5. Nadia는 대형 탄산음료 유통업체에서 일한다. 이 회사는 자사의 제조 시설에서 소비자에게로 제품을 이동시키기 위해 운송 회사를 인수하기로 결정한다. 이것은 _____ 수직적 마케팅 시스템의 사례이다.

A) 사적인   B) 중개형

C) 기업형   D) 계약형

E) 관리형

6. Tampa Bay의 지역 농부들은 매일 시장에서 그들의 농산물을 판매한다. 그들은 그들의 생산물을 판매하기 위한 시장에서 비용과 운영상의 규모의 경제를 달성하기 위해 연합한다. 이것은 _____의 사례이다.

A) 소매 협동조합   B) 중간상 제거

C) 풀 전략   D) 수직적 통합

E) 고객 커뮤니티

7. 전자 제품의 딜러인 Core Inc.는 대규모 구매 및 판매 활동으로 인해 규모의 경제를 누리고 있으며 채널 운영의 여러 측면을 통제하고 있다. 그 결과, 이 회사는 시장에서 엄청난 힘을 누리고 있다. 관리되는 수직 마케팅 시스템의 맥락에서, Core Inc.는 _____이다.

A) 프랜차이즈 조직   B) 소매 협동조합

C) 채널 캡틴   D) 도매 협동조합

E) 중간상

8. In an administered vertical marketing system, the sheer size and power of one of the intermediaries places it in a position of control. The lead player in such situations may be referred to as the _____.

A) virtual organization
B) retailer cooperative
C) wholesaler cooperative
D) channel captain
E) network organization

9. Unresolved channel conflict will never result in an uncooperative and inefficient channel; however, it may impact end-user consumers through inferior products, spotty inventory, and higher prices.

A) True
B) False

10. _____ power is NOT a source of channel power.

A) Reward
B) Referent
C) Legitimate
D) Consumer
E) Expert

11. Grape Inc. sells high-end wines to liquor, wine, and spirits wholesalers who have built relationships among select restaurants and hotels. Grape Inc. employs a(n) _____ strategy.

A) selective distribution
B) exclusive distribution
C) push
D) pull
E) intensive distribution

12. In push strategy, heavy advertising in mass media, direct marketing, couponing, and other direct-to-consumer promotion are expected to create demand from intermediaries from the bottom of the channel upward.

A) True
B) False

8. 관리형 수직 마케팅 시스템에서, 중간상들 중 하나의 순수한 규모와 힘은 그것을 통제하는 위치에 놓이게 한다. 이러한 상황에서 선두 주자를 _____(이)라고 할 수 있다.

A) 가상 조직 B) 소매 협동조합

C) 도매 협동조합 D) 채널 캡틴

E) 네트워크 구성

9. 해결되지 않은 채널 갈등은 결코 비협조적이고 비효율적인 채널을 초래하지는 않을 것이다. 그러나 이는 최종 사용자 소비자에게 열등한 제품, 들쭉날쭉한 재고, 그리고 높은 가격을 통해 영향을 미칠 수 있다.

A) 맞음 B) 틀림

10. _____ 파워는 채널 파워의 원천이 아니다.

A) 보상적 B) 준거적

C) 합법적 D) 소비자

E) 전문가

11. Grape Inc.는 엄선된 레스토랑과 호텔 간의 관계를 구축한 주류 및 와인 도매업자들에게 하이엔드 와인을 판매한다. Grape Inc.는 _____ 전략을 사용한다.

A) 선택적 유통 B) 배타적 유통

C) 푸시 D) 풀

E) 집약적 유통

12. 푸시 전략에서 매스 미디어의 대대적인 광고, 직접 마케팅, 쿠폰 사용, 그리고 기타 소비자 직접 프로모션은 채널의 하단에서 상향으로 중간상의 수요를 창출할 것으로 예상된다.

A) 맞음 B) 틀림

TOPIC 7-2. Physical Distribution

1. An intermediary works with large consumer product manufacturers as well as small local retailers. The company buys large quantities of products from the manufacturers and sells them in smaller quantities to retailers to better match quantities needed for space constraints and inventory turnover requirements. The intermediary is performing the distribution function of _____.

A) disintermediation
B) assortment creation
C) reverse logistics
D) breaking bulk
E) accumulating bulk

2. Good Egg Co. buys eggs from local farmers, sorts them into different grades, and then packages them to sell to larger grocers. Good Egg Co. is performing the distribution function of _____.

A) physical distribution
B) product processing
C) determining variety
D) breaking bulk
E) accumulating bulk

3. Big Market purchases different fruits from local farmers and then sells them to local restaurants and retailers. If the fruits rot before Big Market sells them, the store takes the loss. As an intermediary, Big Market is performing the function of _____.

A) financing
B) market research
C) channeling
D) risk-taking
E) sorting

4. Disintermediation is common in the machining channel.

A) True
B) False

TOPIC 7-2. Physical Distribution

1. 한 중간상이 대형 소비자 제품 제조업체들 뿐만 아니라 소규모 로컬 소매업체들과도 함께 일한다. 이 회사는 공간 제약과 재고 회전율 요구사항에 맞는 수량을 더 잘 맞추기 위해 제조업체로부터 대량으로 제품을 구입하여 소매업체에 소량으로 판매한다. 이 중간상은 _____(이)라는 유통 기능을 수행하고 있다.

A) 중간상 제거
B) 제품 구성
C) 역 로지스틱스
D) 벌크 분할
E) 벌크 축적

2. Good Egg Co.는 지역 농부들로부터 계란을 사서 여러 등급으로 분류한 다음 포장하여 더 큰 식료품점에 판매한다. Good Egg Co.는 _____(이)라는 유통 기능을 수행하고 있다.

A) 물리적 유통
B) 제품 프로세싱
C) 다양성 결정
D) 벌크 분할
E) 벌크 축적

3. Big Market은 로컬 농부들로부터 다양한 과일들을 구입한 다음 로컬 식당과 소매상들에게 판매한다. Big Market이 과일을 팔기 전에 과일이 썩으면 그 매장(Big Market)이 손해를 본다. Big Market은 중간상으로서 _____의 기능을 수행하고 있다.

A) 파이낸싱
B) 마켓 리서치
C) 채널링
D) 리스크 테이킹
E) 등급 매기기

4. 탈중간상화는 기계식 채널에서 일반적으로 발생한다.

A) 맞음
B) 틀림

TOPIC 7-3. Logistics

1. Venus Office Supplies offers customers a $0.50 coupon for turning in their empty printer cartridges. Venus collects the cartridges and then returns them to the producer for recycling. This is an example of _____.

A) outbound logistics   B) inbound logistics

C) reverse logistics   D) order processing

E) reducing transactions

2. Receiving and properly processing customer orders takes place before the product moves into the supply chain.

A) True   B) False

526

TOPIC 7-3. Logistics

1. Venus Office Supplies는 고객들에게 빈 프린터 카트리지를 반납할 수 있는 0.50달러의 쿠폰을 제공한다. Venus는 카트리지를 수집한 다음 재활용을 위해 생산자에게 돌려 보낸다. 이것은 _____의 사례이다.

A) 아웃바운드 로지스틱스
B) 인바운드 로지스틱스
C) 역 로지스틱스
D) 주문 프로세싱
E) 거래 감소

2. 고객 주문을 접수하고 적절하게 처리하는 것은 제품이 공급망으로 이동하기 전에 이루어진다.

A) 맞음
B) 틀림

TOPIC 7-4. Supply Chain Management

1. A producer can always grant an intermediary an exclusive territory for sales purposes.

A) True   B) False

2. NextGen Electronix Inc. is a wholesaler of electronic goods in the city of Erbia. The company sells goods manufactured by CellDer Inc. The wholesaler enjoys monopoly because it is the only intermediary selling those products in the city. This is an example of a(n) _____.

A) just-in-time (JIT) inventory control

B) materials requirement planning (MRP)

C) exclusive dealing

D) exclusive territory

E) tying contract

3. A stationary store offers a 5 percent discount on pens and pencils to students if they agree to purchase all the books needed for the academic year from the store. This is an example of a(n) _____.

A) tying contract   B) exclusive territory

C) exclusive dealing   D) intermediary contract

E) pull strategy

TOPIC 7-4. Supply Chain Management

1. 생산자는 판매 목적을 위해 중간상에게 독점적인 영역을 항상 부여할 수 있다.

A) 맞음   B) 틀림

2. NextGen Electronix Inc.는 Erbia시에 있는 전자 제품 도매업체이다. 이 회사는 CellDer Inc.에서 제조한 제품을 판매한다. 이 도매상은 독점을 누리고 있다. 왜냐하면 이 도매상은 이 도시에서 그 제품들을 판매하는 유일한 중간상이기 때문이다. 이것은 _____의 사례이다.

A) JIT 인벤토리 통제

B) 자재 소요 플래닝

C) 독점적 거래

D) 독점적 영역

E) 끼워팔기 계약

3. 한 문구점이 학생들이 그 매장에서 학년에 필요한 모든 책을 구입하는 것에 동의하면 펜과 연필을 5% 할인해 준다. 이것은 _____의 사례이다.

A) 끼워팔기 계약   B) 독점적 영역

C) 독점적 거래   D) 중간상 계약

E) 풀 전략

DOMAIN 8. COMMUNICATE THE VALUE OFFERING
TOPIC 8-1.Promotion Management Basics

1. Which of the following is NOT a part of the promotion mix?

A) advertising

B) sales promotion

C) public relations

D) pricing

E) personal selling

2. In the context of the promotion mix elements, which of the following represents a strength specific to social media marketing?

A) great creative flexibility

B) ability to stimulate purchase directly through incentive to buy

C) unpaid communication seen as more credible than paid forms

D) message customization without high costs of personal selling

E) many provider choices

3. Brianna is a marketing manager who wants to have a strong two-way communication of ideas with customers and she considers it very important to directly ease customer confusion and persuade them to purchase. She does not care much about whether the cost per customer contact will be expensive. Based on the manager's consideration, _____ will be the most appropriate promotional form.

A) advertising

B) sales promotion

C) viral marketing

D) personal selling

E) direct marketing

4. A marketing manager wants to build a strong relationship with the customers and to customize messages without high costs. He understands that relationship building and message customization would require constant updating of the database due to the reliance on CRM and he plans to hire staff to make sure the database stays up to date. Based on the manager's consideration, _____ will be the most appropriate promotion mix element.

A) personal selling

B) digital and social media marketing

C) sales promotion

D) advertising

E) public relations and covert advertising

DOMAIN 8. COMMUNICATE THE VALUE OFFERING
TOPIC 8-1.Promotion Management Basics

1. 다음 중 프로모션 믹스에 포함되지 않은 것은 무엇인가?

A) 광고

B) 판촉

C) PR

D) 프라이싱

E) 인적 판매

2. 프로모션 믹스 요소의 맥락에서 소셜 미디어 마케팅의 강점을 나타내는 것은 무엇인가?

A) 강력한 크리에이티브 유연성

B) 구매 인센티브를 통한 직접적인 구매 촉진 능력

C) 유료 형태에 비해 더 신뢰할 수 있어 보이는 무료 커뮤니케이션

D) 인적 판매라는 고비용 없는 메시지 맞춤화

E) 공급자 선택권의 다양성

3. Brianna는 고객과 강력한 쌍방향 아이디어 소통을 원하는 마케팅 매니저로, 고객의 혼란을 직접 해소하고 구매를 설득하는 것이 매우 중요하다고 생각한다. 그녀는 고객 연락처당 비용이 비쌀지 여부에 대해 크게 신경 쓰지 않는다. 이 매니저의 생각에 따르면 _____(이)가 가장 적합한 프로모션 형식이다.

A) 광고

B) 판매 촉진

C) 바이럴 마케팅

D) 인적 판매

E) 직접 판매

4. 한 마케팅 매니저가 고객과 긴밀한 관계를 구축하고 높은 비용 없이 메시지를 맞춤화하기를 원한다. 그는 관계 구축과 메시지 맞춤화가 CRM에 의존하기 때문에 데이터베이스의 지속적인 업데이트가 필요하다는 것을 알고 있으며, 그 데이터베이스를 최신 상태로 유지하기 위해 직원을 고용할 계획이다. 매니저의 생각에 따르면 _____(이)가 가장 적합한 프로모션 믹스 요소가 될 것이다.

A) 인적 판매

B) 디지털 및 소셜 미디어 마케팅

C) 판매 촉진

D) 광고

E) PR 및 은밀한 광고

5. A marketing manager believes that unpaid communication is seen as more credible than paid forms. Based on the manager's consideration, _____ will be the most appropriate promotional form.

A) public relations

B) personal selling

C) direct marketing and interactive marketing

D) advertising

E) sales promotion

6. A marketing manager wants to stimulate purchase directly through an incentive to buy, but wants something that will work alongside other forms of promotion. Based on the manager's consideration, _____ will be the most appropriate promotional form.

A) public relations   B) advertising

C) personal selling   D) sales promotion

E) direct marketing and interactive marketing

7. A marketing manager wants to efficiently reach large numbers of customers in a creative way and she is not concerned about the production costs of the medium. Based on the manager's consideration, _____ will be the most appropriate promotional form.

A) sales promotion   B) public relations

C) personal selling   D) advertising

E) direct marketing and interactive marketing

8. The effectiveness and efficiency of promotional strategies for a particular product or product line are often tracked on the basis of price fluctuations.

A) True   B) False

5. 한 마케팅 매니저는 무료 커뮤니케이션이 유료 형태보다 더 신뢰할 수 있는 것으로 믿고 있다. 이 매니저의 생각에 따르면 _____(이)가 가장 적합한 프로모션 형태가 될 것이다.

A) PR

B) 인적 판매

C) 직접 마케팅과 상호작용적 마케팅

D) 광고

E) 판매 촉진

6. 한 마케팅 매니저는 구매에 대한 인센티브를 통해 직접 구매를 촉진하고 싶지만, 다른 형태의 프로모션과 함께 할 수 있는 효과적인 무언가를 원한다. 이 매니저의 생각에 따르면 _____(이)가 가장 적합한 프로모션 형태가 될 것이다.

A) PR   B) 광고

C) 인적 판매   D) 판매 촉진

E) 직접 마케팅과 상호작용적 마케팅

7. 한 마케팅 매니저가 크리에이티브한 방법으로 많은 고객에게 효율적으로 접근하기를 원하며 미디어의 프로덕션(제작) 비용에 대해서는 걱정하지 않는다. 이 매니저의 생각에 따르면 _____(이)가 가장 적합한 프로모션 형태가 될 것이다.

A) 판매 촉진   B) PR

C) 인적 판매   D) 광고

E) 직접 마케팅과 상호작용적 마케팅

8. 특정 제품 또는 제품군에 대한 프로모션 전략의 효과와 효율은 종종 가격 변동을 기준으로 추적된다.

A) 맞음   B) 틀림

9. Which capability of promotion is used to let customers know about new products or brands offered by a firm?

A) to take action
B) to sell
C) to persuade
D) to inform
E) to remind

10. Questions such as "Why should a construction project lease Caterpillar equipment instead of Kamatsu?" and "What are the advantages of the Toyota Camry over the Honda Accord, and vice versa?" are related to which of the following capabilities of promotion?

A) to take action
B) to remind
C) to persuade
D) to inform
E) to sell

11. Coca-Cola intends to invest further in promotion to help maintain brand loyalty from its existing customers. Which of the following capabilities of promotion is Coca-Cola demonstrating?

A) to inform
B) to persuade
C) to remind
D) to sell
E) to take action

12. The marketing manager doesn't need to understand the basics of promotion since sales is separate from marketing.

A) True
B) False

13. Internal marketing is defined as the way in which internal activities affect external marketing results.

A) True
B) False

9. 기업이 제공하는 신제품 또는 브랜드에 대해 고객이 알도록 하기 위해 사용되는 프로모션 기능은 무엇인가?

A) 행동 취하기   B) 판매하기

C) 설득하기   D) 알리기

E) 상기시키기

10. "왜 건설 프로젝트가 Kamatsu 대신 Caterpillar 장비를 리스해야 하는가?", 그리고 "Honda Accord 에 비해 Toyota Camry의 장점은 무엇인가?"와 같은 질문은 다음 중 어떤 프로모션 능력과 관련이 있는가?

A) 행동 취하기   B) 상기시키기

C) 설득하기   D) 알리기

E) 판매하기

11. Coca-Cola가 기존 고객들로부터 브랜드 로열티를 유지하기 위해 프로모션에 더 투자할 계획이다. 다음 중 Coca-Cola가 보여주는 프로모션 기능은 무엇인가?

A) 알리기   B) 설득하기

C) 상기시키기   D) 판매하기

E) 행동 취하기

12. 영업과 마케팅이 별개이기 때문에 마케팅 매니저는 프로모션의 기본을 이해할 필요가 없다.

A) 맞음   B) 틀림

13. 내부 마케팅이란 내부의 활동이 외부 마케팅 결과에 영향을 미치는 방식이라고 정의된다.

A) 맞음   B) 틀림

14. The order of the steps in the AIDA model is not important as long as the effort has the desired outcome.

A) True   B) False

15. What is NOT included in the AIDA acronym?

A) interest   B) attitude

C) desire   D) attention

E) action

16. In the initial introduction of the Prius, Toyota put much effort into building awareness of the emerging need for hybrid cars and also educating potential customers about what a hybrid car actually is. This is an example of the _____ stage in the AIDA model.

A) attention   B) interest

C) desire   D) decision

E) action

17. In the action stage of the AIDA model, salespeople and customized direct and interactive marketing first enter the promotion mix.

A) True   B) False

18. Younger consumers are much more likely to want to be "sold to," and therefore place a high value on objective information sources for decision making.

A) True   B) False

14. 노력이 원하는 결과를 얻는 한, AIDA 모델의 단계 순서는 중요하지 않는다.

A) 맞음   B) 틀림

15. 다음 중 AIDA 약자에 포함되지 않은 것은?

A) 관심   B) 태도

C) 욕구   D) 주목

E) 실행

16. Toyota가 Prius를 처음 선보였을 때 하이브리드 자동차에 대한 새로운 필요성에 대한 인지를 구축하고 잠재 고객에게 하이브리드 자동차가 실제로 무엇인지 교육하기 위해 많은 노력을 기울였다. 이것은 AIDA 모델의 _____ 단계의 사례이다.

A) 주목   B) 관심

C) 욕구   D) 결정

E) 행동

17. AIDA 모델의 실행 단계에서는 "영업사원"과 "맞춤형 직접 및 상호작용적 마케팅"이 먼저 프로모션 믹스에 들어간다.

A) 맞음   B) 틀림

18. 젊은 소비자들은 "판매당하는 것"을 훨씬 더 원하기 때문에 의사결정을 위한 객관적인 정보 출처에 높은 가치를 둔다.

A) 맞음   B) 틀림

19. When Sonja bought her new Samsung phone, she couldn't wait to show her co-workers its new features, all of which were widely-advertised by the company. The next day, three of them went out and bought the same phone. Which stage of the AIDA model was created through Sonja's actions?

A) attitude

B) awareness

C) interest

D) desire

E) purchase

19. Sonja는 그녀의 새로운 삼성 핸드폰을 샀을 때, 그녀는 그녀의 동료들에게 그 모든 것이 회사에 의해 널리 광고된 그것의 새로운 특징들을 보여주는 걸 기다릴 수 없었다(동료들에게 바로 보여 주었다). 다음 날, 동료들 중 세 명이 나가서 같은 전화기를 샀다. Sonja의 행동을 통해 AIDA 모델의 어떤 단계가 생겨난 것인가?

A) 태도　　　　　　　　　　　　　B) 인지

C) 관심　　　　　　　　　　　　　D) 욕구

E) 구입

TOPIC 8-2. Digital Marketing

1. Carrie maintains a cooking blog, and she often mentions products by name if she feels they are especially nutritional and easy to obtain. This is an example of _____ media.

A) owned

B) earned

C) paid

D) display

E) free

2. Customer website interfaces have many dimensions, one of which is correctness.

A) True

B) False

3. Yahoo allows users to create their own Yahoo experience defining the look and content of their Yahoo web page. Which element of the customer interface does this illustrate?

A) customization

B) context

C) content

D) communication

E) connections

4. When Sony came out with PlayStation®4, it created a website specifically for the new product. This is an example of a microsite.

A) True

B) False

5. It makes little difference where a company is displayed in a list of search results on the Internet, as long as the message is clear.

A) True

B) False

6. Any website feature that can be used on a computer can also be used on a smartphone with the same results.

A) True

B) False

540

TOPIC 8-2. Digital Marketing

1. Carrie는 요리 블로그를 운영하고 있으며, 특히 영양가가 높고 구하기 쉽다고 느끼면 종종 제품 이름을 언급한다. 이것은 _____ 미디어의 사례이다.

A) 온드　　　　　　　　　　　　　B) 언드
C) 페이드　　　　　　　　　　　　D) 디스플레이
E) 프리

2. 고객 웹 사이트 인터페이스에는 여러 가지 차원이 있는데, 그 중 하나가 정확성이다.

A) 맞음　　　　　　　　　　　　　B) 틀림

3. Yahoo를 사용하면 사용자가 자신의 Yahoo 웹 페이지의 모양과 내용을 정의하는 자신만의 Yahoo 경험을 만들 수 있다. 이는 고객 인터페이스의 어떤 요소를 설명하고 있는가?

A) 맞춤화　　　　　　　　　　　　B) 컨텍스트
C) 컨텐츠　　　　　　　　　　　　D) 커뮤니케이션
E) 연결

4. SONY가 PlayStation4를 출시하면서 신제품 전용 웹사이트를 만들었다. 이것은 마이크로사이트의 한 사례이다.

A) 맞음　　　　　　　　　　　　　B) 틀림

5. 메시지가 명확한 경우 인터넷의 검색 결과 목록에 회사가 표시되는 위치는 거의 차이가 없다.

A) 맞음　　　　　　　　　　　　　B) 틀림

6. 컴퓨터에서 사용할 수 있는 모든 웹 사이트 기능을 스마트폰에서도 동일한 결과로 사용할 수 있다.

A) 맞음　　　　　　　　　　　　　B) 틀림

7. Banu downloaded a program from his insurance agency that allowed him to check on a claim from his phone. The first time he used it, a pop-up informed him of a new product and provided a button to click for more information. This is called an in-app ad.

A) True   B) False

7. Banu는 그의 보험 회사로부터 그의 휴대폰에서 청구액을 확인할 수 있는 프로그램을 다운로드했다. 그가 그 앱을 처음 사용했을 때, 팝업이 그에게 새로운 제품을 알려주었고 더 많은 정보를 얻기 위해 클릭할 수 있는 버튼을 제공했다. 이것을 앱 내 광고라고 한다.

A) 맞음   B) 틀림

TOPIC 8-3. Social Media Marketing

1. Companies spend too much time ensuring they have current and frequent postings on social media sites; they aren't that important.

A) True   B) False

2. Twitter is currently the largest social networking platform in the world.

A) True   B) False

3. Cho was in need of a new job after being laid off. Her friend suggested she put her resume on _____, a social media site geared toward working professionals and companies who use it for recruiting.

A) Twitter   B) LinkedIn
C) Facebook   D) Google Plus
E) Reddit.com

544

TOPIC 8-3. Social Media Marketing

1. 기업들은 소셜 미디어 사이트에 최신의 빈번한 포스팅을 보장하는 데 너무 많은 시간을 소비한다. 그건 그렇게 중요하지 않다.

A) 맞음   B) 틀림

2. 트위터는 현재 세계에서 가장 큰 소셜 네트워킹 플랫폼이다.

A) 맞음   B) 틀림

3. Cho는 해고된 후 새로운 직업이 필요했다. 그녀의 친구는 자신의 이력서를 _____에 올리라고 제안했다. 그 소셜 미디어 사이트는 현업 전문가들과 기업들이 채용을 위해 사용하는 곳이다.

A) 트위터   B) 링크드인
C) 페이스북   D) 구글 플러스
E) Reddit.com

TOPIC 8-4. Legacy Promotional Approaches

1. The goal of product advertising is to promote an industry, company, or family of brands.

A) True   B) False

2. Murphy Bros took out an ad in several local papers focusing on how the company was started and how it benefits the community. This is an example of _____ advertising.

A) product   B) pioneering

C) competitive   D) institutional

E) comparative

3. California Milk Advisory Board has been running a national advertising campaign on television. The ad features "happy cows" and carries the tagline "Great cheese comes from happy cows. Happy cows come from California." The board developed a logo that is prominently displayed in the ads, and presumably the expectation is that a consumer would look for that logo on a wedge of cheese in the dairy case, selecting it over cheese from elsewhere. This is an example of _____ advertising.

A) institutional   B) product

C) comparative   D) competitive

E) pioneering

4. Apple ran a series of humorous television ads in which two guys stood side by side while slinging barbs back and forth about features of the Mac versus the PC) This is an example of _____ advertising.

A) pioneering   B) competitive

C) institutional   D) comparative

E) covert

TOPIC 8-4. Legacy Promotional Approaches

1. 제품 광고의 목표는 산업, 회사, 또는 브랜드 패밀리를 알리는 것이다.

A) 맞음   B) 틀림

2. Murphy Bros는 회사가 어떻게 시작되었고 어떻게 지역 사회에 혜택을 주는지에 초점을 맞춘 광고를 여러 지역 신문에 냈다. 이것은 _____ 광고의 사례이다.

A) 제품   B) 개척

C) 경쟁   D) 기관

E) 비교

3. California Milk Advisory Board(캘리포니아 우유 자문위원회)는 텔레비전에서 전국적인 광고 캠페인을 진행해 왔다. 이 광고는 "행복한 소"를 특징으로 하고 "위대한 치즈는 행복한 소에서 나옵니다. 행복한 소는 캘리포니아에서 옵니다."라는 태그라인(슬로건)을 달고 있다. 이 위원회는 광고에서 두드러지게 나타나는 로고를 개발했고, 유제품 케이스에 나타난 이 로고가 있는 치즈 조각을 찾아 소비자들이 다른 곳 치즈보다 이 치즈를 선택할 것으로 기대하고 있다. 이것은 _____ 광고의 사례이다.

A) 기관   B) 제품

C) 비교   D) 경쟁

E) 개척

4. Apple은 두 남자가 나란히 서서 Mac과 PC의 기능에 대해 주거니 받거니 이야기를 해 나가는 유머러스한 텔레비전 광고를 시리즈를 방영했다. 이것은 _____ 광고의 사례이다.

A) 개척   B) 경쟁

C) 기관   D) 비교

E) 은밀한

5. JK motors is the leader in the automobile industry, and so it should use comparative advertising to reach its audience.

A) True

B) False

6. Starbucks ran a new ad during the Super Bowl. It wanted to know the percentage of people who watched the ad during the event. Starbucks was measuring the _____ of the ad.

A) reach

B) frequency

C) relevancy

D) impact

E) noise

7. P&G often shows ads of people using its products, such as a family using a Swiffer to pick up dog hair. This approach to advertising execution is called _____.

A) mood/affect

B) humor

C) slice of life

D) demonstration

E) lifestyle

8. When actress Jennifer Aniston appears in an advertisement using and promoting a particular brand of body lotion, it is an example of the _____ approach to advertising execution.

A) demonstration

B) research-based

C) lifestyle

D) endorser

E) slice-of-life

9. A commercial that shows Dodge Ram pickup trucks navigating through the back roads of America is an example of the _____ approach to advertising execution.

A) lifestyle

B) fantasy creation

C) musical

D) slice-of-life

E) humor

5. JK 모터스는 자동차 산업의 선두주자이기 때문에 고객에게 도달하기 위해 비교 광고를 사용해야 한다.

A) 맞음　　　　　　　　　　　　　　B) 틀림

6. Starbucks는 슈퍼볼 기간 동안 새로운 광고를 방영했다. 이 회사는 행사 기간 동안 광고를 본 사람들의 비율을 알고 싶었다. 스타벅스는 광고의 _____(을)를 측정하고 있었다.

A) 도달　　　　　　　　　　　　　　B) 빈도

C) 적합성　　　　　　　　　　　　　D) 임팩트

E) 노이즈

7. P&G는 한 가족이 강아지 털을 제거하기 위해 스위퍼를 사용하는 것과 같이 제품을 사용하는 사람들이 나오는 광고를 종종 보여준다. 광고 실행에 대한 이러한 접근법을 _____(이)라고 한다.

A) 기분　　　　　　　　　　　　　　B) 유머

C) 일상의 단면　　　　　　　　　　　D) 시연

E) 라이프스타일

8. 여배우 Jennifer Aniston이 특정 브랜드의 바디로션을 사용하고 홍보하는 광고에 등장하는 것은 광고 실행에 대한 _____ 접근 방식의 한 사례이다.

A) 시연　　　　　　　　　　　　　　B) 리서치 기반의

C) 라이프스타일　　　　　　　　　　D) 보증인

E) 일상의 단면

9. Dodge Ram 픽업 트럭이 미국의 시골길(back roads)을 질주하는 모습을 보여주는 광고는 광고 집행에 대한 _____ 접근법의 한 사례이다.

A) 라이프스타일　　　　　　　　　　B) 판타지 창조

C) 음악　　　　　　　　　　　　　　D) 일상의 단면

E) 유머

10. Which of the following is one of the benefits of using television as an advertising medium?

A) It has a long shelf life.

B) It appeals to multiple senses.

C) It creates the feel of one-to-one marketing.

D) It offers lasting impressions.

E) It involves low cost.

11. Chen wants to opt for an advertising medium that is flexible and can create the feel of one-to-one marketing. Which of the following advertising media is she likely to choose?

A) direct mail   B) newspapers

C) outdoor   D) magazines

E) radio

12. Marcia was describing a humorous ad to her friend, who asked her what product it was for. She said she didn't know because there were so many ads on TV that she got them all mixed up. This demonstrates the problem advertisers have with _____.

A) clutter   B) reach

C) frequency   D) impact

E) volume

13. Which customer sales promotion refers to an instant price reduction at the point of sale, available in print media, online, or in-store, that encourages customers to "buy now?"

A) loyalty program   B) rebate

C) contest or sweepstake   D) premium

E) coupon

10. 다음 중 텔레비전을 광고 미디어로 사용할 경우의 혜택 중 하나는 무엇인가?

A) 그것은 유통기한이 길다

B) 그것은 복수의 감각에 호소한다.

C) 그것은 일대일 마케팅의 느낌을 만들어낸다.

D) 그것은 오래 남는 인상을 준다.

E) 비용이 적게 든다.

11. Chen은 유연하고 일대일 마케팅의 느낌을 낼 수 있는 광고 미디어를 선택하기를 원한다. 다음 중 그녀가 선택할 광고 미디어는?

A) 직접 우편   B) 신문

C) 옥외   D) 잡지

E) 라디오

12. Marcia는 그녀의 친구에게 유머러스한 광고를 설명하고 있었는데, 친구는 그녀에게 그것이 무슨 제품을 위한 광고냐고 물었다. 그녀는 TV에 너무 많은 광고가 나와서 헷갈리는 바람에 잘 모르겠다고 말했다. 이것은 광고주들이 갖고 있는 _____(이)라는 문제를 보여준다.

A) 클러터   B) 도달

C) 빈도   D) 임팩트

E) 규모

13. 다음 중 인쇄 미디어와 온라인 및 매장에서 볼 수 있는 판매 시점의 즉각적인 가격 인하를 의미하는 고객 세일즈 프로모션은 무엇인가?"

A) 로열티 프로그램   B) 리베이트

C) 컨테스트와 스윕스테이크   D) 프리미엄

E) 쿠폰

14. Gillette sends out a free razor to induce switching from an older model. This is an example of using _____ as the sales promotion approach.

A) coupons

B) premiums

C) product sampling

D) comparative parity method

E) product placements

15. Apple products appeared in many films in 2016 and 2017. This demonstrates how Apple is using _____ as a sales promotion approach.

A) product placements

B) premiums

C) loyalty programs

D) point-of-purchase materials

E) multiple-purchase offers

16. Centrum Vitamin's offer to buy a bottle of 100 and get an extra mini-bottle of 20 free is an example of using _____ a sales promotion approach.

A) product placements

B) premiums

C) loyalty programs

D) point-of-purchase materials

E) multiple-purchase offers

17. McDonald's provides a free toy in every Happy Meal. This is an example of using _____ as a sales promotion approach.

A) product placements

B) premiums

C) loyalty programs

D) point-of-purchase materials

E) multiple-purchase offers

18. McDonald's famous Monopoly game—the more you eat, the more you play (and vice versa!)—is an example of using _____ as a sales promotion approach.

A) product placements

B) contests and sweepstakes

C) loyalty programs

D) point-of-purchase materials

E) multiple-purchase offers

14. Gillette는 무료 면도기를 배포하여 이전 모델로부터 전환을 유도한다. 이것은 판매 촉진 접근 방식으로 _____을 사용한 사례이다.

A) 쿠폰   B) 프리미엄

C) 제품 샘플링   D) 비교 동등 방법

E) 제품 배치

15. Apple 제품은 2016년과 2017년에 많은 영화에 등장했다. 이는 Apple이 _____(을)를 판매 촉진 접근 방식으로 사용한 것을 보여준다.

A) 제품 배치(product placement)   B) 프리미엄

C) 로열티 프로그램   D) POP 게시물

E) 복수 구매 제공물

16. Centrum Vitamin이 100병을 구매하면 20병의 미니병을 추가로 무료로 제공하는 것은 _____ 판매 촉진 접근법을 사용한 사례이다.

A) 제품 배치   B) 프리미엄

C) 로열티 프로그램   D) POP 게시물

E) 복수 구매 제공물

17. McDonald's는 모든 해피밀에서 무료 장난감을 제공한다. 다음은 _____(을)를 판매 촉진 접근 방식으로 사용한 사례이다.

A) 제품 배치   B) 프리미엄

C) 로열티 프로그램   D) POP 게시물

E) 복수 구매 제공물

18. 더 많이 먹을수록 더 많이 플레이할 수 있게(그 반대도 마찬가지) 해 주는 McDonald's의 유명한 Monopoly 게임은 _____을 판매 촉진 접근 방식으로 사용한 사례이다.

A) 제품 배치   B) 컨테스트 및 스윕스테이크

C) 로열티 프로그램   D) POP 게시물

E) 복수 구매 제공물

19. Coca-Cola bottles placed on the desks of judges of the show American Idol is an example of the sales promotion approach of _____.

A) rebates

B) product placements

C) product sampling

D) loyalty programs

E) premiums

20. In a "trade show", a manufacturer provides special incentive money to channel members for certain performances such as running advertisements for one

A) True

B) False

21. What is one of the three core functions of public relations that are most closely aligned with the role of a marketing manager?

A) developing new products for new market segments

B) serving as organizational spokesperson

C) handling investor relations

D) attaining funds for marketing campaigns

E) gaining product publicity and buzz

22. When General Hospital was informed that a pile up on Highway 101 resulted in multiple injuries, the staff was informed to expect new patients arriving by ambulance and they followed standard procedure to prepare. This demonstrates _____.

A) direct marketing

B) advertising

C) interactive marketing

D) public relations

E) crisis management

19. American Idol 쇼의 심사위원 책상 위에 놓여진 Coca-Cola 병은 _____(이)라는 판매 촉진 접근법의 한 사례이다.

A) 리베이트

B) 제품 배치

C) 제품 샘플링

D) 로열티 프로그램

E) 프리미엄

20. 트레이드 쇼에서, 제조업체는 제조업체의 브랜드 중 하나에 대한 광고를 실행하거나 잠재 고객과 제품 시연을 하는 것과 같은 특정한 퍼포먼스를 위해 채널 멤버에게 특별 인센티브를 제공한다.

A) 맞음

B) 틀림

21. 마케팅 매니저의 역할과 가장 밀접하게 연관된 PR의 세 가지 핵심 기능 중 하나는 무엇인가?

A) 새로운 세분시장을 위한 새로운 제품 개발하기

B) 조직의(기업의) 대변인으로 활동하기

C) 투자자 관계 다루기

D) 마케팅 캠페인을 위한 자금 확보하기

E) 제품 홍보 및 입소문 만들기

22. General Hospital이 101번 고속도로에서 연쇄 추돌로 다수의 부상자가 발생했다는 통보를 받았을 때, 그곳 직원들은 구급차를 타고 새로운 환자들이 도착할 것을 준비하라는 통보를 받았고, 그들은 준비를 위한 표준적인 절차를 따랐다. 이는 _____(을)를 보여준다.

A) 직접 판매

B) 광고

C) 상호작용 마케팅

D) PR

E) 위기 관리

23. Which of the following is a distinct advantage of personal selling over the other marketing communication methods?

A) ability to tailor the message

B) highly flexible

C) strategic relationship between company and customer

D) less time-consuming

E) highly cost effective

24. Which of the following best reflects a technology-oriented communication selling activity?

A) developing effective presentation skills

B) following up after customer contact

C) developing time management skills

D) listening effectively

E) leaving voice-mail messages

25. Which of the following activities best describes a salesperson's job?

A) manage production of goods   B) devise marketing strategies

C) set prices   D) manage information

E) research on product development

26. The sales engineer from General Electric who calls on Boeing to sell the GE90 jet engine to be used in Boeing aircraft is an example of a _____.

A) technical seller   B) solutions servicer

C) missionary salesperson   D) trade servicer

E) telemarketer

23. 다음 중 인적 판매가 다른 마케팅 커뮤니케이션 방법에 대해 갖는 뚜렷한 장점은 무엇인가?

A) 메시지를 맞춤화 하는 능력

B) 높은 유연성

C) 회사와 고객 사이의 전략적 관계

D) 짧은 시간 소모

E) 높은 비용 효율

24. 다음 중 테크놀로지 중심의 커뮤니케이션 판매 활동을 가장 잘 반영하는 것은 무엇인가?

A) 효과적인 프레젠테이션 스킬 개발

B) 고객 접촉 후 후속 조치

C) 시간 관리 스킬 개발

D) 효과적으로 경청하기

E) 음성 메일 메시지 남기기

25. 다음 중 영업 사원의 직무를 가장 잘 설명하는 활동은 무엇인가?

A) 제품 생산 관리   B) 마케팅 전략 고안

C) 가격 결정   D) 정보·관리

E) 제품 개발에 대한 리서치

26. General Electric의 판매 엔지니어는 보잉사에 보잉 항공기에 사용될 GE90 제트 엔진을 판매할 것을 요구하고 있다.

A) 테크니컬 판매자   B) 솔루션 서비스 제공자

C) 미셔너리 영업사원   D) 트레이드 서비스 제공자

E) 텔레마케터

27. Which of the following questions are addressed by an effective sales presentation?

A) What is the shareholding pattern of the board of directors of the organization?

B) What is the estimated growth in sales of a product in the next quarter?

C) What is the sales turnover ratio of the organization?

D) What are the marketing strategies adopted by the company to ensure its sales?

E) What is the value-added of the product?

28. Which of the following is an intrinsic reward?

A) pay   B) security

C) personal growth   D) promotion

E) recognition

29. Bart was awarded sales person of the year and was given a cruise for two by his company. This is an example of a(n) _____ reward.

A) intrinsic   B) bonus

C) contest   D) extrinsic

E) subjective

30. Carlo receives a paycheck every other Friday for the same amount. Carlos receives _____.

A) a salary   B) a stipend

C) an intrinsic reward   D) an output measure

E) incentive pay

27. 다음 중 효과적인 영업 프레젠테이션을 위해 제기되어야 질문은 무엇인가?

A) 그 조직 이사회의 주식 보유 패턴은 무엇인가?

B) 다음 분기에 제품 판매가 얼마나 증가할 것으로 예상되는가?

C) 조직의 매출 회전율은 얼마인가?

D) 회사가 판매를 보장하기 위해 채택한 마케팅 전략은 무엇인가?

E) 그 제품의 부가가치는 무엇인가?

28. 다음 중 내적 리워드는 무엇인가?

A) 급여

B) 안정성

C) 개인적 성장

D) 승진

E) 인정

29. Bart는 올해의 영업사원상을 받았고 그의 회사로부터 2인 크루즈 이용권을 받았다. 이것은 _____ 리워드의 사례이다.

A) 내적

B) 보너스

C) 콘테스트

D) 외적

E) 주관적

30. Carlo는 같은 금액으로 격주 금요일에 급료를 받는다. Carlos는 무엇을 받는 것인가?

A) 급여

B) 급여

C) 내적 리워드

D) 산출량

E) 인센티브 페이

기출 응용문제
정답 및 해설

DOMAIN 1. MARKETING STRATEGY
TOPIC 1-1. Marketing Management Fundamentals

1. B

누구나 마케팅을 한다. 누구나 마케팅의 성공에 이해관계가 있다.

2. A

마케팅의 결과가 성과에 어떻게 기여하는지를 증명할 수 있는 측정치가 거의 없었기 때문에 마케팅이 존중 받지 못한 면이 있다.

3. E

4. B

5. B

6. D

7. E

8. C / 타사들이 모두 소비자 시장을 공략할 때, 이 회사는 비즈니스 시장을 공략했으므로 차별화 지향성

9. B / "고객의 니즈에 맞추어"라는 문구에 집중해 보자.

10. E

11. D

12. B / "유연한 제조와 유연한 마케팅을 결합한다"는 말은 대량 맞춤화를 의미한다. 고객의 다양한 니즈를 유연하게 제조에 반영한다고 이해할 수 있다.

13. A

14. A

15. B

16. C

17. C

18. E / 교재의 "성공적인 Big M을 위해서 필요한 다섯 가지 행동들"의 첫번째에 나오는 부분이다.

19. E

시장 창출은 고객이 이전에는 가능하거나 실현 가능하지 않다고 생각했던 완전히 새로운 니즈를 충족시키기 위해 시장을 주도하는 접근 방식을 말한다.

20. B

교재 내용: 브랜드 이미지부터 영업 사원 및 광고가 전달하는 메시지, 고객 서비스, 포장, 제품 특징, 그리고 선택한 유통 채널에 이르기까지 모든 것이 리틀m의 사례이다.

21. D

전략과 전술은 각각 Big M와 little m에 대응된다.

22. D

마케팅 믹스는 Big M이 아니라 little m과 관련된 내용이다.

23. B

측정할 수 없다면 관리할 수 없다.

24. C

ROI는 마케팅 성공을 나타내기 위한 적절한 측정치이다.

25. A

교재에 따르면, 마케팅 활동의 개선을 위해, 핵심적인 기준점(측정치)을 알아내고, 추적하고, 평가하고, 제공하기 위해 설계된 도구 및 프로세스를 마케팅 메트릭스라고 한다.

26. A

TOPIC 1-2. Market Planning and Strategy

1. B

가치는 혜택과 비용을 함께 고려한 개념이다.

2. E

3. B

이것은 가치에 대한 말이 아니라 혜택(benefit)에 대한 말이다.

4. A / 낮은 가격과 높은 기능성을 의미한다고 볼 수 있고, 이는 높은 가치를 말한다.

5. A

6. B

고객을 만족시킨 것만으로는 관계가 지속되는 것을 보장할 수 없다. 기업의 가치 제안은 단순히 만족을 넘어서서 장기적으로 기업과 회사의 제품 및 브랜드에 대한 헌신으로 고객을 이동시킬 수 있을 만큼 충분히 강해야 한다.

7. B / 최근 CEO들은 가치사슬의 다양한 요소를 전체적으로 조정하는 데 집중하고 있다. 이는 예상하지 못한 문제들이 기업의 가치 제안에 부정적 영향을 주지 않도록 기업의 모든 활동이 통합적이고 일관성 있게 행해지는 것을 의미한다.

8. A

9. D

10. B / 제작의 문제는 운영의 문제라고 할 수 있다.

11. B

직원들을 제대로 관리하지 못한 것으로 볼 수 있다.

12. A

두 자릿수 성장은 고성장을 의미한다. 그리고 주요공급자라는 말은 시장점유율이 높음을 의미한다.

13. C

사업부를 폐쇄할 정도라는 것은 성장을 기대할 수 없고, 현재 매출도 충분하지 않다는 것을 의미한다.

14. A

별은 시장도 성장하고, 점유율도 높은 상태를 말한다. 강력한(sturdy) 신제품의 존재는 시장의 새로운 성장 동력을 의미하고, 현재 여러 거래처에 납품하고 있다는 말은 기본적인 시장 점유율이 확보되었음을 의미한다.

15. D

큰 잠재력이 있다는 것은 높은 성장성을 의미하고, 고전하고 있다는 말의 의미는 현재 시장 점유율이 높지 않음을 의미한다.

16. B

엄청난 수익을 올리고 있다는 말과, 주된 수입원이라는 말에서 유추할 수 있다.

17. D

잘 팔리지 않았다는 것은 시장점유율이 낮음을 의미하고, 그럼에도 불구하고 인수를 고려한다는 것은 성장 가능성이 높음을 의미한다.

18. C

세부목표는 정량적으로 표현된다.

19. C

20. E

21. B

이것은 경쟁전략이 아니라 일반전략에 대한 설명

22. B

23. A

후분양 주택을 지었다는 것은 새 주택에 대한 수요가 많아서 쉽게 팔릴 것이라고 믿었다는 것을 의미하며, 더 이상 그렇게 하지 않는다는 것은 앞으로 시장 전망을 부정적으로 본다는 것을 의미한다.

24. C

25. D

26. C

27. D

관세는 경제적 요인이라기 보다는 정치적인 요인에 가깝다고 볼 수도 있다.

28. A

"회사로 도입되는"이라는 표현에서 공급자임을 알 수 있다. 29. C

29. C

30. E

SWOT분석은 상황에 대한 분석일 뿐, 해결책을 말해 주지는 않는다.

31. B

32. A

기업의 신용을 더 주고 덜 주고에 대한 금융 정책은 개별 기업이 통제할 수 있는 영역이 아님

33. D

34. A

설명: 경쟁사 인수는 내가 강하다고 가능한 것이 아니다. 경쟁사를 인수할 수 있는 가장 확실한 상황은 경쟁사의 부실이고, 이는 내가 통제할 수 있는 내부적 요인이 아니다.

35. B

36. B

37. C

파산한 경쟁자는 나에게 기회가 될 수 있다.

38. A

39. B

40. E

41. E

42. A

콜센터 운영과 소프트웨어는 제품도 다르고, 고객도 다르다.

43. D

화장품과 향수는 제품은 다르지만, 타겟 고객은 유사하다고 볼 수 있다.

44. C

새로운 제품도 언급되어 있지 않고, 새로운 고객도 언급되어 있지 않다. 즉, 기존 제품, 기존 고객을 대상으로 하는 마케팅이다.

45. D / 충성도 높은 고객의 존재는 기존 고객을 말하고, DVD는 새 제품을 말한다.

46. D

방과후 프로그램은 새 제품을, 현재 고객은 기존 고객을 의미한다.

47. E

새로운 지역을 개척하는 것은 새로운 시장을 의미하는데, 제품에 대해서는 언급이 없으니 기존 제품이라고 가정할 수 있다.

48. A

비록 플랜은 연 4회 참관으로 되어 있지만, 시장 환경이 바뀐다면 횟수를 유연하게 조정할 필요가 있다.

49. B

50. D

51. B

이는 "유연성을 유지하라"에 해당한다.

DOMAIN 2. GLOBAL, ETHICAL, AND SUSTAINABLE MARKETING
TOPIC 2-1. Issues in Managing Global Marketing

1. B / 작은 회사들은 웹사이트와 인터내셔널 운송 회사만으로 인터내셔널 시장에 접근할 수 있으며, 이는 큰 돈을 투자하지 않고도 가능하다.

2. B / 이와 같은 상황에서는, 인터내셔널 고객들을 대상으로 하는 공식적인 인터내셔널 채널 관계 또는 글로벌 마케팅 전략이 없다고 본다.

3. A / 전 세계 시장을 "다양한 세분 시장이 있는 단일 시장"으로 보는 관점은 글로벌 마케팅 관점이다.

4. A

5. B

6. B

7. C

비즈니스 환경은 다음과 같은 내용을 다룬다.

- Ethical standards 윤리적 표준
- Management styles 경영적 스타일
- Degree of formality 격식의 정도
- Gender or other biases 성별에 대한 편견 등 기타

8. D

9. D

10. D

11. B

글로벌 마케팅을 위한 필수적 정보는 다음과 같다.

- 경제
- 문화 및 사회적 트렌드
- 비즈니스 환경
- 정치적 및 법률적
- 특정한 시장 컨디션

12. B

13. E

14. B

15. B

16. B

17. C

환차손 등 통화와 관련된 비용을 거래 비용이라고 한다.

18. D

나라 별로 서로 다른 마케팅 커뮤니케이션 관행에 따라야 하는 건 중대한 도전이며, 이를 마케팅 커뮤니케이션 장벽이라고 한다. (이 문제에서는 단순히 관행을 넘어 제한이라는 표현이 나왔기 때문에 법적 이슈라고 볼 수도 있지만 마케팅 커뮤니케이션 장벽이라고 규정하고 있음에 주의)

19. D

20. D

21. C

22. E

인터내셔널 소비자 마케터들에게는 다음과 같이 네 가지 구체적인 제품 이슈가 있다. 1) 품질, 2) 제품과 문화를 맞추기, 3) 브랜드 전략, 4) 원산지

23. D

24. B

과거에 Mr. Coffee는 일본 문화를 잘 이해하지 못하여, 일본 주방에 사정에 잘 맞는 커피 메이커를 출시하지 못하여 실패한 사례가 있다.

25. D / 언어는 중요한 문화적 요소 중 하나이다.

26. A

27. B

28. B

29. B

30. D

지속성을 중시하기 때문에 시장에 잘 안착된 유통업자와 함께 일하고 싶은데, 경쟁업체가 이미 선점하고 있을 수 있다.

31. E / 이 문제에서 통제라는 이슈가 명시적으로 표현되지는 않았지만, 자체 유통망을 구축하려는 것이 바로 통제를 추구함을 의미하는 것이다.

32. B / 이는 글로벌 광고 테마의 바구니(a basket of global advertising themes) 접근법이다.

33. B

34. C

35. B

36. A

TOPIC 2-2. Ethics in Marketing Management

1. B
2. A
3. B

TOPIC 2-3. Sustainability in Marketing Strategy

1. B
환경이라는 말이 명시적으로 나왔으니, planet이 가장 적합하다.
2. B

DOMAIN 3. MANAGING INFORMATION FOR MARKETING INSIGHTS
TOPIC 3-1. Market Research Fundamentals

1. B

2. A

위 세 가지는

- 시스템이 수집하는 정보는?
- 의사결정자의 정보 니즈는?
- 프라이버시와 보안성 유지 방안은?

3. E

4. D

고객에 대한 정보는 외부 소스이지만, 고객의 주문 정보는 내부 소스이다.

5. E

6. B

7. B

특정 국가 소비자의 구매 의사결정 패턴은 그 나라의 경제적 환경과 관련이 있다.

8. B

9. D

10. C

11. D

12. B

13. B

이미 알고 있는 응답을 이끌어 내는 리서치는 "치우치지 않고 객관적이어야 한다"는 좋은 마케팅 리서치(시장 리서치)의 특징에 위배된다.

14. C

이미 답을 알고 있지만 형식적 정당성을 확보하기 위해 리서치를 하는 것은 치우지지 않거나(공정하거나) 객관적이어야 한다는 좋은 마케팅 리서치의 특징에 위배된다.

15. B

16. E

마켓 리서치의 첫 단계는 "리서치 문제를 정의하는 것"이며, 이를 달리 표현하면 "특정 리서치 문제를 구체화하는 것"이라고 표현할 수 있다.

17. C

리서치의 설계(디자인)

- 리서치의 유형(데이터의 종류): 탐색적 / 서술석 / 인과적
- 데이터의 본질: "1차 / 2차" 및 "정량 / 정성"
- 데이터 수집의 본질: 서베이 / FG / 심층 인터뷰 / 행동 데이터 / 관찰 데이터
- 정보 콘텐츠: 주관식 질문/ 객관식 질문
- 샘플링 플랜

18. E

탐색적 리서치를 수행하는 이유

- 리서치 문제를 명확히 밝힘
- 서술적 또는 인과적 리서치를 테스트 하기 위한 가설을 개발함
- 서베이 설문지를 개발하기 위한 추가적인 통찰을 얻거나, 연구를 위해 어떤 리서치가 필요한지 알아냄
- 리서치 질문에 대해 답변함("리서치 질문"이란 리서치에 포함되는 문항이라기 보다는 "리서치의 본질에 대한 질문"이라고 이해하는 것이 좋다)

19. D

어떤 문제에 당면했을 때, 가장 먼저 해야 할 리서치의 종류는 탐색적 리서치이다.

20. B

구체적인 특징이나 현황에 대해 밝혀내는 것은 서술적 리서치이다.

21. A
22. A
23. B
24. A
25. D

26. A

27. D

28. D

데이터 수집 방법이 적절하지 않은 경우, 올바르지 않은 데이터가 나올 수 있다. 이는 데이터의 타당성 문제를 야기한다.

29. A

30. D

31. E

32. E

33. B

심층 인터뷰는 답변에 따라 질문이 달라져야 하므로 미리 정해진 질문만 사용할 수는 없다.

34. C

행동적 데이터는 응답자의 행동 즉 구매 상황, 구매 이유, 구매 빈도, 구매 방법, 구매 시기 등에 대한 데이터이다.

35. D

36. B

37. B

38. D

39. D

마켓 리서치에서, 서베이 질문을 만드는 구체적인 과정은 "정보 콘텐츠"와 밀접하게 관련된다.

40. E

데이터를 수집할 사람들을 전체 모집단으로부터 선택하는 것을 샘플링이라고 한다. 그리고 그러한 플랜을 샘플링 플랜이라고 한다.

41. A

확률 샘플링은 특정한 절차 집합(specific set of procedures)을 사용하여 리서치에 포함될 모집단에서 개개인을 뽑아내는 것이다.

42. D

기꺼이 대답하려고 하는 사람들로부터 데이터를 수집하는 것은 특정한 절차의 집합을 따르는 것으로 인정될 수 없다. 이는 조사자의 주관에 따라 하는 샘플링이며, 따라서 비확률 샘플링이다.

43. B

2차 데이터의 원천에는 다음과 같은 것들이 있다.

* 정부
* 시장 리서치 기관
* 인터넷: (예: 일반 지식 사이트)

등이 있으며 Bloomberg Business Week 같은 사이트의 원천은 인터넷 중에서도 "일반 지식 사이트"라고 말할 수 있다.

44. B

위에서 이야기한 2차 데이터의 원천 참고. J.D. Power는 Consumer Reports와 더불어 미국의 대표적인 시장(소비자) 리서치 기관에서 발행하는 전문 잡지이다.

45. C

"데이터 수집"의 업무는

* 서베이에 접근하고 서베이를 배포하는 일 (고객의 컨택 및 참여 독려)
* 응답자의 응답을 기록하는 일 (응답을 기록하는 대안적인 방법)
* 분석에 적합하도록 데이터를 준비하는 일 등이다.

46. D / 문제의 내용은 자사의 내부 영업 데이터에 대한 설명이다. 이는 자사가 보유하고 있는 온라인 데이터베이스라고 말할 수 있다.

47. A / 시장 조사 보고서, 산업 및 회사 분석, 심지어 시장 점유율 정보까지 확인 가능한 정보 원천은 독립적 온라인 데이터베이스이다.

48. D / 정성적 1차 데이터를 얻는 가장 대표적인 방법은 포커스 그룹인데, 고객들이 전국적으로 퍼져 있기 때문에 한 장소에 모이기 어렵다. 따라서 온라인 포커스 그룹이 가장 좋은 방법이다.

49. A

온라인 포커스 그룹의 단점

* 집중 부족 및 산만함
* 제한된 접근(컴퓨터 등 IT기기 보유자 또는 능숙자에게 국한)

50. C (49번 설명 참고)

51. B

전세계에서(다른 나라에서) 2차 데이터를 수집할 때 리서처가 당면하는 주요 도전

- Accessibility 접근 가능성
- Dependability 신뢰성 (진실된 데이터인가)
- Comparability 비교가능성

위 문제에서 설명한 내용은 그 나라에 대한 데이터에 충분히 접근하시 못한 문제를 지적하는 것이다.

52. E

위 문제에서 설명한 내용은 다른 나라에서 사용하는 방식이 아닌 다른 방식으로 데이터를 기록함으로써 다른 나라의 데이터와 서로 비교할 수 없는 문제를 나타내는 것이다.

53. C

위 문제에서 설명한 내용은 특정 나라에서 수집한 데이터를 잘 신뢰할 수 없음을 나타내는 것이다.

54. A

인터내셔널 시장에서 1차 데이터 수집시의 문제점은

- 응답 꺼림
- 신뢰할 수 없는 샘플링 절차
- 부정확한 번역 및 불충분한 이해 등

55. C

인터내셔널 시장에서 1차 데이터 수집시의 문제점에 대해 묻는 문제

이 문제에서의 문제점은 잘 추출된 샘플을 대상으로 서베이가 되고 있는지 의심스럽다는 것을 나타낸다. 즉, 신뢰할 수 없는 샘플링 절차가 문제인 것이다.

56. E

인터내셔널 시장에서 1차 데이터 수집시의 문제점에 대한 문제

이 문제에서의 문제점은, 번역은 잘 되었다고 했지만, 응답자들이 서베이 내용을 잘 이해하지 못한 채 아무 답이나 응답했을 가능성을 우려하는 것이다. 즉 불충분한 이해가 문제라는 것이다.

TOPIC 3-2. CRM

1. B

2. B

CRM의 3대 목표는 고객의 유치, 유지, 그리고 수익성이다.

3. D

고객으로부터의 마진과 관련된 개념은 고객 수익성이다.

4. D

고객 터치포인트와 데이터 마이닝 모두 정보를 얻는 것과 관련된다.

5. C

트위터는 다른 SNS에 비해 더 빠른 반응을 기대할 수 있는 플랫폼이긴 하지만, 그렇다고 전화나 대면처럼 완전하게 상호작용적이지는 않다.

6. B

터치포인트를 성공적으로 활용하는 능력을 극대화하기 위해 다음을 수행하기 위한 지속적인 통합된 노력이 필요함.

- 터치포인트는 어디어디에?
- 터치포인트에서 어떤 정보?
- 정보의 수집 및 통합은 어떻게?
- 정보를 어떻게 활용할까에 대한 정책

7. B

- Step 1. Knowledge Discovery 지식 발견
- Step 2. Marketing Planning 마케팅 플래닝
- Step 3. Customer Interaction 고객 상호작용
- Step 4. Analysis and Refinement 분석 및 정제

8. C

실행 단계는 3단계인 "고객 상호작용" 단계이다.

9. B

회사가 수집하지 않고, 고객이 자발적으로 회사에 정보를 전달한 경우에도 회사가 그 정보의 보안에 책임을 져야 한다.

10. B

고객들은 기업이 수집하고 저장한 그들의 정보가 의도하지 않은 목적으로 사용되지 않을 것이라는 분명한 확신이 있어야 한다. 이렇지 못한 경우를 CRM의 어두운 면(dark side of CRM)이라고 한다.

11. A

거대 소매업체 Target의 마케팅 관리자들은 약 4천만 명의 고객의 개인 정보에 피해를 끼친 대규모 데이터 유출 이후 어떻게 신뢰를 회복할 것인지 결정해야 했다. 그것은 Target의 기업 시민권에 초점을 맞춘 주요 캠페인을 연기하는 등 이미 계획된 마케팅 커뮤니케이션을 신속하게 변경하는 것을 의미했다.

12. A

고객 지향성을 실천하는 기업들은 고객을 기업의 모든 측면의 중심에 두고:

- 고객 요구사항 이해의 중요성을 주입
- 고객에 대해 이해한 것을 전사적으로 전파
- 고객에게 좋은 제품으로 대응하도록 내부적 역량 조율

TOPIC 3-3. Data and Marketing Analytics

1. D

빅데이터의 4V 중 정확성(veracity)이란 신뢰성(reliability)과 타당성(validity)을 의미한다. 신뢰성은 일관성을 의미하고, 타당성은 목적 부합성을 의미한다.

2. C

여기서 충분한 정량적인 정보를 제공하지 않았다는 뜻은, 데이터의 규모가 적다는 말이 아니라 정량적인 형태의 정보의 종류가 다양하지 않다는 뜻이다. 이 문제에서 온라인 서베이도 하고, 2차 리서치도 하려는 것은 정보의 다양성을 높이기 위한 행동이라고 볼 수 있다.

3. A

대량의 데이터(large amount of data)라고 했으므로, 규모(volume)에 대한 문제임.

4. B

"가능한한 빨리"라고 했으므로, 데이터의 속도와 연관된다.

5. E

빅 데이터는 주로 4개의 차원을 이야기 하지만, 종종 다섯 가지로 이야기 하곤 한다. 그 추가적인 하나가 바로 가치(value)이며 비용 대비 혜택을 의미한다.

6. D

페이스북 피드에 올리는 글은 분량이나 형태(이미지, 동영상, 텍스트 등) 등의 면에서 특정한 포맷으로 제한된다고 말할 수 없다. 따라서 비정형 데이터라고 할 수 있다.

7. D

유튜브에 올리는 동영상 데이터도 빈도나 크기 등을 비교하거나 분석할 수 없는 비정형 데이터이다.

8. A

소비자의 구매(거래) 내역은 매장에서 계산될 때 POS 시스템에서 수집된다. POS는 판매가 일어나는 순간(point of sales) 즉 거래가 이루어 지는 순간을 기록하고 분석하고 관리하기 위한 시스템이다.

9. C

Target의 Cartwheel은 Target 매장에서 소비자에게 제공하는 모바일 앱의 일종이다.

10. D

다른 조직에 판매하기 위해 수집하는 데이터를 상업적 실체로부터의 데이터라고 한다.

11. B

Marketing analytics is not technically a new concept(마케팅 분석이 기술적으로 새로운 개념은 아니다). 이전 슬라이드에서 마케팅 분석이 테크놀로지에 의해 촉진된다고 말하긴 했지만, 모바일 폰 이전에 없던 개념은 아니다.

12. C

시장을 분석하고 그 비용을 관리하는 사람을 마케팅 분석가라고 한다.

13. A

마케팅 분석의 첫 단계는 서술적 분석이다.

14. A

서술적 분석은 현황에 대한 분석이다.

15. A

원인 파악, 즉 인과 관계 파악을 하는 분석은 진단적 분석이다.

16. B

복잡성은 분석의 순서에 따라 점점 더 커진다. 네 번째 분석이 가장 복잡하다.

17. B

페이스북은 네 가지 마케팅 분석의 유형 중 소셜 미디어 분석에 속한다.

18. B

마케팅 대시보드는 계속 업그레이드 되어야 한다. 1~2년 전과 동일한 대시보드를 사용하지 않을 것이다.

19. A

대시보드는 성과 측정치(메트릭스)를 일목요연하게 나타내 줄 수는 있지만, 수입 보고서(earnings report)를 보여주는 것은 아니다.

20. D

투자를 고려할 때의 네 가지 사항

- Level of investment 투자의 수준(양)
- Returns 수익률
- Risks 리스크
- Hurdle rates 허들 비율

21. A

| ROMI of 4.0 | = [매출] / [마케팅 지출] |
| | = [4달러] / [원하는 값] |

22. D

ROMI가 [특정 수치]가 되어야 한다는 말은, ROMI가 그 [특정 수치]가 되지 않으면 투자하지 않겠다는 것을 의미하고 그것이 투자 결정을 위한 기준점 즉 허들 비율(hurdle rate)이 됨을 의미한다.

DOMAIN 4. BUYERS AND MARKETS
TOPIC 4-1. Consumer Behavior

1. B

소비자 의사결정 프로세스는 내부 영향력과 외부 영향력의 복잡한 상호작용, 그리고 이것이 마케팅 활동 및 환경적 영향과 결합된 것에 영향을 받는다. 이 문제에 나오는 가치제안, 유통, 마케팅 커뮤니케이션 등은 기업의 마케팅 활동에 속한다. 환경적 영향은 보다 거시적인 영향을 말한다.

2. B

제품도 차이가 있고, 마케팅 커뮤니케이션을 받아들이는 방식에도 차이가 있다.

3. A

여기서 업무 환경이란, 나와 함께 일하는 사람들을 말한다. 나와 비슷한 직업을 가진 사람들끼리는 비슷한 옷을 입고, 같은 장소에서 쇼핑하고, 같은 장소로 휴가를 갈 수 있다.

4. B

성 역할은 시간에 따라 문화에 따라 변화한다.

5. B

하단 니즈가 충족되지 않으면 상단 니즈의 충족 욕구가 생기지 않는다.

6. C

선택적 인지(awareness)는 개인이 관련된 것에 집중하고 관련되지 않은 것을 제거할 수 있도록 도와주는 도구를 말한다.

7. D

타바레스와 알마는 같은 광고를 완전 다른 관점으로 보고 있다. 그 이유는 두 사람의 지각(perception)이 다르기 때문이다.

8. A

광고를 통해 특정 제품과 특정 기억을 연결하고자 한다면 이는 조건적 학습을 의미한다. 예: 노인들에게 젊은 시절의 음악을 틀어 줌으로써, 보다 건강하고 활기찬 삶을 위한 건강보조식품에 대한 니즈를 높일 수 있음.

9. B

두 자극 사이에 연관성을 만드는 것은 조건화이다.

10. A

조작적 조건화(operant conditioning)는 특정 행동에 보상을 줌으로써 행동을 강화하고자 하는 것이다. 도리토스 구매자에게 선물로 무료 샘플을 준다면 그건 조작적 조건화가 될 수 있다. (다만 샘플을 먹어 보고 맛있으면 구매하라는 의도라면 맞지 않다)

11. A

각 사람들이 갖고 있는 일관적이고 지속적인 개인적 특성 = 개성.

12. B

Jennifer Aaker가 말한 브랜드 개성의 다섯 가지 요소는 다음과 같다: sincerity, excitement, competence. sophistication, ruggedness. (굳이 암기할 필요는 없음)

13. A

특정 사회의 문화에 따라 가족의 범위를 바라보는 가치(가치관)가 다르다. 그것이 문화적 가치이다.

14. B

기다림, 지루함, 불안 등을 나타내는 것이다. 긍정적이라고 볼 수 없다.

15. A

특정 사회가 계승해 온 것을 문화라고 한다.

16. B

이를 개인적 공간이라고 부른다.

17. D

하위 문화는 특정 문화를 공유하는 그룹을 말한다.

18. B

물리적 환경, 개인적 환경, 시간이라는 세 가지 상황 요인이 있다.

19. A

준거집단: 어떤 개인의 신념, 태도, 행동에 영향을 주는 다른 개인들의 집합.

20. C

개개인의 사회적 위치 바깥에서(사회적 위치를 넘어) 구매되는 제품들을 열망적 구매라고 한다.

21. B / 다양한 제품의 종류에 대해, 구매하는 상점에 대해, 그리고 시장의 다양한 측면에 대해 정보를 갖고 있고, 소비자들과 토론을 시작하며, 시장 정보를 요청하는 소비자들에게 대답해 주는 개인들을 시장전문가(market maven)라고 부른다.

22. A / 다양한 제품의 종류에 대해, 구매하는 상점에 대해, 그리고 시장의 다양한 측면에 대해 정보를 갖고 있고, 소비자들과 토론을 시작하며, 시장 정보를 요청하는 소비자들에게 대답해 주는 개인들을 시장전문가(market maven)라고 부른다.

23. B / Primary group(1차 집단): 빈번한 접촉 / Secondary group(2차 집단): 덜 빈번한 접촉

24. B / 제품에 대한 정보 수집에 많은 시간을 소비하는 것을 고관여학습이라고 한다.

25. D / 저관여 학습: 개인이 새로운 정보에 대해 가치를 느끼도록 촉진되지 않는 학습 프로세스.

26. B

저관여 학습: 개인이 새로운 정보에 대해(새로운 정보를 얻는 것에) 가치를 느끼도록 촉진되지 않는 학습 프로세스. 즉 외부로부터 주어진 정보로만 학습을 진행하는 것.

27. C

내가 원하는 모습 = 선호되는 상태(preferred state)

28. B

침실이 세 개인 집은 메리의 실제의 집이 아니다. 메리가 선호하는 집이다.

29. A

- Minimal information search 최소 정보 탐색: 매우 적은 정보로 구매 의사 결정
- Limited information search 제한적 정보 탐색: 불완전한 정보나 부족한 지식 하에서 의사 결정
- Extensive information search 광범위한 정보 탐색: 많은 조사나 리서치를 통한 구매 의사 결정

30. A

광범위한 정보 탐색: 많은 조사나 리서치를 통한 구매 의사 결정

31. D

- Minimal information search 최소 정보 탐색: 매우 적은 정보로 구매 의사 결정
- Limited information search 제한적 정보 탐색: 불완전한 정보나 부족한 지식 하에서 의사 결정
- Extensive information search 광범위한 정보 탐색: 많은 조사나 리서치를 통한 구매 의사 결정

32. B

일본산 4도어 세단은 고려집합이라고 할 수 있다.

33. B

쇼핑을 할 때 주변에 어떤 사람이 있는가에 대한 것은 사회적 상황과 관련된다.

34. B

제품 평가의 두 차원

- Instrumental performance(도구적 성능): 제품이 본연의 기능을 발휘하는가?
- Symbolic performance(상징적 성능): 제품이 내 기분을 더 좋게 해 주는가?

35. A

구매 후의 후회 = 구매 후 부조화(post-purchase dissonance)

TOPIC 4-2. Organizational Buyer Behavior

1. B

구매자가 기존 제품 및 공급업체에 익숙하지만 추가 정보를 찾고 있을 때 수정 재구매가 발생할 수 있다.

2. D

구매 결정 과정에 이해관계가 있는 다수의 개인들: 구매 센터

3. B

폴은 잔디와 페어웨이의 풀을 깎고 그것을 직접 관리하는 사람이다.

4. C

Maryanne은 구매의 필요성을 제기하는 사람이다.

5. B

구매 센터가 최종 결정을 내리는 데 사용하는 정보를 제공하는 사람들을 인플루언서(영향력 행사자)라고 부른다.

6. A

인플루언서(영향력 행사자)란

- 특정 영역에 관련된 전문 지식을 가진 조직 내외의 사람들
- 구매 센터가 최종 결정을 내리는 데 사용하는 정보를 제공하는 사람들

7. B

골키퍼가 아니라 게이트키퍼가 맞음

8. D

영업사원이 구매센터를 공략하는 단계

- 1단계: 구매센터 구성원은 누구인가?
- 2단계: 가장 강력한 영향력행사자는 누구인가?
- 3단계: 의사결정시 중요시 여기는 항목은 무엇인가?

9. B

제품을 사다가 제품을 되파는 업체를 리셀러라고 부른다.

10. D

비즈니스가(기업이) 온라인으로 구매하는 프로세스를 전자 조달이라고 한다.

TOPIC 4-3. Segmentation, Targeting, and Positioning

1. C

세분시장의 크기가 크다

= 그 시장에 잠재성이 있다.

= 긍정적인 ROI를 제공할 수 있다.

= 그 안에 많은 고객들이 있다.

C와 D가 모두 답이 될 수 있다고 본다. 다만 실제 시험에서는 C만 정답으로 인정되므로, C로 표기하도록 할 것

2. D

차별화 되지 않아야 한다는 것은 성공적인 세분화와 무관하다.

3. E

서로 다른 하위 시장에 서로 다른 마케팅 전략을 수립하고 실행해야 한다는 의미는 각각의 하위 시장의 특징이 다르다는 것을 의미하고 이는 특정한 각각의 다른 세분 시장이, 특정한 마케팅 커뮤니케이션에 대해 서로 다르게 반응해야 한다는 것을 의미한다.

4. C

데이터를 얻을 수 있는 능력이 있다는 것은, 그 시장의 본질을 규명할 수 있고, 측정할 수 있냐는 질문에 대한 적절한 답변이 될 수 있다.

세분시장을 식별하고 측정한다는 것은, 그 시장으로부터 데이터를 얻을 수 있다는 것을 의미한다.

5. D

여기서 제공한다는 것은 서비스를 전달(deliver)한다는 것 즉 서비스의 유통을 의미한다.

6. D

성별은 지리적 세분화와 관련된 요인이 아니다.

7. C

지리적 요인이 시장을 나누는 적절한 기준일 때

즉 지리적 특징이 달라짐에 따라 각 시장이 마케팅에 대해 다른 반응을 보일 때

8. B

지역에 따라 겨울 시즌이 다르다. 이는 지리적 세분화 중에서 기후 세분화에 해당한다.

9. B

지리적 세분화는 지리적 특성으로 시장을 나누는 것인데, 사실 지리적 특성 자체가 시장의 특성을 좌우한다기 보다도 그 지역에 사는 "사람"들이 시장의 특성을 좌우한다고 볼 수 있다는 면에서 지리적 변수 하나만으로 시장을 세분화하는 건 충분히 못하다고 할 수 있다.

10. B / 가장 인구가 많은 세대는 베이비부머이다.

11. D

1970년 생은 X세대에 속한다.

12. E

13. B

14. C

성별에 따라 제품의 수요가 결정적으로 다르지 않다면 성별 세분화가 부적절하다.

15. C

면도기라는 제품 카테고리는 남성도 사용하고 여성도 사용하지만, 성별에 따라 제품에 대해 갖는 니즈와 원츠가 다를 수 있다.

16. C

과거에는 인종 별로 나뉜 세분시장을 서로 다른 기업이 공략했는데, 오늘날은 주류 비즈니스(대형 기업)들이 특정 인종 별 시장을 겨냥하는 다양한 제품들을 내세워 공략한다.

17. B

직업과 소득은 연관관계가 있긴 하지만, 완벽하게 연관관계가 있는 건 아니다.

18. A

고3 학생들이 향후 대학을 진학하고 소득활동을 하는 것을 미리 고려하여 신용카드를 발급할 수 있다.

(주. 미국의 모든 고3이 대학을 가는 건 아니고, 대학을 간다고 바로 소득이 생기는 것도 아니지만 이러한 관점에서 출제되고 있음에 주의할 것)

19. C

VALS는 미국에서 널리 사용한다. 이는 타당성과 신뢰성이 높다는 것을 반영한다.

20. D

구매가 이루어지는 상황, 빈도, 상태 등에 의한 세분화를 사용 패턴 세분화라고 한다.

21. B

이것은 타겟 마케팅에 대한 설명이 아니라 포지셔닝에 대한 설명이다.

22. D

매력도 분석시 고려할 요인들

- 세분 시장의 크기 및 성장 잠재력
- 그 세분시장과 관련된 경쟁적 영향력
- 회사의 목표에 맞는 전반적인 전략적 적합성

23. B

합리적인 잠재성은 갖고 있지만, 당장 개발하기에는 적절하지는 않은 세분 시장은 2차 타겟 시장이다.

24. D

- Primary target markets (1차 타겟 시장)
- Secondary target markets (2차 타겟 시장)
- Tertiary target markets (3차 타겟 시장)
- Target markets to abandon for future development (향후 개발을 포기한 타겟 시장)

25. B

- Step 1: Analyze market segment 세분 시장 분석
- Step 2: Develop profiles of each potential target market 각 잠재적 세분시장의 프로파일 개발
- Step 3: Select a target marketing approach 타겟 마케팅 접근법(타겟팅 실행)

26. B

이것은 집중형 타겟 마케팅에 대한 설명이다. 집중형 타겟 마케팅 전략은 마이클 포터가 집중 전략이라고 칭한 것이고, 이는 틈새 전략(니치 전략)이라고도 널리 불린다.

27. B

포지셔닝은 경쟁자의 제품과 내 제품 사이에서 이루어지는 것이다.

28. A

전략적 마케팅은 STP라는 순서대로 이루어 진다.

시장세분화, 타겟팅, 포지셔닝의 순서이다.

29. A

새로운 제품 개발을 통해 자사 제품의 포지셔닝을 바꾸려는 전략이다.

30. A

신뢰성과 수명은 차별화를 위한 리더십 중 제품 리더십과 관련된다.

31. E

"다음의 새로운 것"은 항상 혁신성을 잃지 않겠다는 것을 의미하며, 이는 리더십 중 혁신적 리더십이라고 말할 수 있다.

32. A

사람 즉 인적자원을 통해 차별화를 하고자 한다면 이를 인적 리더십이라고 할 수 있다.

33. C

할리데이비슨은 제품의 기능이나 성능보다는 브랜드가 전달하는 이미지로 유명하다. 이를테면 자유, 터프함, 남성성(마초), 미국적, 개성 같은 이미지이다.

34. E

이는 서비스 분야에서의 리더십을 말한다.

35. C

제일 싸다는 것은 가격 리더십을 나타낸다.

36. E

호텔에서 제공하는 것은 제품이라기 보다는 서비스라고 볼 수 있다.

37. B

오버포지셔닝은 포지셔닝이 너무 과잉되어 너무 협소한 이해를 가질 때를 말한다. (예: Dell은 컴퓨터)

38. A

1990년대의 맥 피자, 맥 스파게티 등의 출시로 브랜드 포지션의 혼란을 겪었다고 한다.

39. B

비윤리적인 비즈니스 관행에 참여하는 기업들은 항상 브랜드에 가해진 피해의 크기를 인식하지 못하고 있다.

40. C

다른 제품군으로의 브랜드 확장이 쉽지 않다는 것을 의미한다. 이는 기존 PC제품에 NovoTech 브랜드가 너무 깊이 연결되어 있었음을 나타낸다. 이를 오버포지셔닝이라고 할 수 있다.

41. D

광고 메시지를 너무 자주 바꾸면 혼란스러운 포지셔닝이라는 오류에 빠질 수 있다.

42. A

사람들이 HerboCare의 비누와 다른 비누의 차이를 인식하지 못한다. 본문에 의하면, 막연한 개념만 가지고 실질적인 차별화를 인식하지 못하는 경우를 언더포지셔닝이라고 한다.

DOMAIN 5. THE OFFERING: PRODUCT AND SERVICE
TOPIC 5-1. Product Strategy

1. C

기술적으로 매우 혁신적인 세계 최초의 PDA였지만 판매에는 실패했다.

2. B

가치를 제공하는 데 있어 필수적인 요소는 제품 경험이며, 이는 마케팅의 심장이라고 여겨진다.

제품 가격이 아니라 제품 경험이다. 제품 경험이야말로 마케팅의 심장이라고 표현했다.

3. B

본문에 의하면, "제품이 잘못되었다면, 아무리 마케팅 커뮤니케이션을 많이 해도, 물류에 대한 전문 지식이 아무리 높아도, 프라이싱을 아무리 정교하게 해도 그것을 성공시킬 수 없다"

4. B

SKU는 가정에서 사용되는 것이 아니라, 유통시스템, 재고 관리, 그리고 프라이싱을 할 때 사용되는 것이다.

가정에서 사용되는 것이 아니라, 유통시스템, 재고 관리, 그리고 프라이싱을 할 때 사용되는 것이다.

5. D

제품의 유형적 특성을 보완하는 측면은 서비스를 나타내는 무형적 측면이다.

6. C

특징(feature)을 개발할 때 주의할 점은 그 특징을 갖는 제품에 대해 고객이 얼마의 금액을 지불할까를 생각해야 한다는 것이다. 그래서 특징과 고객이 지불할 금액 사이에 균형을 이루어야 한다.

7. B

마케팅 커뮤니케이션에서 약속한 특징(feature)과 성능 특성(performance characteristics)을 제공하는 제품의 능력은 신뢰성이 아니라 부합성(conformance)이다.

이는 신뢰성에 대한 이야기가 아니라 부합성(conformance)에 대한 이야기이다.

8. B

이는 타이어 손상 후에도 운전을 계속하여 정비소에 갈 수 있도록 하여 수리를 쉽게 받을 수 있게 하는 기능을 말한다.

이는 스타일에 대한 이야기가 아니라 수리용이성(repairability)에 대한 이야기이다.

9. B

모방하기 어렵다는 것은 스타일을 차별화 요인으로 갖고 있는 기업들의 장점이다.

단점이 아니라 장점이다.

10. A

제품 라인에 대한 설명 맞음

11. B

지연기가 아니라 쇠퇴기가 맞음

12. E

도입기, 성장기, 성숙기, 그리고 쇠퇴기이다.

13. B

PLC는 제품 아이템이 아니라 제품 카테고리에 대한 것이다.

이를테면, PLC는 라면에 대한 것이지, 신라면이나 안성탕면에 대한 것은 아니다.

14. B

이노베이터와 얼리 어답터는 성숙기의 타겟이 아니라 도입기와 초기 성장기의 타겟이다.

TOPIC 5-2. New Product Development

1. B

신제품 개발 단계를 세 개로 크게 나누면

- Identify Product Opportunities 제품 기회 파악
- Define the Product Opportunity 제품 기회 정의
- Develop the Product Opportunity 제품 기회 개발 이다.

2. B

시장 진입(go-to-market) 실수는 나쁜 아이디어가 제거되지 않고 제품 개발에 진입하는 실수이다.

3. A

비즈니스 케이스 분석은 제품에 대한 전반적인 평가이며 일반적으로 제품의 성공 확률을 평가한다.

4. A

Alpha testing: by engineers (clarify the basic operationalization of the product) 제품이 잘 작동하는가를 확인하는 테스트.

5. E

- Where 어디서 할 것인지
- How long 얼마나 오래 할 것인지
- Data 어떤 데이터를 수집할 것인지
- Decision criteria 결국 어떤 의사결정을 내릴 것인지

6. B

awareness – interest – evaluation – trial – action이라고 해야 함

7. C

가치 의사결정을 내린다는 것은 구매가 잘 된 것인지를 평가한다는 것이다. 여기서 긍정적인 평가가 내려진다면 수용이 일어나게 된다.

8. B

제품 의견선도자(product opinion leader)라고 해야 한다.

[힌트]

- Innovators: Product enthusiasts / 혁신가 – 제품 열정가
- Early Adopters: Product opinion leaders / 조기 수용자 – 제품 의견 선도자
- Early Majority: Product watchers / 조기 다수자 – 제품 감시자
- Late Majority: Product followers / 후기 다수자 – 제품 추종자
- Laggards: Product avoiders / 지체 수용자 – 제품 회피자

9. A

이 설명은 혁신가(innovators)에 대한 설명이다.

TOPIC 5-3. Branding Strategy

1. B

가치 제안을 잘 전달하지 못하는 제품은 브랜드 이미지만으로 극복할 수 없다.

아무리 좋은 브랜딩 전략이라도, 가치 제안을 전달하지 못하는 부실하게 설계된 제품은 극복하지 못할 것이다.

2. C

제품에 대해 정보를 전달하는 것이다.

3. B

더 안정감을 느끼고, 덜 우려하게 되는 면을 고객을 안심시킨다고 표현한다.

4. B

본문에 따르면, 브랜드는 제품을 카테고리화 하는 방법론을 제공한다. 예를 들면 디오스는 주방 가전이고, 휘센은 공조기를 의미한다.

브랜드는 유통하는 방법론을 제공하기 위한 것이 아니다.

5. B

방어할 수 있도록 해 준다. 이것이 회사의 브랜드 역할이다.

6. C

회사는 트레이드 마크를 통해 제품에 대해 법적 보호를 제공해 준다.

7. E

브랜드는 제품을 카테고리화 하는 방법론을 제공한다(본문).

8. B

거꾸로 된 이야기이다. 브랜드 없는 제품에서 품질 수준을 추론하는 것이 아니라 브랜드 있는 제품에서 품질 수준을 추론한다.

9. B

또 사겠다는 결심은 브랜드 로열티이다.

10. C

문제에서 말하는 상태는 제품에 대해 들어본 적이 있지만 더 깊이 있는 지식은 부족한 상태이다.

11. D

브랜드에 대해 로열티를 갖는 고객이 보이는 전형적인 행동이다.

12. E

다른 브랜드 보다 가격 프리미엄을 누린다는 점은 지각된 품질이 높다는 것을 의미한다.

13. A

높은 수준의 지각된 품질은 제품 라인 확장의 기회를 만들어 준다.

14. A

가격 프리미엄은 높은 수준의 지각된 품질로부터 얻을 수 있다.

15. C

브랜드가 붙은 제품은 브랜드가 붙지 않은 제품에 비해 더 높은 수준의 지각된 품질을 갖는다.

16. A

브랜드 이름만 보아도 효과가 더 좋을 것이라고 생각한다는 것은 그 브랜드의 지각된 품질이 높음을 나타내는 것이다.

17. B

연결(connection)이라는 말이 문제에 그대로 드러나 있다. 브랜드 연결은 브랜드 연상과 동의어로 볼 수 있다.

18. C / Tide 브랜드에 대해 무언가를 떠올려 그러한 정보를 처리한다는 것은 그 브랜드에 풍부한 연상이 있음을 나타내는 것이다.

19. A / 브랜드의 트레이드 마크와 특허는 브랜드 자산(asset)에 속한다.

20. C / 사람들이 자신과 특정 브랜드를 동일시한다는 것은 강력한 연결성(connection)을 느낀다는 것을 의미하고, 다양한 연상이 함께 떠오른다는 것을 의미한다.

21. E

항상 코카콜라 제품을 선호한다는 것은 코카콜라 브랜드에 대한 로열티를 나타낸다.

22. B

로열티는 덜 알려진 브랜드 쪽이 아니라, 잘 알려진 브랜드 쪽으로 이동할 것이다. (교재 원문에 나오는 문장은 아님)

23. E

특정한 제품을 사겠다고 요청한다는 것은 브랜드 로열티를 갖고 있음을 의미한다.

24. C

이는 독립 브랜드 (stand-alone brand)의 사례이다.

25. B

브랜드에 문제가 있을 경우 회사를 격리시키는 것은 독립 브랜드일 때 가능한 것이다.

26. A

이는 패밀리 브랜드의 사례이다.

27. B

이는 라인 확장의 사례이다.

28. D

다른 제품군으로 현재의 브랜드를 확장하는 것을 카테고리 확장이라고 한다.

29. B

이를 내셔널 브랜드라고 한다.

30. E

모든 주에서 동일한 브랜드로 판매되는 브랜드를 내셔널 브랜드라고 한다.

31. B

특정 매장에서만 파는 브랜드를 스토어 브랜드라고 한다.

32. A

다른 제조업체에 정해진 수수료 또는 매출의 일정 비율을 제공하는 대가로 브랜드를 사용할 수 있는 권리를 제공하는 것을 라이센싱이라고 한다.

33. D / 두 브랜드가 함께 표출되는 방식을 공동 브랜딩이라고 한다.

34. B / 피에르 가르뎅은 너무 많은 제품으로 무분별하게 확장되어 브랜드를 망친 사례이다. 과도한 노출로 인한 부작용이라고 할 수 있다.

35. C / 사실, 문제에서 주어진 파트너십이라는 정보 하나만으로 어떤 공동 브랜드 관계인지 알 수는 없지만, 실제 이들 사이에 위와 같은 내용으로 조인트 벤처 설립을 발표한 사례가 있었다. (2007년 CNN 뉴스)

36. B

공동 브랜딩은 다양한 방법으로 진행할 수 있는데, 이 문제에서 나온 관계 맺기 방법은 "여러 회사를 하나로 묶어 새로운 브랜드 제품을 만들기"에 해당한다.

37. E

패키지의 목표

- Protect (including providing a layer of security and verification) 보호(안전과 인증을 위한 단계 제공도 보호에 포함됨)
- Communicate 커뮤니케이트
- Promote Usage 사용성 촉진

38. B

패키지의 가장 중요한 역할은 제품의 보호(protect)이다.

39. B

communicate가 아니라 protect가 맞다.

보호(protect)는 제품의 변질을 막는 것이 주 목적이지만, 내용물의 조작을 방지하는 것, 도난을 방지하는 것, 아이들이 쉽게 위험한 제품에 접근하지 못하게 하는 것들이 모두 포함되는 개념이다.

40. A

보호(protect)는 제품의 변질을 막는 것이 주 목적이지만, 내용물의 조작을 방지하는 것, 도난을 방지하는 것, 아이들이 쉽게 위험한 제품에 접근하지 못하게 하는 것들이 모두 포함되는 개념이다.

41. D

특별한 브랜드 이미지(로고, 심벌, 병 모양 등)를 주거나 주목도를 높이기 위한 목적이라면 communicate, 제품을 더 잘보이게 하거나, 패키지의 기능성을 개선하거나, 제품을 만족스럽게 사용하는 모습이 표현된다면 promote usage.

42. C

특별한 브랜드 이미지(로고, 심벌, 병 모양 등)를 주거나 주목도를 높이기 위한 목적이라면 communicate.

43. E

특별한 브랜드 이미지(로고, 심벌, 병 모양 등)를 주거나 주목도를 높이기 위한 목적으로 보인다.

44. B

여기서 보여주는 기능은 보호(protect)가 아니라 promote usage이다.

블리스터 팩은 커뮤니케이트가 목적이 아니라 사용성 촉진(제품을 시각적으로 잘 보이게)이 목적이다.

45. A

제품을 더 잘보이게 하거나, 패키지의 기능성을 개선하거나, 제품을 만족스럽게 사용하는 모습이 표현 될 때 promote usage라고 할 수 있음

46. A

제품을 더 잘보이게 하거나, 패키지의 기능성을 개선하거나, 제품을 만족스럽게 사용하는 모습이 표현 될 때 promote usage라고 할 수 있음

47. A

제품을 더 잘보이게 하거나, 패키지의 기능성을 개선하거나, 제품을 만족스럽게 사용하는 모습이 표현 될 때 promote usage라고 할 수 있음

48. B

주. 패키징의 역할(role)이라기 보다는 "효과적인 패키지의 측면"에 대한 문제라고 이해하고 풀이할 것

49. B

고객들이 시각적으로 더 선호하는 방향으로 변경: 심미성

50. B

시각적으로 매력적이고 독특한 색상: 심미성 개선

51. C

법적으로 분명하게 명시되어 있는 부분

52. C

정부 기관이 의무적으로 부과한 내용

53. C

레이블링의 3대 요구사항

- Legal Requirements: 법과 규정에 따라야
- Consumer Requirements: 소비자 요구 사항 (제품 주의사항, 조립 방법, 권장 사용 연령 등)
- Marketing Requirements: 마케팅 요구 사항.

54. C

정부가 구체적으로 요구한 사항

55. E

조립 방법에 대한 안내는 법적 의무는 아니다.

56. E

앞부분에서 "법적인 요구사항을 맞추기 위해"라고 하지 않고, "구매자의 의사결정에 도움이 되는"이라고 했으므로, 이것은 구매자 즉 시장의 요구사항이라고 보아야 한다.

57. B

레이블링의 3대 요구사항을 참고할 것

58. B

59. B

60. D

일반적 워런티 vs. 구체적 워런티

61. A

일반적 워런티 vs. 구체적 워런티

62. B

기업들은 워런티의 혜택이 비용을 넘어서는지 여부를 고려하기 위해 지속적으로 워런티를 평가한다.

63. B

이것은 비용과 혜택을 저울질 하는 것이다.

64. C

높은 수준의 워런티는 제품의 신뢰성에 대한 강력한 메시지를 전달하는 역할을 한다.

TOPIC 5-4. Service Strategy

1. B / 서비스가 제품인 것은 맞지만 고객의 니즈와 원츠를 물리적인 형태로 충족시키는 것은 아니다.

2. A

- Service is the fundamental basis of exchange 서비스는 교환의 기본이다) (예: 우리는 자동차라는 실물을 산다기 보다는 자동차가 전달하는 총체적인 혜택을 산다)
- Value is co-created by multiple parties, including the company and the customer 가치는 기업 및 고객을 포함한 다수에 의해 공동 창출된다.
- Value is defined by the customer 가치는 고객에 의해 정의된다.

3. C / 서비스의 특징: 무형성, 불가분성, 변동성, 그리고 소멸성

4. C / (서비스 수익 체인 내에서) 내부 마케팅이 효과적으로 실행되도록 하기 위해, 직원들이 자사 브랜드를 깊이 이해해야 하고 고객들에게 회사의 브랜딩과 그 가치에 대해 명확하고 간결하게 전달할 수 있어야 한다.

5. B / 고객 기대가 너무 높으면 고객을 만족시키기 어려워진다.

6. B

애착 구간(zone of affection)의 ROI가 다른 두 구간에 비해 월등히 높다.

7. B

무관심한 고객에게 투자하면 약간의 수익 증대는 가능하지만, 수익을 크게 늘리는 데는 부적합하다.

8. A

어떤 종업원이 "고객이 회사의 내부에 있든 외부에 있든 고객을 만족시키는 것이 그의 일을 제대로 수행하는 데 핵심적이다"라는 것을 이해한다면, 그는 고객 마인드 셋을 갖고 있는 것이다.

9. B

외부 서비스를 잘 하게 되면 1) 고객 만족, 2) 고객 로열티, 3) 매출 증대, 4) 수익성 증대 등의 효과를 낳는다. (본문에 나오는 내용은 아님)

10. C

사도(apostle)라고 불리는 고객들은 매우 만족스럽고, 매우 충성스럽고, 친구들과 지인들에게 자신의 경험에 대한 강력한 옹호자 역할을 하는 단골 손님들이다.

11. B

애착 구간(zone of affection)의 ROI(투자대비수익률)가 다른 두 구간에 비해 월등히 높다.

12. D

경험을 한 후 제공물의 품질을 평가할 수 있다면, 이는 경험속성이 높은 것이다.

13. B

신뢰(credence) 속성이 높은 제공물을 평가할 때는 대중들이 일반적으로 갖고 있지 않은 전문 지식이 필요하다. 의료, 전략경영, 회계, 세무, 자동차 정비 등이 이에 속한다.

14. C

전문성이 높은 서비스일수록 신뢰속성이 높다.

15. B

첫 문장은 맞지만, 두 번째 문장은 위 아래가 바뀜

16. A

올바른 고객 데이터가 부족하면, 서비스 제공자가 고객의 기대를 잘못 이해할 수 있다. 이 때 갭1이 발생한다.

17. C

의도된 방식이란 기업이 제공하기로 한 스펙을 말한다. 따라서 서비스 스펙 대로 실행되는가를 평가하는 갭을 찾으면 된다.

18. B / "마케팅 커뮤니케이션에서 한 약속"과 "실제 실행" 사이의 갭은 갭4이다.

19. D / 고객 기대 관리는 지킬 수 있는 약속을 하자는 것이고, 이는 약속과 실행의 갭과 관련된다.

20. B / 갭5는 서비스 실행 결과와 고객의 기대 사이의 갭이다.

21. C

고객의 요청에 대해, 빠르게 자발적으로 대응하는 것이 반응성이다.

22. D

신뢰(trust)를 전달하고 서비스 품질에 대한 고객의 확신(confidence)를 구축하며 제공하는 제품과 서비스에 대해 해박하고(knowledgeable) 정중한(courteous) 것은 확신에 속한다.

23. B

고객을 케어하고 개인적으로 집중하는 것을 말하며, 고객의 관점에서 고려해 주는 것을 공감성이라고 한다.

24. B

진실의 순간의 서비스 요원과 고객이 만나는 순간을 말한다. 눈에 보일 수 밖에 없다.

DOMAIN 6. MANAGE PRICING DECISIONS
TOPIC 6-1. Pricing Objectives and Strategies

1. B

프라이싱은 가격과 관련된 모든 활동의 집합이다.

2. B

가격이 눈에 보이지 않다고 말하는 것도 적절하지 않고, 가격을 과거로 회귀하는 것도 쉽지 않다.

3. B

효율성 = 원가 리더십

4. A

효율성 = 원가 리더십

5. E

수익을 높이는 다양한 방법들

* 효율성 높이고 원가 줄이기
* 높은 원가의 재료(부품) 사용 줄임
* 할인 및 얼라우언스 제공하여 매출 증대
* 제품 품질을 미세하게 낮춤
* 기능성 최적화를 위해 번들 변경 (구성물 중 고비용 제품 제외)

6. A

침투 프라이싱은 초기 저가 전략이라고도 하며, 서서히 가격을 올리게 되는 경우가 많다.

7. C

적어도 동등하다는 것은 혜택이 가격보다 크거나 같다는 것을 의미한다. 이러한 조건 하에서 비용보다 혜택이 큰 것이므로 가치는 긍정적으로 평가될 것이다.

8. B

품질 수준을 알리기 위해 처음에 의도적인 고가전략을 사용한 후, 서서히 가격을 내리는 전략을 가격 스키밍 전략이라고 하며, 이를 초기 고가 전략이라고도 부른다.

9. C

수익 목표 달성을 위한 프라이싱 전략을 목표 ROI 프라이싱 전략이라고 한다.

10. D

경쟁자들의 프라이싱을 살펴 본다고 했으므로, 경쟁자 기반 프라이싱이라고 할 수 있다.

11. E / 전체적인 비용 대비 혜택을 고려하는 프라이싱 = 가치 프라이싱

TOPIC 6-2. Pricing Tactics

1. A

제공하는 제품 및 서비스의 등급에 맞춘 가격대 설정

2. C

호텔 브랜드 하나의 가격대보다, 전체 브랜드에 걸쳐 가격대를 형성하면 더욱 넓은 범위의 제공물을 포괄할 수 있다.

제품 라인 프라이싱과 가격 라이닝(price lining)은 동의어이다.

3. B

캡티브 프라이싱은 주변기기(또는 주변기기의 소모품)를 지속적으로 구매해야 하는 상황에서의 프라이싱이다.

4. B

캡티브 프라이싱은 주변기기(또는 주변기기의 소모품)를 지속적으로 구매해야 하는 상황에서의 프라이싱이다.

5. C

보완 제품을 묶어서 저렴한 가격에 판매하는 프라이싱을 가격 번들링이라고 한다.

6. C

보완 제품을 묶어서 저렴한 가격에 판매하는 프라이싱을 가격 번들링이라고 한다.

7. D

다른 가격과 함께 표시됨으로써 내 가격을 매력적으로 보이게 하는 전략을 준거 프라이싱이라고 한다.

8. E

경쟁사보다 상대적으로 높은 가격으로 제품이나 브랜드에 (높은) 지위를 부여하기 위한 전략을 프리스티지 프라이싱이라고 한다.

9. A

홀수/짝수 프라이싱은 심리적 프라이싱의 대표적인 사례이다.

10. B

EDLP 전략은 항상 낮은 가격으로 판매하며, 프로모션 활동을 최소화하는 것이다.

11. C

Priceline.com은 유명한 역경매 사이트이다.

12. A

원가에 마진을 붙여 최종 가격을 결정하는 것을 원가 가산 프라이싱이라고 한다.

13. D

판매 가격을 기준으로 한 후 적절한 마크업을 정하는 방법을 판매 가격 기반 마크업이라고 한다.

14. B

제품 원가에 표준화된 마크업을 추가하여 가격을 정하는 것은, 원가 가산 프라이싱이다.

15. A

B2B 거래 상황에서, 현금 할인은 결제를 조기에 해 주는 경우 적용해 주는 할인을 말한다.

16. E

소매업자들이 집행한 스무디의 성공적인 제품 프로모션 비용을 제조사인 Veggie Vitality로부터 일부 보상을 받는 상황이다.

17. B

배송지에 따라 배송 비용이 달라지지 않는 지리적 프라이싱을 균등배송비용이라고 한다.

TOPIC 6-3. Execute the Pricing Strategy

1. C

인위적으로 높은 가격을 매긴 후 할인하는 것은 기만적 프라이싱에 해당한다.

2. B

이것은 담합의 정의이다.

3. D

판매할 생각도 없는 제품을 미끼로 하여 싼 가격으로 고객을 유인한 후, 다른 비싼 제품을 파는 행위를 미끼 및 전환 프라이싱이라고 한다.

DOMAIN 7. DELIVER THE VALUE OFFERING
TOPIC 7-1. Channels

1. E
가치 네트워크 접근 방식을 채택하면 내부 리소스가 자유로워져 외부의 통제 불가능한 기회와 위협에 대해 기업이 대처할 때 더 민첩해(nimble) 질 수 있다.

2. C
공급망 관리는 공급망의 측면들을 관리하는 프로세스이다. 공급망 관리의 목표는 이러한 부가가치의 흐름을 기업 간에 조정하여 전달되는 전체적인 가치와 실현되는 수익을 극대화하는 것이다.

3. B
에이전트 중간상은 제품에 대한 소유권(title)을 갖지 않는다.

4. B
수직적 마케팅 시스템(VMS)은 통합적인 시스템으로 작동하고 수행하는 수직적으로 정렬된 네트워크로 구성된다.

5. C
기업형 수직적 마케팅 시스템에서 채널 멤버는 다른 중간상에 대한 지배지분을 매입하여 후방 또는 전방의 수직적 통합을 위해 투자한다.

6. A
일반적인 계약형 VMS 중 하나는 소매 협동조합이다. 다양한 제품 범주에 걸쳐 독립적인 소매업체들이 연합하여 채널의 비용 및 운영 상에서 규모의 경제를 달성할 수 있는 형태이다.

7. C

8. D

9. B
해결되지 않은 채널 갈등은 비협조적(uncooperative)이고 비효율적인 채널을 초래한다.

10. D
채널 파워의 원천: Coercive power 강압적 파워 / Reward power 보상적 파워 / Expert power 전문가 파워 / Referent power 준거적 파워 / Legitimate power 법률적 파워

11. B / 배타적 유통은 종종 프리스티지(명성), 희소성, 그리고 프리미엄 가격에 기초한다.

12. B
매스 미디어의 대대적인 광고, 직접 마케팅, 쿠폰 사용, 그리고 기타 소비자 직접 프로모션은 채널의 하단에서 상향으로 중간상의 수요를 창출할 것으로 예상되는 전략은 풀 전략이다.

TOPIC 7-2. Physical Distribution

1. D

제품의 단위를 더 잘게 쪼갬

2. E

여러 원천으로부터 제품들을 모아, 그것을 적절히 (등급별로) 분류하는 기능을 말한다. 이 문제의 정답인 "벌크 축적"보다 "벌크 축적 및 등급별 분류(accumulating bulk and sorting)"이라고 썼였다면 더 올바른 답이 되었을 것이다.

3. D

리스크 테이킹도 중간상이 수행하는 촉진 기능 중 하나이다.

4. B

탈중간상화는 e-채널에서 일반적으로 발생한다.

TOPIC 7-3. Logistics

1. C

반대 방향으로 되돌려지는 로지스틱스를 역(reverse) 로지스틱스라고 한다.

2. B

고객 주문을 받고 적절하게 처리하는 것은 제품이 공급망을 통해 이동하는 동안의 중요한 단계이다.

TOPIC 7-4. Supply Chain Management

1. B

독점적 영역이 적법하기 위해서는 그 독점성이 경쟁 제한에 관한 어떠한 법령에도 위배되지 않는다는 점이 입증되어야 한다.

2. D

이러한 상황을 독점적 영역이라고 한다.

3. A

판매자가 중간상이 구매하고자 하는 주요 제품을 구매할 수 있는 자격을 갖추기 위해 보완적인 제품을 구매하도록 요구한다면, "끼워 팔기"라고 할 수 있는데, 이 경우는 전형적인 끼워 팔기와는 다르지만 유사한 상황으로 간주한다.

Domain 8. COMMUNICATE THE VALUE OFFERING
TOPIC 8-1.Promotion Management Basics

1. D

광고, PR, 판촉, 영업(인적판매), 온라인 마케팅(인터랙티브 마케팅) 등을 프로모션 믹스라고 한다.

2. D

소셜 미디어 마케팅은 관계를 중심으로 하며 높은 수준의 맞춤화가 특징이다. 그러면서도 비용은 인적 판매보다 훨씬 싸다.

3. D

4. B

소셜 미디어 마케팅은 관계를 중심으로 하며 높은 수준의 맞춤화가 특징이다. 그러면서도 비용은 인적 판매보다 훨씬 싸다.

5. A

대표적인 유료 커뮤니케이션은 광고이고 대표적인 무료 커뮤니케이션은 PR이다. PR은 남의 입(매체)을 통해 나의 메시지가 전달되는 것이므로, 더 객관적이고 더 신뢰적으로 느껴진다.

6. D

구매에 대한 인센티브를 통해 구매를 촉진하는 것은 판매 촉진(세일즈 프로모션)이다. 판매 촉진은 다른 프로모션과 함께 하는 경우가 많다. 이를테면 30% 할인은 판매 촉진이고, 이것을 널리 알리는 것은 광고이다.

7. D

크리에이티브라는 말은 고객을 효과적으로 알리고 설득시킬 수 있는 창의적인 메시지를 의미하고, 주로 광고에서 사용되는 용어이다.

8. B

프로모션 전략의 효과와 효율을 측정할 때 가격 등락을 추적하는 것은 적절하지 않다. 대신, 프로모션 전략의 효과와 효율을 판단하기 위해서는 그 곳에 집행한 자금을 기준으로 해야 한다.

9. D

프로모션의 3대 기능: 1) 알리기 2) 설득하기 3) 상기시키기

10. C

왜? 라는 질문에 대해 잘 대응하기 위해서는 설득이 필요하다.

11. C

프로모션의 3대 기능은, 알리기, 설득하기, 상기시키기인데, 브랜드 로열티를 유지하기 위해서는 기억 속에서 수시로 떠올라 주어야 하기 때문에, 상기시키기가 중요하다.

12. B

영업과 마케팅이 별개도 아니고, 마케팅 매니저가 프로모션의 기본을 이해할 필요가 없다는 말도 틀리다.

13. B

내부 마케팅은 마케팅 개념과 전략을 조직 내에(조직 내 종업원들에게) 적용하는 것이다.

14. B

AIDA는 순서가 무엇보다 중요하다.

15. B

앞의 A는 awareness이고, 뒤의 A는 action이다.

16. A

하이브리드 자동차에 대한 니즈가 많다는 사실을 알리고, 그러한 종류의 자동차에 대한 올바른 이해를 전달하기 위해 노력하는 행위.

17. B

영업사원과 맞춤형 직접 및 상호작용적 마케팅이 먼저 프로모션 믹스에 들어가는 단계는 실행단계가 아니라 욕구 단계이다.

18. B

젊은 소비자들은 "판매 대상"이 되기를 원하지 않는다.

19. D

Sonja의 행동이 동료들에게 갖고 싶은 욕구를 일으켰다.

TOPIC 8-2. Digital Marketing

1. B / 매체비를 받지 않고 타사의 마케팅 커뮤니케이션에 도움을 주는 미디어를 언드 미디어라고 한다.

2. B

Customer website interface is often defined by 6 Cs: Context(컨텍스트) / Content(콘텐츠) / Community(커뮤니티) / Customization(맞춤화) / Communication(커뮤니케이션) / Commerce(상거래)

3. A / Customer website interface is often defined by 6C

4. A

5. B / 나의 회사가 검색 결과에 표시되는 위치는 계속 변화할 수 있다.

6. B

데스크탑에서 사용할 수 있는 모든 기능을 스마트폰에서 사용할 수 있는 것은 아니다.

7. A

TOPIC 8-3. Social Media Marketing

1. B

2. B

페이스북이다.

3. B

채용, 입사 지원 등 경력 관리에 특화된 소셜 네트워크 플랫폼은 링크드인이다.

TOPIC 8-4. Legacy Promotional Approaches

1. B

이건 기관 광고에 대한 설명이다.

2. D

특정 제품 판매를 목적으로 하지 않는다면 폭넓게 기관 광고로 볼 수 있다.

3. A

특정 제품이 아니라 생산자를 강조한다면 제품 광고가 아니라 기관광고로 본다.

4. D

5. B

리더는 비교 광고를 하지 않아야 한다.

6. A

빈도는 얼마나 자주, 도달은 얼마나 널리(많은 사람에게)를 나타낸다.

7. C

제품을 사용하는 사람들의 모습을 자연스럽게 보여주는 것을 일상의 단면이라고 한다.

8. D

특정 모델을 (특히 꾸준히) 자사 제품의 모델로 사용할 때, 그 모델을 보증인이라고 한다.

9. A / 제품 사용자의 특별한 라이프 스타일을 강조해서 보여줄 때 (평범한 일상이라면 "일상의 단면")

10. B / TV는 시각과 청각을 모두 자극한다.

11. A

일대일 마케팅이라는 말은 오디언스(메시지를 받는 사람)를 선택할 수 있다는 것을 의미한다.

12. A

광고가 너무 많이 노출되어 있는 상태를 클러터라고 한다.

13. E

쿠폰은 판매 시점에 즉시 가격을 인하하는 소비자 세일즈 프로모션 옵션이다.

14. C

제품을 체험해 보라고 배포하는 것을 제품 샘플링이라고 한다.

15. A

영화, 드라마, 쇼 등에 제품을 노출하는 것을 제품 배치라고 한다. 우리나라에서는 이를 PPL이라고 부르기도 한다.

16. E

한 개 이상 구매 시, 주는 혜택을 복수 구입 제공물이라고 한다.

17. B

제품 구매 시 주는 특별한 증정품을 프리미엄이라고 한다.

18. B

확률이나 운에 좌우되는 세일즈 프로모션은 sweepstake이다.

19. B

20. B

이 설명은 트레이드 쇼에 대한 설명이 아니라, 협동 광고 및 프로모션(cooperative advertising and promotion)에 대한 설명이다.

21. E

마케팅 매니저는 PR의 3대 기능 중, 마케팅의 성과를 내 줄 수 있는 부분에 가장 큰 관심을 가질 것이다.

22. E

23. A

인적 판매의 세 가지 독특한 장점: 고객에게 즉각적인 피드백 / 고객에게 메시지를 맞춤화할 수 있는 능력 / 회사와 고객 간 개인적 관계의 증진

24. E

디지털 기기를 사용한 커뮤니케이션

25. D

(영업사원이 수행하는) 네 가지 기본적인 판매 활동: 커뮤니케이트 / 판매 / 고객 관계 구축 / 정보의 관리

26. A

이러한 영업사원을 테크니컬 판매자라고 한다.

27. E

영업 프리젠테이션은 고객에게 제품의 특장점을 설명하는 것이다.

28. C

성취감, 개인적 성장, 그리고 자존감(self-worth)는 내적 리워드의 사례이다.

29. D

급여, 금전적 인센티브, 안정성, 인정(표창), 그리고 승진은 외적 리워드의 사례이다.

30. A

Salary는 고정급을 나타낸다. 보통은 월급을 뜻하지만 주급을 표현하는 데 사용해도 무방하다.